A crise das esquerdas

Aldo Fornazieri e Carlos Muanis
(organizadores)

A crise das esquerdas

2ª edição

Rio de Janeiro
2017

Copyright © dos organizadores Aldo Fornazieri e Carlos Muanis, 2017

CIP-BRASIL. CATALOGAÇÃO NA PUBLICAÇÃO
SINDICATO NACIONAL DOS EDITORES DE LIVROS, RJ

C949 A crise das esquerdas/organização Aldo Fornazieri e
2ª ed. Carlos Muanis. – 2ª ed. – Rio de Janeiro: Civilização
Brasileira, 2017.
266 p.; 23 cm.

Inclui bibliografia
ISBN: 978-85-20-01328-1

1. Ciência política. I. Fornazieri, Aldo. II. Muanis, Carlos

17-40431

CDD: 320
CDU: 32

EDITORA AFILIADA

Todos os direitos reservados. É proibido reproduzir, armazenar ou transmitir partes deste livro, através de quaisquer meios, sem prévia autorização por escrito.

Texto revisado segundo o novo Acordo Ortográfico da Língua Portuguesa.

Direitos desta edição adquiridos pela
EDITORA CIVILIZAÇÃO BRASILEIRA
Um selo da
EDITORA JOSÉ OLYMPIO LTDA.
Rua Argentina, 171 – Rio de Janeiro, RJ – 20921-380 –
Tel.: (21) 2585-2000

Seja um leitor preferencial Record.
Cadastre-se e receba informações sobre nossos lançamentos e nossas promoções.

Atendimento e venda direta ao leitor:
mdireto@record.com.br ou (21) 2585-2002.

Impresso no Brasil
2017

Sumário

Apresentação   7
    Carlos Muanis

1. A utopia e a redução de danos: Entrevista com Renato Janine Ribeiro   13
    Aldo Fornazieri, Carlos Melo, Carlos Muanis e Moisés Marques

2. As esquerdas e a democracia   65
    Tarso Genro

3. A liberdade e a igualdade: Entrevista com Sérgio Fausto   103
    Aldo Fornazieri, Carlos Melo e Carlos Muanis

4. Por uma nova pedagogia de esquerda: Entrevista com Guilherme Boulos   131
    Aldo Fornazieri, Carla Regina Mota Alonso Diéguez, Carlos Muanis e Rodrigo Estramanho de Almeida

5. Sombras e luzes à esquerda   171
    Cícero Araújo e Ruy Fausto

6. Esquerda: uma crise de pressupostos   193
    Aldo Fornazieri

Os personagens   259

Apresentação

Carlos Muanis

Vivemos um tempo desafiante, que nos obriga a rever criticamente a história e, ao mesmo tempo, a pensar o futuro, a captar o novo, o emergente. Diante de nós, a realidade e sua base conceitual se transformam e se desmancham num piscar de olhos. Mas velhas e novas perguntas permanecem no horizonte de nossas ideias. É hora de enfrentá-las.

O que houve com a esquerda no Brasil e no mundo, cem anos depois da Revolução Russa? Qual é a origem da sua crise? A democracia foi capturada por um sistema único? Esgotou-se o pacto de conciliação? Teremos um destino comum? E a tensão entre igualdade e liberdade? Qual o espaço da ética no mundo político? E da utopia?

Esses são alguns dos temas que emergem deste livro.

Claro, não é apenas a esquerda, há uma crise global muito mais profunda que nos desafia: complexa, múltipla, simultânea. Ela é ideológica, política, ecológica, ética, de valores, lideranças e sentidos, ou seja, uma crise civilizatória.

Já presenciamos inúmeros contextos de situações-limite, de desorganização destrutiva, mas a crise atual chegou ao âmago da vida em sociedade, trazendo um componente novo: um desconforto coletivo impressionante pela descrença e insatisfação dos cidadãos com a política e seus governantes. Há um abismo perigoso e crescente entre a sociedade e o mundo político. Estamos paralisados pela desconfiança da capacidade de os Estados cumprirem suas promessas básicas de serviços públicos.

Mas, apesar dessa crise sistêmica que se derrama no Brasil e no mundo, há um público interessado em repensar e defender a ação política com o olhar voltado para o coletivo. Novos movimentos e novos atores buscam afirmar-se. Desafiam o discurso único, previsível, engessado. Vieram para ficar.

Fazendo uma ampla varredura por meio da história e das diferentes vertentes do conhecimento teórico, os intelectuais, acadêmicos e ativistas que participam deste livro apresentam uma reflexão essencial acerca do mundo em que vivemos e apontam caminhos em direção a um futuro à espera de nossa compreensão.

Estamos em um voo cego e sem o fio de Ariadne para nos guiar no labirinto. Vivemos num mundo despedaçado, esgotado, à beira de colapsos anunciados.

Não podemos mais varrer para baixo do tapete as mazelas de um conservadorismo predatório e retrógrado. A desigualdade social gritante, a emergência de uma agenda preconceituosa e restritiva contra o outro – o imigrante, o deserdado –, a apropriação privada da coisa pública pelos "sócios" do Estado e a fé cega no mercado individualista formam a mais cruel construção humana. Esse é o legado conservador, e dele não há o que esperar.

Diante disso, há urgência em refletir criticamente sobre os dilemas da esquerda. É preciso repensar a política, reinventar caminhos para uma esquerda revigorada, com diferentes práticas e uma nova forma de governar. É necessário resgatar o valor da igualdade, da liberdade e da ética no mundo atual e conter o avanço de uma sociedade fragmentada, injusta e excludente. O livro conta com um time de notáveis: Aldo Fornazieri, Cícero Araújo, Guilherme Boulos, Renato Janine Ribeiro, Ruy Fausto, Sérgio Fausto e Tarso Genro. Há ainda a participação de professores e cientistas políticos como Carlos Melo, Carla Regina Mota Alonso Diéguez, Moisés Marques e Rodrigo Estramanho de Almeida.

São intelectuais consagrados, educadores e militantes que questionam crenças obsoletas incompatíveis com os imensos desafios atuais.

APRESENTAÇÃO

Optamos por mesclar entrevistas com ensaios, visando a oferecer ao leitor um amplo painel de debate.

Ouso dizer que este é um livro indispensável para os nossos tempos. Ele transita entre os principais temas que estão na agenda analítica de todos os que tentam compreender e explicar o mundo em que vivemos.

Nunca foi tão urgente atualizar a crítica aos (des)caminhos da política, e em especial aos da esquerda. Chegou a hora de recomeçar. A esquerda precisa redefinir seu discurso e assumir novas responsabilidades. Este livro busca refletir sobre o passado, compreender o presente e, quem sabe, abrir um novo caminho e estimular a elaboração de uma nova agenda política.

1. A UTOPIA E A REDUÇÃO DE DANOS:
Entrevista com Renato Janine Ribeiro

Aldo Fornazieri, Carlos Melo, Carlos Muanis
e Moisés Marques

Aldo Fornazieri – O que é a crise da esquerda? Ela se conecta com algo mais amplo, que poderíamos chamar de crise civilizatória ou crise de valores, como o valor do humanismo? Na Europa, por exemplo, temos o crescimento de tendências de extrema direita: na França, a Frente Nacional[1] venceu as eleições regionais de 2015 no primeiro turno. Na Dinamarca, foi aprovada a Lei da Joalheria, que confisca bens de imigrantes. Houve ainda um recuo na Alemanha em relação ao acolhimento de refugiados. Os Estados Unidos têm o fenômeno Donald Trump; o Reino Unido aprovou o Brexit; o Brasil afastou Dilma Rousseff sem base constitucional juntamente com o avanço da aprovação de pautas conservadoras e de reformas que reduzem direitos sociais e trabalhistas.

De certa forma, a crise da esquerda veio no bojo daquilo que Tony Judt, no livro *O mal ronda a Terra*, identificou como uma perda do sentido da solidariedade e da fraternidade, que singularizou o pós--guerra até mais ou menos os anos 1970.

Renato Janine Ribeiro – Além da habitual vinculação com o valor da igualdade, acredito que seja possível caracterizar a esquerda com o acréscimo, a meu ver inteligente, que Norberto Bobbio faz, dizendo que a esquerda democrática deve se distinguir também

---

1. Partido liderado durante quarenta anos por Jean-Marie Le Pen. [*N. dos O.*]

pela incorporação do valor da liberdade. Bobbio adicionou que as diferenças e as desigualdades sociais não se devem à natureza, à biologia, mas à construção humana, ou seja, são geradas socialmente. Essa convicção deve ser, na minha opinião, um ponto de partida da esquerda. Não sei se isso é passível de ser provado ou não. A biologia mostra que temos diferenças muito grandes de competências naturalmente dadas, que podem ser aumentadas ou diminuídas socialmente. Agora, transformar essas diferenças de competências em desigualdade social é uma obra do homem. Assim crê a esquerda. E, se foram geradas desigualdades sociais a partir das diversidades e diferenças biológicas, elas podem também ser desfeitas ou os critérios podem ser modificados. No século XX, por exemplo, o valor atribuído à força bruta, que favorecia o sexo masculino, foi reduzido extraordinariamente, e aumentou a importância dada à inteligência, o que amplia a possibilidade de haver algum equilíbrio de gênero.

Se pensarmos a esquerda com esse ponto de partida, de que as desigualdades sociais são historicamente construídas, que é uma definição mais ampla, temos que o sentido da ação política de esquerda é desfazer esses desequilíbrios. Ainda que não exista igualdade de competência, de capacidade, a esquerda pode rever e modificar o que é social, econômico. Penso que há uma significativa diferença no seio da própria esquerda, que leva a grandes críticas internas: fulano não é efetivamente de esquerda, o PT não é um partido de esquerda, o PSDB menos ainda etc. A questão crucial é a relação entre ideal e realidade. Caso se valorize mais o primeiro, a tendência será seguir para uma política de mudança muito radical, que é a utopia dos partidos considerados de extrema esquerda; caso se respeite mais a realidade, a tendência será uma política de reforma, ou, ainda, de redução de danos. De modo geral, a esquerda não gosta de redução de danos, sempre quer mais do que isto. Mas há situações em que tudo o que se pode fazer é reduzir os danos, uma política valorizada nos setores mais à direita.

A utopia, conceitualmente, desde Thomas Morus, talvez desde Platão, baseia-se em alguns princípios. O mundo é totalmente injusto, a sociedade é totalmente infeliz, a causa da injustiça e da infelicidade é a mesma e é uma só, e é possível modificar isso radicalmente e tornar a sociedade feliz e justa. A causa de todos os problemas pode ser a propriedade privada (Marx, Thomas Morus, talvez Platão), pode ser o amor-próprio (Rousseau), ou a moral sexual repressiva (Wilhelm Reich). Tudo isso é passível de mudança.

E há outra visão, que é forte em Freud e em Thomas Hobbes, a da redução de danos. A infelicidade e a injustiça fazem parte da condição humana e estão relacionadas a múltiplas causas. Se você tentar reduzi-las a uma causa única a fim de corrigi-la e melhorar tudo, o que você obtém é o oposto, ou seja, tudo piora. Um exemplo desse tipo de tentativa seria o comunismo. Apesar de ter tentado reverter a injustiça e a infelicidade, aparentemente ele piorou a situação. Pelo menos em comparação com o que poderia ter sido. Entregou um produto pior do que, por exemplo, uma Rússia liberal capitalista teria sido, se tivesse êxito. A visão mais à direita nos diz que, nesse caso, devem-se encontrar alguns pontos ruins e reduzir os danos, sem ter tanta expectativa. Quando uso a palavra "direita", pressuponho sempre que seja democrática, a menos que eu especifique o contrário.

Voltando à questão de utopia *versus* realidade, o problema é que a esquerda, desde, talvez, a década de 1970, é obrigada a se defrontar com a realidade de maneira mais dura do que antes. Nos anos 1950 e 1960, Nikita Kruschev, então secretário-geral do Partido Comunista, previu que em vinte anos a União Soviética superaria o nível de vida dos Estados Unidos. Hoje, parece uma piada, mas ele acreditava mesmo nisso. Em algum momento, talvez nos anos 1970 ou 1980, fica flagrante, na prova com a realidade, que o plano soviético deu errado. Como o comunismo concentrou a alcunha de esquerda durante a maior parte do século XX, a esquerda, nas últimas décadas, se viu diante de um grande desafio, enfrentado, às vezes com sucesso, outras vezes nem tanto. Com o fim da União Soviética e do comunismo que esta representava, o que sobrou da esquerda nos países democráticos é a antiga social-democracia, e o PT está incluído nela.

Parte dos que aceitam o capitalismo como horizonte do nosso tempo procura dar-lhe um rosto humano. Vários autores, Tony Blair é um deles, acreditam que isso significa ter uma sociedade de mercado, mas sem os valores de mercado. Então, como essa dicotomia entre utopia e realidade se estrutura aqui no Brasil nas últimas décadas? Quando Lula, por volta de 2000, decide que vai concorrer à presidência da República para ganhar, é como se dissesse: "Eu deixo de ser uma bandeira utópica. Vou ganhar essas eleições. Tenho que fazer alianças."

Eu mesmo debati com Lula e com integrantes da equipe dele, especialmente o Paulo Vannuchi, tentando criar uma flexibilidade de alianças. Sabemos que a Alemanha Federal estabelece alianças no plano nacional que não são replicadas no plano dos estados. Poderíamos replicar uma maleabilidade desse tipo, considerando que naquele país as eleições não são simultâneas? Isso poderia funcionar num país em que presidente e governador têm eleições simultâneas; mas e se no segundo turno as alianças não são as mesmas? Petistas e tucanos sempre acabavam votando contra a direita no segundo turno, mesmo sem a palavra de ordem de seus partidos. Como se trabalha isso?

Lula deixou claro que não era essa a questão. Ele estava interessado de fato na aliança federal. Queria ampliar as alianças do PT para ganhar as eleições. Ou seja, havia ali uma opção pela realidade, e, portanto, uma ruptura com a esquerda do partido, que mantinha Lula como refém e, por não ser majoritária no país, seguramente o impediria de ser eleito. A esquerda do PT estabelecia uma plataforma na qual Lula acreditava cada vez menos e, no entanto, se via obrigado a defendê-la.

A opção pela realidade, ou seja, abrir mão da utopia, foi o que fez os governos petistas darem certo, e é o que se observa, no mundo todo, na social-democracia bem-sucedida. Ao mesmo tempo, essa relação com a realidade às vezes se torna muito cruel. Por exemplo, quando o Partido Socialista Operário Espanhol, às vésperas de perder a eleição de quatro ou cinco anos atrás, faz causa comum com o PP (Partido Popular, de direita) para emendar a Constituição espanhola, proibindo o déficit orçamentário, ele toma uma medida contrária à sua tradição. E favorece a própria derrota nas eleições que ocorreram imediatamente depois.

No Brasil, o governo do PT, de Dilma Rousseff, premido pela realidade, talvez tenha ido muito além do que a esquerda podia suportar, e, com isso, acabou fortalecendo setores que não têm compromisso com a realidade. Para eles, isso quer dizer: "Não temos compromisso com essa realidade que aí está, mas queremos mudá-la, queremos outra coisa."

E isso é possível? Pode existir um modo de produção que não seja o capitalista? Penso que este seja um dos pontos cruciais. Se não é possível, é necessário adotar um leque de políticas dentro do capitalismo, em que o máximo que se pode fazer é favorecer a agricultura familiar (contra ou além do agronegócio) e a economia solidária. Este foi o trabalho realizado por Paul Singer quando esteve à frente da Secretaria Nacional de Economia Solidária do Ministério do Trabalho, nos governos petistas. O máximo que se pode fazer para minorar ou atenuar o capitalismo é isso, mais os programas sociais. No momento em que essa combinação entra em séria crise econômica no país, fica muito difícil dar continuidade a essa política.

Então, no Brasil, a esquerda que ocupava o governo enfrentava uma crise específica no período pré-impeachment. Ou seja, como poderia dar conta de manter seus programas sociais dentro de uma grave crise da economia? O que também ocorre com a Venezuela e ocorreu na Argentina. Essa crise colocou em questão em que medida os nossos valores e a realidade estão em contato.

Em 1993, publiquei um artigo, logo depois de ter estado por alguns meses na Inglaterra, afirmando que a esquerda tinha perdido o domínio dos meios e a direita tinha perdido o domínio dos fins. Os fins da direita sempre foram fortemente morais: família etc. A direita que conta, como a Margaret Thatcher, por exemplo, não demonstra nenhuma preocupação com a defesa da família. Houve um congresso dos tóries, que vi pela TV, em que velhinha após velhinha se dirigia à tribuna para dizer que não se podia abrir o comércio aos domingos porque era o dia da família e o dia do Senhor. E o governo Tory tolerava o funcionamento do comércio aos domingos mesmo contra a lei, porque estava "se lixando" para a família. Os valores antigos da direita desintegraram-se. Ao mesmo tempo, os meios da esquerda – controle estatal, fiscalização intensa etc. –, tudo isso acabou.

Passamos a ter uma situação curiosa. Uma direita sem metas morais e uma esquerda sem meios eficientes. O que restou de metas para a direita são versões do "Enriquecei-vos", de François Guizot (1787-1874), no reinado de Luís Felipe. Para a esquerda não restaram meios. Não há mais como a esquerda atuar na economia fora do horizonte do capital. Esse é o ponto que considero crucial. Dentro do capitalismo, ela pode tentar reduzir o dano predatório, mas não sei se pode fazer muito mais.

A questão que o Aldo colocou – a crise do humanismo ou até a crise do sentimento de humanidade – é extremamente grave. Não é simplesmente uma direita yuppie que quer ganhar cada vez mais, que vê na realização de cada um pelo dinheiro, graças às suas habilidades, um valor que substitui a antiga família. É uma situação mais ou menos de guerra de todos contra todos. Então existe um horizonte que é o Thomas Hobbes caricatural; não o verdadeiro, mas o Hobbes da destruição do outro, o que parece ter se agravado muito nos últimos tempos.

Na dissolução da Iugoslávia, isso aparece com clareza. Numa situação de carência, é fácil você culpar, não o inimigo de classe ou a política errada, mas o muçulmano, o croata, o sérvio, como Hitler culpou os judeus. Hoje, a questão se espraiou. O Oriente

Médio está todo baseado nisso. Com toda a sua pluralidade, ele está dividido desse jeito. Em que medida essa desumanização está avançando sobre o mundo? É preocupante. No entanto, esta não me parece uma situação que tipifique a crise da esquerda. Existem fortes contingentes de direita que são absolutamente humanistas, então esta é uma crise que diz respeito a eles também. A relação entre ética, direita e esquerda daria uma discussão muitíssimo longa. Quem é de esquerda tem a tendência de achar que é mais ético do que o de direita. Eu tento evitar essa posição.

CARLOS MELO – Você vê setores ditos ou autoproclamados de esquerda engajados nesse tipo de análise, com esse mesmo interesse de pensar e repensar o mundo todo? Isso é o filósofo falando ou é uma concepção de esquerda?

RENATO JANINE RIBEIRO – Sou pessimista nesse ponto. Muitas pessoas concordam com uma visão social-democrata, mas não creio que muitas concordem com o que eu disse. O que mais vejo, quando se trata da crise atual, é uma vontade de reconstruir, de recompor a esquerda. E sempre tem o "re", a ideia de uma coisa anterior que foi boa e à qual se voltaria. Implicitamente, há a nostalgia de um momento em que tudo era bom. Não gosto dessa visão nostálgica, pois acredito que ela constrói um passado profundamente mentiroso. Uma nostalgia da esquerda acaba sendo um elogio do comunismo e das atrocidades que ele cometeu. Evidentemente, a esquerda não é só o comunismo, há muito mais que isso! Mas chega de saudade.

Há outro problema. Todos aqui somos professores universitários e vivemos melhor que a maior parte da sociedade. No meu caso, sou da universidade pública, com aposentadoria integral. Isso gera uma situação de conforto. É complicado que uma pessoa com essas vantagens cobre consistência teórica e ideológica de um partido. A verdade é que, se o PT não tivesse feito a "Carta ao povo brasileiro", se não tivesse feito as concessões que fez ao capital, não teria chegado ao poder. A inclusão social teria ocorrido, mas muito tímida e menos comprometida com os mais pobres. Eu não compartilho da seguinte posição: "Sou fiel aos princípios do passado, ainda que isso cause um dano social enorme." Como na história não há grupo de controle – ou acontece uma coisa ou outra, não duas coisas em paralelo –, não dá para comparar como seria o Brasil se Serra tivesse ganhado em 2002, depois de oito anos de PSDB. Então, sempre se pode dizer: Se o PT não tivesse ganhado em 2002, teria permanecido mais fiel aos seus ideais. Possivelmente. Se não tivesse feito acordos no poder, também – cairia logo depois, claro. E certamente uma série de avanços sociais não teria sido obtida. Penso que a ideia de renovação da esquerda não é uma coisa nova. O "re" prevalece sobre o "nova" na expressão.

CARLOS MELO – Você disse que em 1993 escreveu um texto no qual dizia que a esquerda perdera os meios e a direita perdera os fins. Em 2016, a esquerda não teria também perdido os fins?

RENATO JANINE RIBEIRO – Aí voltamos ao problema de qual esquerda. Do que acompanhei no governo do PT, vi uma preocupação grande da presidenta Dilma Rousseff em evitar recuos sociais. Foi muito explícita na conversa com empresários, em Nova York, em julho de 2015: a meta das reformas econômicas, que representavam, obviamente, uma caminhada para "a direita" (coloco aspas aí porque a economia é uma área misteriosa), era não haver retrocesso nas conquistas sociais. Ela não disse que o objetivo era haver avanços nas conquistas sociais, talvez por isso ela não tenha dito isso em público. Era não haver retrocessos. Houve sempre, apesar de tudo o que se possa dizer ou criticar, uma preocupação em salvar o máximo de conquistas sociais e até mesmo avançar onde fosse possível, que é o trabalho do Ministério do Desenvolvimento Social. Penso que os fins prevalecem, a redução da desigualdade, a eliminação da miséria. Apesar de a crise não datar de ontem, conseguiu-se tirar o Brasil do mapa da fome. São êxitos que continuam no balanço dos governos petistas.

Talvez sua pergunta tenha um pano de fundo, que seria: e os casos de corrupção? Eles representariam uma ruptura com os valores. O terrível dos casos de corrupção é você não saber o tamanho real deles. Mas o que acho mais grave no processo do Mensalão é que ele não mudou a opinião de ninguém sobre o PT. Não conheço ninguém que achasse o PT honesto e, depois do Mensalão, passasse a achar desonesto. Ou que se convencesse de que o PT estava sendo perseguido injustamente. Um processo que poderia ter sido altamente pedagógico para o país acabou virando uma grande manipulação política. Não estou dizendo que os juízes tenham feito isso. Mas a cobrança da mídia, especialmente quando houve o julgamento dos embargos infringentes, que não poderiam ser, segundo determinadas análises, aprovados, isso tudo criou uma sensação de um jogo sujo que autoriza a esquerda a hoje brandir bandeiras como, por exemplo, uma página na internet em defesa de José Dirceu ou até a aplaudir Delúbio Soares como "guerreiro do povo brasileiro". E não sabemos o tamanho da corrupção. Não sabemos quem renunciou e quem não renunciou aos ideais.

Temos um caso sério: Celso Daniel.[2] Pelo que se sabe, parece ser o caso de um homem honesto que teria aceitado a corrupção para o bem do partido, dado que no Brasil não tem como fazer política sem algum nível de corrupção. Mas, para Celso Daniel, uma coisa seria a corrupção para o bem de um projeto político, outra, a corrupção para pôr dinheiro no bolso, algo que ele não admitia. Essa seria a explicação para o assassinato dele. Usei tudo no condicional porque não há prova de que essa versão seja a verdadeira. Não se sabe exatamente

---

2. Prefeito de Santo André (SP) pelo PT. Foi sequestrado e assassinado em 2002. [N. dos O.]

o motivo de ele ter sido morto. Mas a história é ilustrativa. Em vez de corrupção, vamos pensar em políticas que beneficiaram o capital. Não há dúvida de que as políticas do governo Lula beneficiaram o grande capital. Mas estas foram as condições *sine qua non* para as políticas sociais serem implantadas. Talvez o Brasil só funcione bem com a conciliação de classes, como fizeram Getúlio, JK e Lula.

CARLOS MUANIS – Eu gostaria de explorar esse grande dilema que é a questão da ética no mundo contemporâneo. Não se sustenta mais o nível crescente de desigualdade, no Brasil e no mundo. Todos os índices são alarmantes. Um sistema financeiro que sequestra parte da autonomia das políticas nacionais e globaliza uma concentração de renda inimaginável. Um individualismo radical que mercantiliza a vida de maneira insustentável. Estamos num dilema civilizatório. E esses não são temas abstratos ou genéricos, pois nascem de escolhas, de comportamento e de políticas. O que há de positivo é que a preocupação por mais ética na ação política parece crescer cada vez mais. Como você vê a ética do ângulo da esquerda hoje? Na sua prática, com sua ação concreta.

MOISÉS MARQUES – E acrescento, quanto o fato de a esquerda ter chegado ao poder pode ter corrompido essa ética? Lembro aquela frase do Jaques Wagner: "A gente se lambuzou." Não estou falando só do PT, mas do fato de a esquerda ter chegado ao poder.

RENATO JANINE RIBEIRO – Um dos erros do PT foi não ter explorado o caráter ético das políticas adotadas em seu governo. Poderá ser chocante para alguns, mas pode-se dizer que o governo mais ético da história do Brasil foi o do presidente Lula. Por quê? Porque promoveu uma inclusão social sem precedentes. Os governos petistas fizeram o trabalho mais ético que existe e do qual o Brasil necessitava. Durante quinhentos anos, o Brasil construiu com esmero uma desigualdade cruel. Não foi "falta de" políticas sociais, não foram falhas. No Brasil se construiu isso de propósito. Foi um trabalho muito bem constituído. Optou-se por ser um país para 20%. Isso mais recentemente, antes disto para 3%, 2%, 1%. A elite brasileira escolheu deliberadamente esse caminho, e foi bem-sucedida. Então o trabalho de desfazer isso foi importante.

Considero que o valor supremo, ético, é o da igualdade de oportunidades. É óbvio que é um valor liberal. A igualdade de oportunidades é a igualdade do ponto de partida. Não é igualdade do ponto de chegada, que seria o valor socialista. Entretanto, o Brasil ficou tão atrasado em termos de valores que esse valor liberal, aqui, soa como coisa de bolivarianos, de esquerdistas perigosos, de comunistas. O PT não enfatizou em seu discurso a realização desse trabalho. Não vimos Lula declarar suficientemente: "Fizemos um trabalho ético." Ele diz: "Nunca antes o filho do pobre pôde tal ou tal coisa", mas não agrega "isso é um trabalho ético fundamental porque estamos promovendo a igualdade". Esse discurso não está presente na fala do PT.

Eu disse isso à presidenta Dilma Rousseff duas vezes. Ela gostou muito. Mas nas duas vezes ficou surpresa, ou seja, ela havia esquecido. E olhem que ela queria fazer campanhas éticas. Só que eles esquecem o assunto, até mesmo o trunfo deles.

Temos dois discursos contra a falta de ética. Um discurso de oposição ao governo do PT, que se concentra na corrupção, no roubo de dinheiro público. E aquele que poderia ter sido dos governos petistas, que não existe, mas poderia se concentrar no que foi uma prática bem-sucedida de redução significativa da miséria e, tendencialmente, também da pobreza. Não é igualdade plena, mas vencer miséria e pobreza é essencial para sermos um país avançado.

Até 2002, o PT jogava duas bandeiras que eram totalmente entrelaçadas: o combate pela ética incluía o combate à corrupção e à pobreza. De 2003 em diante, o combate à falta de ética foi sumindo. O PT, no governo, não construiu um discurso de crítica à corrupção, um ponto crucial, embora tenha feito um trabalho admirável, como a autonomia da Polícia Federal e uma punição à corrupção muito maior do que nos governos anteriores. Mas isso jamais foi um tema petista no governo. Não virou comunicação. O PT foi pagando um preço caro por isso. A oposição só tocava nesse ponto, mas não era capaz de apresentar projeto nenhum para o Brasil além do projeto de demolir o governo pela suposta corrupção.

Quanto à questão do "se corrompeu, se lambuzaram", não sou o mais indicado para responder. Passei pelo governo, primeiro, pela Coordenação de Aperfeiçoamento de Pessoal de Nível Superior – Capes (2004 a 2008), depois, pelo Ministério da Educação (MEC), e não presenciei nada disso. Na Capes nunca houve, pelo menos na Diretoria de Avaliação (DAV), tentativa de corrupção. É uma diretoria praticamente imune a isso, pelo fato de que é muito transparente na avaliação dos cursos de pós-graduação *stricto sensu*. Não tem como fraudar. No MEC, onde há setores que evidentemente poderiam ser fraudados, existe um controle grande. Não recebi nenhuma denúncia no período em que estive à frente do ministério e também não sofri pressão por parte do Executivo para uma nomeação sequer que fosse político-partidária, quanto mais corrupção. Uma das boas avaliações que faço do governo Dilma é que ele blindou o MEC em relação a qualquer partidarização. Não posso falar por todos os ministérios. Minhas críticas quanto à substituição do ministro Arthur Chioro, da Saúde, simultaneamente a minha saída, são conhecidas. No caso dele houve uma partidarização que não ocorreu no MEC. Não tenho como avaliar em termos do governo como um todo.

A apuração da corrupção no Brasil tem sido muito direcionada politicamente. É difícil fazer um juízo sereno sobre isso. A Inglaterra, que é um país de referência na visão do Estado de Direito e da democracia, estabeleceu o princípio da presunção de inocência do réu. Ao contrário do que ocorria na Europa continental, um condenado à forca na Inglaterra tinha possibilidades de se defender. Aqui, o que temos nos julgamentos é uma presunção de culpa que a imprensa alimenta. A imprensa e a oposição fizeram um jogo em médio prazo estúpido. Fizeram tanta pressão para o Supremo condenar o Mensalão, fazem tanta pressão para a Lava Jato levar à condenação de todos, que a presunção de inocência desapareceu. Em curto prazo, a oposição consegue condenar. Em médio prazo, ou talvez ao mesmo tempo, ela permite ao PT defender todos eles como vítimas de uma injustiça. Provavelmente a verdade está no meio. Nenhum dos lados tem total certeza, mas, se a oposição tivesse sido mais respeitosa com os ritos processuais, como a presunção de inocência, as condenações seriam cabais.

ALDO FORNAZIERI – Retomando a questão da crise da esquerda, você sugere que a política de esquerda deve ser realista. Que, levando em conta a realidade, deve promover uma política de reformas e de redução de danos no âmbito do sistema capitalista, na medida em que não se vislumbram muitas possibilidades para além disso. A esquerda, no século XIX (refiro-me aqui a Karl Marx e ao contexto da luta de classes e de tudo o que aparece com destaque em *O manifesto comunista*) e, depois, quando se apresenta como forma de poder no século XX a partir da Revolução Russa, sempre se colocou na perspectiva de uma luta entre dois sistemas. Do seu ponto de vista, essa luta sistêmica acabou? Nós estamos num sistema único? A luta da esquerda e as bandeiras da esquerda podem ser consideradas lamentos de derrotados? Do ponto de vista de que não há um sistema além do capitalismo, é possível dizer que a esquerda virou a cereja do bolo do capitalismo?

RENATO JANINE RIBEIRO – Não considero que a esquerda só opere com a redução de danos. Ela quer mais do que isso. Redução de danos, geralmente, é uma política conservadora, a utopia é mais revolucionária. Mas há um grande exemplo do contrário: as drogas. Nesse caso, o que a direita ou certos setores de direita querem é acabar com o uso de drogas, uma política utópica. O que os setores mais progressistas querem é reduzir os danos: trocar a seringa do viciado em heroína, liberar a plantação de maconha para uso próprio ou permitir a venda para lugares regulados etc. Ninguém está fazendo isso porque acha as drogas incríveis, mas sim para minimizar suas consequências. O mesmo ocorre com o aborto. Mesmo quem é a favor do direito ao aborto, na maior parte pessoas de esquerda, não o defende como uma meta, uma coisa boa em si. Consideradas todas as alternativas, é melhor a mulher abortar em condições seguras do que as "n" consequências negativas que se dão em outras situações.

A esquerda, em alguns casos, opera assim a redução de danos, mas não é esse seu foco principal. E nesses dois casos, drogas e aborto, não se trata de concessão e de recuo, são posições efetivamente progressistas. Agora, do ponto de vista do que Marx concebeu, o advento do regime que ele chamou de socialista, com a propriedade social dos meios de produção, se chocou com uma contradição interna no projeto dele. Para Marx há dois pontos fundamentais: a abolição da propriedade privada, dos meios de produção, que ele chama de constituição da propriedade social; e o segundo é a abolição do Estado. De modo geral, os países comunistas se esqueceram por completo do segundo ponto. Para abolir a propriedade privada, hipertrofiaram o Estado a um nível que Marx jamais aceitaria. Assim, em Marx há duas propostas que historicamente se mostraram conflitantes e contraditórias. O Estado foi mais forte, mais duro, mais controlador justamente nos países comunistas. Se pensarmos não em termos de economia, mas de liberdade, tomando a passagem da *Ideologia alemã* em que a pessoa poderá pescar de manhã, pintar à noite etc., sem por isso se tornar exclusivamente pescador ou pintor, se pegarmos esse vislumbre que Marx e Engels têm da sociedade socialista ou comunista, veremos que a sociedade capitalista atual talvez esteja mais perto da sociedade sonhada por Marx do que o socialismo real.

Não que a sociedade sonhada por Marx se realize no capitalismo, longe disso. Mas houve uma "economicização" excessiva do marxismo, uma ênfase na economia em detrimento da política. Muita gente hoje diz, com a maior cara lavada, que a esquerda se caracteriza pela maior intervenção do Estado e que o marxismo também. A esquerda pode até querer mais intervenção do Estado, mas Marx não. E quando a esquerda quer maior intervenção do Estado, ela pode até ser keynesiana, mas marxista não é. No ideal marxista, não se pode pensar só em termos econômicos, tem que se ver o que significaria esse outro tipo de sociedade proposto. Aliás, nem na economia: não conseguimos nem mesmo um sucesso nessa área nas formas socialistas experimentadas em talvez vinte países diferentes.

As relações de produção atestam o quão progressista é um regime, tanto que o feudalismo sucumbe, o capitalismo que o supera é melhor na produção e em todos os outros aspectos, e o socialismo deveria superar o capitalismo. Ora, sucedeu o contrário! Lembro uma vez em que perguntei ao deputado Ivan Valente (que era do PT vinte anos atrás e a quem eu apoiei em campanhas eleitorais)[3] como ele concebia o socialismo. Acho que foi em 1994. Eu estava no Conselho do CNPq, ele queria entrar em contato com a área de Ciência e Tecnologia. Almoçamos, ele me disse que era socialista, perguntei como ele entendia a propriedade social dos meios de produção. Ele respondeu: "Nós podemos discordar de várias ideias, mas estamos do mesmo lado, no principal." Eu disse: "Não estou divergindo de você, estou tentando entender o que você, que se diz socialista, entende por socialismo." Esse caso só mostra a dificuldade enorme, quando se fala em socialismo, de dizer como será o regime econômico. Nesse sentido, a vitória do capitalismo foi por WO. Não é que um dos lados venceu o outro. Simplesmente um lado saiu de cena.

---

3. Deputado estadual de São Paulo pelo PSOL. [*N. da E.*]

Isso não quer dizer que o capitalismo é o destino eterno da humanidade. Novas formas terão que ser experimentadas. Admiro o trabalho do Paul Singer.[4] Vejo que a produção cooperativa, a economia solidária, ou, mais vinculada a Patrus Ananias,[5] a agricultura familiar, são exemplos de ilhas dentro do regime capitalista que procuram valorizar outros pontos. Estão dentro do capitalismo, não são totalmente não capitalistas, mas são tentativas de agir de forma diferente. Certamente, na economia, podemos aumentar a fatia de cooperação. Continua sendo difícil vislumbrar uma economia com princípios diferentes dos da procura do lucro, da eficiência etc. Você pode civilizar tudo isso, foi esse o grande feito da social-democracia. Não penso que seja só uma cereja no bolo do capitalismo. Mudou o capitalismo. O capitalismo foi civilizado com a oposição trabalhista e mesmo comunista; e, hoje, com as críticas ambientalistas. O capitalismo, que era um projeto de barbárie, civilizou-se.

Minha crítica a Marina Silva e ao grupo dela é terem renunciado a esses temas nas campanhas eleitorais. Em vez de discutir "como queremos a produção econômica de uma forma respeitosa ao meio ambiente", ficaram discutindo a autonomia do Banco Central [em 2014]. Perderam uma chance que talvez não se repita. Acredito que Marina teve receio de dizer que é necessário mudar totalmente a economia para haver uma sociedade mais valiosa do ponto de vista humano, pois, com isso, perderia os votos dos tucanos e dos empresários. Perdeu do mesmo jeito e não conseguiu transmitir uma mensagem. Não fez diferença na campanha. É lamentável não ter usado a oportunidade para transmitir uma mensagem que só ela podia expressar, naquele momento.

Por enquanto, Aldo, sem a mesma ênfase que você coloca no sentido de a esquerda ter enrolado as bandeiras, penso que a esquerda

---

4. Economista, ocupou a Secretaria Nacional de Economia Solidária de 2003 a junho de 2016, nos governos Lula e Dilma. [N. da E.]
5. Ministro de Desenvolvimento Social e Combate à Fome, no governo Lula, e do Desenvolvimento Agrário, no governo Dilma. [N. da E.]

continua tendo um papel duplo. Primeiro: coibir esse lado predatório, que me parece inscrito no DNA do capitalismo; e, segundo, pensar o que pode ser um futuro diferente. Mas aí é futuro, não é renovação, não é reconstrução, não é recomposição, é invenção.

MOISÉS MARQUES – Você identifica formuladores ou realizadores desses princípios e valores na esquerda?

RENATO JANINE RIBEIRO – Poucos. O Domenico De Masi abre uma perspectiva muito interessante quando valoriza o ócio. É curioso que seja muito considerado por pessoas bem próximas do capital. Grandes empresários gostam de ouvi-lo – e não aplicam nada do que ele diz. Ele levantou uma questão, que eu gostaria de ter aberto antes dele, que é a ideia de que os ganhos de produtividade das últimas décadas poderiam ser convertidos em redução de horas de trabalho, em vez de aumentar os anos de trabalho. Houve um grande passa-moleque da direita ao afirmar que o aumento da expectativa de vida exige um aumento dos anos de trabalho. Isso veio mais ou menos junto com a queda do Muro de Berlim. Até então, a esquerda colocava na pauta a redução das horas de trabalho, que teve seu auge com François Mitterrand e a aprovação da jornada de 35 horas semanais. No horizonte, poderia haver ainda maior redução, e o que se ganha é o tempo que De Masi acredita que poderia ser dedicado ao ócio criativo.

Se era possível reduzir a jornada semanal a 35 horas em 1981, hoje, provavelmente, poderia chegar a 30 ou 25 horas, sem perda de produtividade. Duzentos e poucos anos atrás, toda a força, toda a energia que havia no mundo era gerada pela força humana ou pela força animal, exceto a dos moinhos. Praticamente tudo era gerado pela força bruta física de mamíferos. Hoje isso se inverteu, porque há muitas maneiras de gerar energia. Este é o mundo das máquinas, que vai até a década de 1980, de 1990. De lá para cá, o mundo da informática permite que a produção seja mais intensiva e precisa.

Continuamos tendo ganhos de produção, mas não há repasse correspondente aos trabalhadores. A esquerda poderia ter continuado na bandeira do "vamos reduzir horas de trabalho, vamos criar um espaço do lazer criativo, do homem que pesca sem ser por profissão", poderia ter continuado por aí. Mas com a derrocada da esquerda nos anos de 1980, a direita passou a ditar as regras. O fascinante nesse jogo político é que a direita propôs: não vamos discutir em termos de horas de trabalho, e sim em termos de anos de trabalho. Você embaralha as cartas novamente, modifica o jogo e ninguém percebe que houve um passa-moleque. Ao fim e ao cabo é a mesma coisa calcular em horas ou em anos.

Pior, hoje, quando se discute a reforma da previdência social, tudo não passa de um debate contábil. Mas, se você procurar os textos e as políticas de Franklin Roosevelt no New Deal, na fase do entreguerras, em que se conceitua e se cria o Estado de bem-estar social, é possível compreender a previdência social como um projeto de sociedade. Ou seja, tudo o que a previdência não é hoje. A esquerda deixou de militar nesse setor, também, porque o peso da derrota foi muito grande, ainda mais em virtude de a esquerda derrotada, a comunista, ser pouco defensável.

Márcio Pochmann[6] também discute a redução das horas de trabalho e a possibilidade de uma sociedade com um novo perfil.

CARLOS MELO – No livro *Pensadores que inventaram o Brasil*, Fernando Henrique Cardoso chama Sérgio Buarque, Gilberto Freyre e outros de intelectuais públicos. Ao ler o livro, tem-se a impressão de que esse intelectual público é um ser em extinção. O sujeito que pensa um pouco o país, o mundo, e que traz novidades para o debate. Eu queria saber a sua percepção como intelectual. O que está aconte-

---

6. Ex-presidente do Instituto de Pesquisa Econômica Aplicada (Ipea) e presidente da Fundação Perseu Abramo. [N. dos O.]

cendo? Com a difusão de tecnologia, com as redes sociais, o debate está se tornando mais rastaquera, e aparentemente falta o pensador que se posiciona e que leva o debate para um campo um pouco mais interessante e menos conflituoso. Esse intelectual existe? Ele consegue trazer o debate para temas interessantes à sociedade?

RENATO JANINE RIBEIRO — É difícil fazer qualquer tipo de quantificação, mas é claro que há intelectuais debatendo a coisa pública. Mas temos um pequeno e um grande problema. Começo pelo pequeno. A esquerda, inclusive aquela que do Partido Comunista foi se tornar tucana, usou muito a oposição entre o intelectual orgânico e o tradicional, que é uma formulação de Antonio Gramsci.[7]

Essa oposição foi utilizada, no Brasil pelo menos, para valorizar um ideal do que seria o intelectual orgânico. Era uma oposição carregada de valor. O intelectual tradicional deveria ser descartado; o orgânico, promovido. Isso vai contra a própria essência do intelectual, que é ter uma independência de pensamento que lhe permita se voltar contra tudo e todos. Faz parte de ser intelectual (e isso já foi dito por outras pessoas, a tal ponto que não sei de quem é a frase) uma certa disposição para trair. Não no sentido ético, de trair a confiança; mas não ser fanático de uma concepção inconteste. O intelectual não é confiável, bem o sabia o Partido Comunista. Tanto que o PC jogava muito habilmente os intelectuais contra os trabalhadores: dizia Lênin que a classe operária espontaneamente tem apenas uma consciência sindicalista, não vai além disso, portanto, necessita do partido. E aí é

---

7. Pensador e político marxista italiano que trouxe um sopro de ar novo ao comunismo, assim como o fez o francês Louis Althusser. De acordo com Antonio Gramsci, intelectual orgânico é o que surge e se desenvolve em determinado grupo social e se torna representante de sua ideologia e de seus interesses. O intelectual tradicional, por sua vez, relaciona-se com grupos dominantes e é porta-voz dessa ideologia. Para introdução ao assunto, cf. Maria Lúcia Duriguetto, "A questão dos intelectuais em Gramsci", *Serviço Social & Sociedade*, n. 118 – Trabalho precarizado, São Paulo, Cortez, abril/junho de 2014. [N. da E.]

o intelectual que vai falar em nome dela. Ao mesmo tempo jogava o trabalhador contra o intelectual, acusando este de pequeno-burguês. O intelectual precisava constantemente fazer sua autocrítica e, de vez em quando, era fuzilado.

Ante esse contexto, a visão gramsciana foi um alívio. E há um ponto de Gramsci que continua muito válido, a ideia de conquistar a hegemonia. Ele chamou atenção para a disputa pelos corações e mentes. Isso é precioso. Já a valorização do intelectual orgânico reduziu o papel do intelectual independente. O exemplo deste pode ser Marx ou Sartre, traidores da classe. Substituir a independência do intelectual, a um passo de ser traidor, por uma situação em que ele expressa a suposta vontade da massa de esquerda é um equívoco. Talvez seja o que leve alguns intelectuais petistas, inclusive gente de primeira, a negar a corrupção no PT. É claro que não é um partido corrupto, mas que teve membros que se corromperam, teve. Ora, o compromisso intelectual é o compromisso com a verdade. Quando um intelectual nega a existência da corrupção em governos petistas e diz que tudo isso é propaganda da direita, criou-se um problema. Mas ainda é um pequeno problema.

Já o grande problema é que o Brasil ficou a tal ponto fragmentado politicamente, o que se deve em boa parte à grande imprensa, toda ela de oposição, que está praticamente tudo ideologizado. Outro dia me ligaram do escritório da ombudswoman da *Folha de S.Paulo*, Paula Cesarino Costa, pedindo uma opinião sobre o jornal para divulgar *interna corporis*. Afirmei que a *Folha*, como vários jornais, praticamente abriu mão de fazer reportagens, sendo assim, ela não tem fatos a contar nem a analisar. Delega isso a mais de cem colunistas que sempre dizem a mesma coisa. Cada um deles está lá para representar uma posição, uma ideia que vai reiterar a realidade. Você não tem pessoas que olham com curiosidade para o mundo. Esse problema se tornou crucial na comunicação pública, no jornalismo, no próprio intelectual público.

Se você não tiver o que Hannah Arendt chama amor ao mundo, fica complicado. Se achar mais importante o amor ao livro, a um livro, a um autor, a uma doutrina, a uma teoria, do que o amor ao mundo, fica complicado. Tem que estar aberto a aprender. Por isso, comecei falando da realidade. A relação da mídia e dos intelectuais, de direita ou esquerda, com a realidade é precária e isso é uma lástima. Aliás, não isento disso o próprio Fernando Henrique, porque, ao se tornar homem de partido, por sinal com sucesso, ele teve de abrir mão da curiosidade, da independência, do direito a mudar de convicções, que no fundo é o que quero dizer quando falo da disposição do intelectual a trair.

Moisés Marques – E as patrulhas? Sempre puxando para uma determinada postura, tentando arrastar o intelectual para uma postura doutrinária menos independente. Esse patrulhamento também faz parte de uma crítica à esquerda?

Renato Janine Ribeiro – Patrulhamento geralmente vem de quem está próximo. Ninguém de esquerda vai patrulhar os rapazes da extrema direita. E ninguém da direita vai se dar ao trabalho de patrulhar gente de esquerda.

A esquerda, nesse ponto, tem alguns traços inquietantes. Primeiro, quando discorda de alguém, e sobretudo quando alguém de esquerda muda de posição, ela promove um assassinato de reputação. Não é só a direita que faz isso. E no Brasil a direita os promove em grande escala! Mas a desqualificação da esquerda, ou de quem foi de esquerda, pela própria esquerda é cruel. Veja que raras são as pessoas que tiveram posição de destaque no PT e que saíram dele continuando respeitadas. De modo geral, foram destruídas ou perto disso. A grande exceção é Luiza Erundina. Talvez seja a única. O ataque começa dizendo "na verdade nunca foi de esquerda".

Critica-se até a vida pessoal. Vejam o que aconteceu com o líder do governo Dilma no Senado, Delcídio do Amaral.[8] Tudo bem, a biografia dele não era essas coisas – mas ele representava o governo na Câmara Alta. E, depois que foi preso, revela-se tudo de ruim sobre ele. Até a véspera, era aliado...

Fala-se muito do pensamento único neoliberal. Há dois pensamentos únicos: o neoliberal e o da esquerda antineoliberal. Não perceber o tamanho da crise da esquerda é um erro grande. A possibilidade de a esquerda perder o governo federal neste ano ou nos próximos é o menor problema: estamos diante do risco de a esquerda perder sob vaias, de ficar desmoralizada por vários anos. É isso o que está em jogo. Vivemos o risco de que a esquerda suma do quadro.

Diria que temos agora dois cenários diante de nós. Um é o do ex-senador Jorge Bornhausen. Lembram que ele disse, em 2005, "vamos nos livrar dessa gente por vinte anos"? "Essa gente" era o PT. O senador perdeu na ocasião, mas enfrentamos agora o risco de prevalecer, com dez anos de atraso, esse quadro de a esquerda sair de cena por um bom tempo. O outro eu chamo de cenário Fernando Henrique, tomando como exemplo o que ele disse de si próprio: você perde popularidade, mas mantém credibilidade. Perde as eleições, mas perde com dignidade. Continua no jogo.

Bem antes de o PT ganhar as eleições de 2002, muita gente já estava a um passo de votar no partido. O melhor clipe da campanha de 2002 mostra uns jovens saindo de uma festa. Veem um mendigo na rua, sentem-se mal. Aí aparece um rapaz um pouco mais velho que diz algo assim: "Se essa cena o incomoda, em algum lugar você já é petista." O que isso significa? Que o PT foi batalhando pela hegemonia. Que foi tocando nos corações das pessoas. Chegou uma hora em

---

8. Senador (PT) pelo Mato Grosso do Sul, cassado em maio de 2016. Em abril de 2015 foi escolhido líder do governo no Senado pela presidenta Dilma Rousseff. Foi preso em novembro de 2015, acusado de obstrução nas investigações da Lava Jato. [N. da E.]

que as pessoas só não votavam no PT por medo do que ele faria com a economia. Uma boa parte da população já era petista sem o saber! O que foi genial por parte do Lula com a "Carta ao povo brasileiro", com o próprio Duda Mendonça nesse clipe, foi conseguir passar isso adiante. Estamos agora numa situação em que o risco é desfazer tudo isso. O PT perder as eleições não com respeito, o respeito que ele tinha nas eleições sucessivas e perdeu, mas perder desrespeitado.

CARLOS MUANIS – Desrespeito que em certa medida lhe cabe. O balanço que se faz é também arrasador, mesmo sem lhe tirar os méritos, que não são poucos. O PT, nesse aspecto, foi irresponsável, arrogante, se fechou nos gabinetes do poder, repetindo as mesmas práticas que condenava.

RENATO JANINE RIBEIRO – O PT colocou na pauta do Brasil a inclusão social. E o ponto em que o PSDB está fragílimo é que em nenhum momento vi o PSDB, nem o PMDB *à la* Temer – que estão próximos ideologicamente um do outro –, terem sequer uma linha dizendo: vamos criar colchões de proteção para os mais pobres – e, depois, retomar a inclusão social. Parece que a questão da miséria e da pobreza, um problema grave, não sensibiliza o lado da direita. A direita não o vê como o grande problema do Brasil. Eu me orgulho, quando ministro da Educação, de ter divulgado que, quando as crianças chegam ao terceiro ano do Fundamental I da escola pública, com oito anos de idade, 22% não sabem ler, 35% não sabem escrever e 57% não sabem multiplicar e dividir. O problema é terrível. Essa é uma das traduções da desigualdade brasileira, da brutalidade brasileira com os mais pobres. Sem contar o fato de que, pela escola em que o seu filho está, você já sabe como será o desempenho dele no Enem. A média do Enem das escolas do nível socioeconômico mais alto é seiscentos e pouco, enquanto do nível mais baixo é quatrocentos e pouco. Duzentos pontos de diferença não têm nada com mérito. Ter apontado isso, ter posto essa questão na agenda, é mérito do PT. O problema que vejo é que nenhum dos partidos que compõem o governo Temer se importa com isto.

CARLOS MUANIS – O que diferencia muito os campos de esquerda e direita é o tema dos direitos humanos. Entristece-me ver essa questão desfigurada, estupidamente confundida com o que popularmente se chama "a defesa de bandidos". Ou seja, diretrizes fundamentais da humanidade, como o direito à vida, à liberdade, direito ao trabalho, à educação, à moradia, à paz, à igualdade de gênero, à proteção contra discriminações, violências, racismos, injustiças etc. Todos esses princípios são vilipendiados por muitos setores retrógrados, conservadores. Eu acho que a esquerda perde muito ao não enfrentar essa batalha, o significado, a amplitude magnânima dessa questão dos direitos humanos e seus sentidos. Você não concorda que há uma falha imensa em relação a isso?

RENATO JANINE RIBEIRO – Não sei se é a mesma coisa que você está falando, mas tive uma espécie de epifania na única vez que vi o *Programa do Ratinho* – faz uns quinze anos. Estava em cena uma mulher, cujo filho tinha sido sequestrado pelo pai, que o levou para um lugar longínquo no Nordeste. Um lugar bem afastado. O Ratinho apresentou a moça; ela contou sua história, e ele disse: "Fulano, é bom você devolver o filho para a mãe, senão a minha equipe vai entrar em contato." Era quase uma ameaça, "minha equipe"... Mas aí eu pensei: "Isso são direitos humanos!" O direito humano de a mãe ter de volta o filho sequestrado. Por que deixamos que os direitos humanos sejam associados só a proteger bandidos contra a tortura e pancadaria da polícia? Por que a esquerda aceitou que os direitos humanos fossem confinados a algo que beneficia uma parte bem pequena da população? Direitos humanos são universais, todas as mães têm o direito de que seus filhos não sejam raptados, ou sequestrados; o trabalhador tem direito a ter uma perspectiva de emprego.

O problema é que a esquerda, e talvez uma parte dos militantes de direitos humanos, se especializou demais. A violência policial é brutal, muitas vezes é de classe (eu apoio todos os que lutam contra a violência policial), mas houve um erro em termos políticos. Esse erro político foi não salientar o caráter universal dos direitos humanos. Paralelamente, o que vi no governo é que há um interesse grande nos direitos humanos de grupos segmentados. É correto, são os grupos mais prejudicados, mas os direitos são universais.

A redução de ministérios [reforma ministerial no governo Dilma em outubro de 2015] levou três ministérios ou secretarias com status de ministérios – dos Direitos Humanos, dos Negros e das Mulheres – a serem fundidos num só. Essa redução privilegiou a então ministra da Igualdade Racial, que é negra e mulher. Ela ficou titular do ministério resultante da fusão. E a presidenta fez questão de dizer que o ministério era das Mulheres, da Igualdade e dos Direitos Humanos. Colocou os Direitos Humanos no fim, devia ter posto em primeiro lugar.

O PT acabou se apoiando na causa da diversidade e perdeu de vista a universalidade. Tem que ser bom para todo mundo. As políticas de cotas, por exemplo, estão praticamente completando sua necessidade. Li uma notícia na qual se dizia que na UFMG os cotistas estão entrando em Medicina com notas superiores aos alunos não participantes do sistema de vagas reservadas. Quando isso acontecer no Brasil todo, acabam as cotas. Não serão mais necessárias. Quanto mais cedo acontecer, maior terá sido nosso sucesso.

É curioso que alguns que se consideram muito à esquerda tenham abraçado em demasia a causa da diversidade. A esquerda deve ser universalista. Não faz parte da característica fundamental da esquerda que vá defender cada segmento. Políticas voltadas para a diversidade devem ser provisórias, mas a perspectiva deve ser universalizante, no sentido de construção da igualdade.

ALDO FORNAZIERI – Você aponta que há certo limite nas políticas sociais do PT por elas terem um viés particularista. Vamos retomar a questão das realizações do PT, que todo mundo aqui reconhece e que colocaram em pauta, no Brasil, com força, talvez pela primeira vez na história, a questão social. Não podemos dizer que o PT fez isso de forma também limitada? O PT e, de certa forma, a esquerda latino-americana, por mais diferente que seja o bolivarianismo, vivem o mesmo impasse e apresentam êxitos limitados. Você concorda que eles foram beneficiários e, ao mesmo tempo, vítimas do *boom* das *commodities*? Enquanto houve crescimento econômico mundial, eles se mantiveram em alta e populares. Quem estuda o desenvolvimento sabe que basear um projeto apenas na exportação de bens primários, *commodities* e assim por diante, é um voo curto. Nesse sentido, nem o PT nem o restante dos governos (de esquerda ou não) da América Latina souberam criar um projeto de desenvolvimento. O próprio André Singer apontava que, quando o pacto de conciliação com as elites feito por Lula acabasse, o projeto petista ou lulista fracassaria. Foi o chamado jogo do ganha-ganha, em que todo mundo ganha, em que todo mundo se beneficia com o crescimento. Quando acaba o jogo, as elites rompem o pacto. Aparentemente é o que aconteceu já no primeiro mandato do governo Dilma. Tanto a esquerda bolivariana quanto o PT no seu jogo de conciliação com as elites são projetos extremamente limitados. O risco atual é o de que ocorra uma reversão de ganhos sociais. Neste sentido, tanto a estratégia tipo a do PT quanto a estratégia da esquerda do tipo bolivariano na América Latina se mostram limitadas. Além disso, para agravar a situação, os governos petistas perderam oportunidades bem interessantes. O Lula, mesmo em período de alta popularidade, em nenhum momento pressionou pela realização de reformas que removessem as condições estruturais da desigualdade, como o sistema tributário, a questão da taxação de grandes ganhos e altas rendas e assim por diante. Mesmo do ponto de vista da questão da inclusão social e da remoção da desigualdade, o projeto perdeu oportunidades e foi limitado. Qual a sua avaliação desse quadro?

Renato Janine Ribeiro – Antes de tudo, as críticas devem ser comedidas porque os ganhos foram reais e, se não tivesse havido uma conciliação de classes, talvez não tivesse ocorrido ganho nenhum. O apoio ideológico a uma posição de esquerda no Brasil sempre foi muito fraco. Se Lula exercesse o poder voltado muito para a esquerda, é possível que tivesse perdido as eleições em 2002 ou que seu governo fosse derrubado. Os acordos foram necessários.

Entretanto, considero gravíssimo não ter havido nenhuma reformulação na questão das faixas do imposto de renda. Foi um dos maiores erros. Atualmente, o partido tem uma proposta de criar faixas, subindo até 40% ou mais, mas ela não se baseia em nenhum estudo sério. A faixa de 40% é para quem ganha mais de 100 mil reais por mês, ou seja, quase ninguém. Quem hoje ganha 10 mil reais, que é uma renda boa, pagará menos imposto do que já paga. É uma perda tributária gigantesca. Hoje, a partir de 4 mil e poucos reais o contribuinte é incluído na faixa mais alta, o que é totalmente injusto. Mas eles estão propondo subir essa faixa de 25%, 30% para rendas em torno de 70 mil ou 80 mil reais, o que é um delírio. Ninguém ganha esses valores com carteira assinada ou de maneira transparente. Isso só mostra um PT perdido, cuja bancada não conversa com o governo e faz propostas irreais, injustas e contrárias às diretrizes partidárias que deveriam seguir.

O que o PT deveria ter feito? A grande coisa que poderia ter feito e não fez seria bater na tecla da ética. No caso da educação, por exemplo, significa que os alunos do setor público universitário têm que se sentir responsáveis perante a sociedade, que permitiu que tivessem uma faculdade boa, gratuita, e, eventualmente, um mestrado ou doutorado com bolsa ou gratuitos e até mesmo a participação no Ciência sem Fronteiras. O governo não se interessou em passar essa mensagem de responsabilidade social. Outras coisas que poderiam ter sido feitas e não o foram são mais complicadas de definir, porque afinal as pessoas trabalharam duro, fizeram o que puderam. O momento histórico era um. Não podemos usar o conhecimento retroativo dos fatos para julgá-las severamente.

A educação no Brasil avançou muito nesses anos. As políticas, sobretudo do ministro Fernando Haddad,[9] foram muito boas. Ele fica para nós como o grande ministro da Educação. Mas houve muitas soluções dadas com aporte de dinheiro, nem sempre se examinava se as coisas estavam efetivamente funcionando. Vi isso no Fies. Em 2014, ano eleitoral, o Fies foi concedido para praticamente todo solicitante. O que recebi de mensagens, de reclamações, quando fui ministro, era: "O Fies é um direito meu. Eu Renato, eu Carlos, eu Moisés, eu Aldo tenho direito ao Fies." Algumas pessoas já haviam feito um Fies inteiro e queriam um segundo, o que não é permitido com esse sistema de financiamento e, além disso, é um absurdo. O objetivo do Fies não é só o bem do aluno, mas o bem da sociedade. É o que procurei equacionar quando defini como prioridades Professorado, Engenharia e Saúde, além de reduzir a proporção do Direito.

Veja a crítica do PSDB quanto à sustentabilidade dos aumentos reais do salário mínimo. Em que medida se pode garantir que a economia vá segurar esses aumentos? Dilma tinha noção disso. Vejamos: há um primeiro momento dos governos petistas que é o Bolsa Família, é emergência, é uma espécie de Samu. É uma medida emergencial para salvar pessoas que estão à beira da morte e precisam de recursos para comer. O segundo momento é a valorização real do salário mínimo segundo a Constituição. Por decreto, garante-se que a pessoa ganhe mais. Subiu acho que 70% em termos reais. É muito

---

9. Ministro da Educação no governo Lula (2005-2012) e prefeito de São Paulo pelo PT (2013-2016). [N. da E.]

bom. Agora, o terceiro momento é o autossustentável numa economia de mercado, o que inclui formação e valorização de mão de obra. Para isso o governo Dilma criou o Programa Nacional de Acesso ao Ensino Técnico e Emprego (Pronatec), para que, sem decreto do governo, sem intervenção direta, legal, nem recurso a fundo perdido, a pessoa consiga no mercado um salário melhor porque está mais qualificada. O Pronatec era a menina dos olhos da Dilma. Há uma proposta de sustentabilidade nisso tudo. Sai-se do fundo perdido, do voluntarismo do governo, e passa-se à formação educacional, que fará as pessoas ganharem melhor no mercado. Um excelente exemplo de política liberal no sentido genuíno da palavra.

Mas há uma questão que é, para mim, um grande mistério: Qual a base da oposição? Em 2014, seis meses antes da eleição, estive num evento que reuniu grandes consumidores de energia, grupos que representam cerca de 50% do consumo de energia elétrica do Brasil. Metade do PIB do país. Fiz uma palestra promovida pela associação deles. A pergunta que todos tinham era: o Lula não vai concorrer? Eles queriam o Lula. Não queriam Aécio nem Dilma. Estavam descontentes com ela e não tinham nenhuma expectativa com Aécio. O alto empresariado, até o começo de 2016, em nenhum momento se voltou diretamente contra a Dilma. A mais importante liderança empresarial na oposição é Paulo Skaf,[10] que não é mais empresário. Vendeu as empresas dele. É um político que tem a Fiesp na mão. Então, em que consiste a oposição ao governo do PT? A grande imprensa, seguramente; o PSDB; a classe média, sobretudo em São Paulo e em alguns outros estados mais para o Sul e o Sudeste. Essencialmente é isso.

---

10. Empresário e político brasileiro. Presidente da Fiesp, Ciesp, do Sesi e do Senai desde 2004 e do Sebrae/SP desde 2014; vice-presidente da CNI. Filiou-se ao PSB em 2009 e se desligou em 2011, quando filiou-se ao PMDB, a convite de Michel Temer. [N. da E.]

Uma das falhas de parte da esquerda, sobretudo da esquerda não petista, é que as pessoas que criticam o PT pelas suas políticas têm uma visão do grande empresariado como sendo contra a esquerda. Eu não acredito que seja assim. Há quem fique feliz, e publique em redes sociais, que Jorge Paulo Lemann – dono da Ambev, patrocinadora da Fundação Lemann, dedicada à educação – esperou uma hora para ser recebido pela presidenta Dilma, o que, na verdade, é o tempo normal de espera. Não é um desrespeito especial a ele. Mas há aqueles que gozam porque ele teria sido humilhado, pelo fato de representar um setor antipetista. Errado. Ele, por exemplo, é muito comprometido com a educação, formou gente para a causa dos direitos humanos.

Analisar de onde vem a oposição ao PT é uma coisa que eu não vi ainda ser feita e para mim é um mistério. Há, claro, o elemento da classe média, que está mal porque tem gente pobre no mesmo nível. Mas me pergunto se essa história não está sendo superdimensionada. Porque, se a classe média é apresentada como cheia de ódio pelos pobres que subiram, os que atacam a classe média o fazem com bastante ódio também.

Uma parte da esquerda encasquetou que a classe média é o inimigo. Penso que esse estrato social tem razão de reclamar. Nós, que somos de classe média, pagamos muitos impostos – e duvido que algum de nós não recorra ao plano de saúde privado, à escola privada para os filhos, ao transporte privado e até à segurança privada. Eu moro em casa e pagamos uma segurança privada. Entendo que haja um descontentamento de muita gente porque paga imposto e sente que o Estado nada lhe dá em troca. Falta uma análise mais profunda desses conflitos que foram despertados. Uma parte do ódio ao PT é preconceito de classe, sem dúvida. De quem? Provavelmente é mais da classe média do que dos ricos. Ricos seguramente não estão fazendo guerra ao PT. Os ricos não querem uma conturbação. Eles sabem que tirar a presidenta Dilma não resolve nada. Cria um problema novo. Penso que isso tudo é pouco analisado.

ALDO FORNAZIERI – E essa questão do limite da estratégia, das *commodities*?

RENATO JANINE RIBEIRO – Há dois lados. Primeiro, o governo do PT gastou bem o dinheiro das *commodities*. Gastou em educação, em inclusão social. Não foi um gasto perdulário. No entanto, *commodities* não são estruturantes. O país mantém-se como produtor agropecuário e coletor de minerais. Indústria e informática não são nossos pontos fortes.

ALDO FORNAZIERI – Fica claro que a esquerda, em última instância, não tem uma estratégia.

RENATO JANINE RIBEIRO – O PT soube aproveitar a janela de oportunidade que teve. Isso é um elogio. Mas a esquerda chegar ou manter-se no poder quando todas as condições objetivas são adversas é muito difícil e é essa a situação atual.
 Compartilho com você a expectativa de que talvez a esquerda pudesse ter feito mais. O PT pegou o dinheiro novo do PIB e o distribuiu sem prejudicar quem já tinha. Não fez uma redistribuição de renda no sentido de tirar dinheiro de nós, que somos mais abonados e estamos na classe mais rica e mais dominante. O PT não tirou dinheiro das classes ricas para colocar nas mãos dos pobres, o que teria sido socialmente justo, mas talvez politicamente insustentável. Talvez a falha do governo petista tenha sido não preparar um futuro em que isso pudesse acontecer. No caso da educação, o Plano Nacional de Educação (PNE) é inteiramente justo, mas ele todo se baseia na última de suas vinte metas, que é a de chegar a 10% do PIB. E como ele ia chegar a 10% do PIB? Ia chegar graças ao pré-sal. O petróleo

caiu de 100 dólares para 30, o barril (na faixa de 30 dólares, não sei exatamente), e o resultado: inviabilizou, acabou o PNE.

A direita, por sua vez, diz que a demanda de petróleo não vai aumentar, porque o mundo rico está saturado de carros, não vai comprar mais carros e os que ficarem serão elétricos. Segundo a direita, o petróleo, o pré-sal... fracassou. Não há mais para quem vender. Ou outra conversa da direita: a redução da velocidade nas marginais dos rios paulistanos não reduziu em nada a mortalidade, a queda foi causada por outros fatores. Há, neste momento, um empreendimento forte de desmoralização das iniciativas do PT. Mas esses discursos exageram no seu uso político. O pré-sal é um petróleo de alta qualidade, é até melhor não ser queimado nos tanques dos carros. Terá usos melhores.

CARLOS MELO – Quero retomar algumas frases ditas até agora. A esquerda é universalista ou deveria ser universalista por princípio. Talvez se tenha perdido a oportunidade de fazer uma redistribuição de renda mais profunda. Você também disse que talvez não tenha sido colocado em nenhum momento que o aluno no setor público tem uma responsabilidade. Isso tudo remete à questão da educação. Parece que os setores de esquerda que atuam na educação (pode ser desinformação ou preconceito da minha parte) são muito voltados para um certo corporativismo. Não se discutem questões fundamentais. A questão, por exemplo, de que a escola pública tem que ser universal e gratuita. Há restrições fiscais óbvias. Eu falo do nível superior.

RENATO JANINE RIBEIRO – Mesmo em um ambiente de esquerda, percebe-se que a questão de pagar o ensino público não provoca ódio e a maioria se mostra relativamente a favor. Ao passo que poucos meses atrás, quando começou a ser votada uma emenda constitucional autorizando a cobrança em cursos de especialização e pelo mestrado profissional nas universidades públicas, houve muito ataque. É engraçado. A abrangência é muito menor e, ainda assim, foi mais atacada do que o princípio geral. Pode ser simples confusão mental. Às vezes acontece. As pessoas não entendem bem de que se trata.

Sou sensível ao argumento de que muitas famílias aproveitam a entrada do filho na universidade pública para dar-lhe um carro, ou seja, elas têm o dinheiro, portanto, poderiam pagar à sociedade em vez de privatizar o que esta financia. Esse argumento é bom. Basicamente, o que me preocupou no ensino superior público é o fato de você não ter nenhuma ferramenta para impedir a privatização desse ensino.

As escolhas profissionais que os alunos fazem não são determinadas por uma preocupação com a sociedade, mas por uma vantagem pessoal. Há, por exemplo, especializações típicas dentro da medicina em que há mais atendimentos de urgência, como na obstetrícia. Já a dermatologia é uma área menos sujeita a chamados fora da hora de expediente. Pesa, sobre a universidade pública, a questão da vantagem pessoal. E isso está ligado a uma dificuldade de entendimento do que quer dizer público. A sociedade brasileira elegeu, com o apoio das corporações do meio da educação, a palavra "público" como sinônimo de gratuito. Público deixou de ter o significado de bem comum! Mas tem que ser: o país precisa de professores de escola pública e então precisa formar nas universidades estatais o maior número de professores capacitados para isso ou aquilo. Precisa de médicos que atendam às comunidades e às famílias e deve formá-los. É muito diferente dessa convicção dominante de que público é apenas gratuito, convicção essa que a própria esquerda, num *nonsense* absoluto, compartilha.

Aqui está uma das maiores dificuldades para o MEC. A greve das federais, que cobriu quase toda a minha gestão – quatro meses dos seis que ocupei o cargo –, foi uma paralisação em que o principal sindicato dos professores pleiteava que 75% do orçamento federal de educação fosse para as instituições de ensino superior federais, incluindo os institutos, e para uma única escola de ensino básico, que é o Pedro II, no Rio. Praticamente tudo iria para o ensino superior. Tal pleito implicava cortar radicalmente o que se destina à educação básica, que deveria ser a prioridade ética, política e humana do país. Mas como é possível que se coloque como meta dos professores federais, com apoio do PSOL e de outros grupos que se dizem de esquerda, reduzir os recursos para a escola básica? Como isso não causa um escândalo? Eu queria aparecer, queria ir à TV denunciar isso. Minha equipe achou que não era o caso, que era uma estratégia de negociação.

Outra demanda escandalosa foi a dos funcionários. Os servidores das federais queriam passar de quarenta horas para trinta horas por semana, sem perder um centavo, baseados num artigo da Constituição que diz: se você trabalha sem intervalo, você trabalha seis horas. Se você trabalha com intervalo, você trabalha oito. Mas por que o servidor tem que entrar às nove da manhã e sair às três da tarde? Por que não pode entrar às oito, almoçar de meio-dia às duas e sair às seis da tarde, se for do interesse do patrão dele, que é a sociedade brasileira?

Essas situações são críticas. Há grupos que historicamente foram próximos ao PT, aos quais o PT fez um bem danado, porque criou muitos cargos, ampliou as universidades federais, aumentou incrivelmente o número de professores, de servidores e de alunos, foi uma atividade meritória. Mas eles não têm a compreensão, num momento de crise econômica, de que está na hora de fazerem uma redução de expectativas. Não é nem sacrifício. Os servidores tinham recebido um aumento de salário quase igual à inflação no ano anterior. Tiveram 5% de aumento, o que estava combinado havia três anos. A inflação foi de 6%. Fizeram greve! Enquanto os grevistas nas redes públicas estaduais e municipais pediam que o aumento de 2015 fosse relativo à inflação dos últimos 12 meses, esse aumento já tinha sido concedido nas federais. As greves das federais ocorriam por demandas excessivas, extremamente egocêntricas. O descompromisso com o país e com a sociedade é espantoso. E não se corrige isso apenas por políticas de inclusão social. Porque estas estão na periferia do sistema, enquanto o descompromisso com a sociedade está no cerne do nosso ensino superior.

A UTOPIA E A REDUÇÃO DE DANOS

Se comparar, uma greve da universidade federal, que afeta adultos ou quase adultos, causa menos dano social do que uma greve da rede pública em que crianças são afetadas. É terrível. Por outro lado, professores das federais hoje ganham melhor do que os professores das estaduais paulistas. As estaduais paulistas foram, por muito tempo, referência em qualidade e salário, no Brasil. Mas, hoje, o professor doutor da USP ganha menos que o aluno dele que se doutorou e fez concurso numa universidade em local ermo do país. E ainda assim fazem greve. Isso causou um problema tremendo. E um paradoxo: o professor de ensino superior ganha melhor, sua greve é injusta, mas prejudica menos os alunos. O professor de educação básica ganha menos, sua greve é mais justa em termos de salário e carreira, mas ela causa um dano enorme nos vulneráveis, que são as crianças e os adolescentes, ainda por cima pobres ou muito pobres. Uma equação complicada de resolver.

A educação precisa de muitos *players*: governo federal, governos estaduais e municipais. Ora, esses *players* estão se entendendo. Eles têm fóruns de discussão, têm disposição para cooperar – mesmo que pertençam a partidos diferentes ou sejam até antagonistas. Há critérios pelos quais a União repassa dinheiro e *expertise* para estados e municípios. Mas há *players* importantes que estão fora do jogo, sobretudo o sindicato dos professores universitários e, em certa medida, o dos servidores. Essa situação é complicada e pode se agravar. Todos os entes federativos estão perdendo receita e é possível que em 2016 não haja aumento salarial para ninguém.[11] Agora, não adianta reformar a educação e tudo dar errado, seja porque um município não distribuiu uniformes, seja porque a União não repassou material didático, seja porque um sindicato decretou greve. Quem sai prejudicado é o aluno, sobretudo a criança pobre.

---

11. Em 2016, os servidores técnico-administrativos das instituições federais receberam 10,5% de aumento – dividido em duas vezes. Já o salário dos professores federais foi reajustado em 10,77%. No período, a inflação foi de 10,67%. [*N. da E.*]

A esquerda está aprisionada por uma questão ideológica: comprou a ideia de que tudo tem que ser gratuito, quer dizer, pago pelo Estado. Repudia a contribuição de institutos privados, sem fins lucrativos, que procuram melhorar o ensino. Além disso, há centrais sindicais que querem que o governo se dane, mesmo que isso leve junto milhões de crianças que estão aprendendo. Ou em São Paulo, hoje, o movimento do Passe Livre. Querem acabar com o prefeito Haddad. Provavelmente preferem qualquer prefeito de direita à sua reeleição.[12] Essa é uma velha estratégia de grupos de extrema esquerda. Às vésperas de Hitler assumir o poder, os comunistas consideravam que o grande inimigo na Alemanha era o Partido Social-Democrata. Há algo insano, muito estranho, na esquerda: uma autodestruição gigantesca. Olhe o fascismo e o nazismo: a destruição interna deles é muito pequena. Há o massacre de Erich Röhm e de uma parte da SA em 1934 e é tudo. No fascismo, não me lembro de nada parecido. Já o comunismo passou sua história toda chacinando comunistas. A famosa história dos que participaram do Congresso dos Vitoriosos (veja só!), em 1934, e dos quais, no congresso seguinte, cinco anos depois, a maioria tinha sido exterminada. É uma coisa esquisitíssima da esquerda. Uma vontade gigantesca de se autodestruir, uma dificuldade de compromisso e de comprometimento. Pode ser matando, pode ser excluindo, mas sempre é se autoinviabilizando.

ALDO FORNAZIERI – O radicalismo sindical corporativo muitas vezes não é simplesmente por uma questão corporativa. Por exemplo, o radicalismo do PSOL, do PSTU. Há um profundo equívoco de análise política de conjuntura por parte desses partidos porque sempre confundem momentos de ascensão de luta sindical com o momento revolucionário e aí eles radicalizam. Isso é típico do trotskismo. É

---

12. João Doria (PSDB) foi eleito no primeiro turno para a prefeitura de São Paulo (2017-2020), com 53% dos votos. [*N. da E.*]

uma análise fora da realidade. É por isso que junto com essa análise eles radicalizam o corporativismo. Na verdade, o fenômeno é menos corporativo e mais ideológico. Só que ele exaspera o corporativismo. Eles identificam, nesse momento de luta econômica, uma potência da luta política.

CARLOS MUANIS – Você já disse algumas vezes que a democracia é um regime baseado no desejo. É ele que movimenta, que impulsiona. Ou seja, é preciso ter paixão na sociedade para que ela avance. Você acha que a esquerda perdeu essa perspectiva do desejo? Quem são os órfãos da utopia hoje?

RENATO JANINE RIBEIRO – Você está fazendo uma alusão ao Ernildo Stein?[13] Ele publicou, em 1993, um livro chamado *Órfãos da utopia: a melancolia da esquerda*. Quando falei do desejo *versus* vontade, num artigo que saiu depois em vários lugares,[14] quis dizer o seguinte: a República era um regime mais racional, mais austero, mais duro, até mesmo mais másculo (na imagem romana). Já a imagem ateniense da democracia era ambígua, porque Atenas efetivamente era uma democracia, mas vários pensadores de lá eram extremamente reticentes em relação a esse regime. A palavra *dēmokratía* em Aristóteles não é o que chamamos democracia. A palavra que ele usa é *politeia*, que quer dizer, "constituição". A leitura de Aristóteles é

---

13. Filósofo, foi professor da UFRGS. [N. dos O.]
14. "Democracy versus Republic: Inclusion and Desire in Social Struggles". *Diogenes* (English ed.), v. 55, pp. 45-53, 2008. "Démocratie versus République: Inclusion et Désir dans les Luttes Sociales". *Diogène* (Ed. Française), v. 220, p. 49, 2007. "Democracy versus Republic: Inclusion and Desire in Social Struggles". *Diogenes* – (Chinese ed.), v. 53, pp. 137-148, 2011. "Democracia versus república", in BIGNOTTO, Newton (Org.), *Pensar a República*. Belo Horizonte: Editora UFMG, 2000, pp. 13-25. As ideias de Renato Janine Ribeiro sobre os dois regimes foram desenvolvidas nos livros *República* e *Democracia*, ambos publicados em 2000 pela Publifolha. [N. dos O.]

complicada porque há três *politeias* e há três *politeias* degeneradas. É fácil se confundir sobre isso.

As três *politeias*, ou seja, as três constituições políticas são a monarquia, a aristocracia e a *politeia*. O complicador é que uma das três *politeias* tem por nome justamente *politeia* – que é o que chamamos de democracia. E as três formas de constituição (*politeia*) degeneradas são: a tirania para a monarquia, a oligarquia para a aristocracia e a democracia (a *dēmokratía*) para a *politeia*. Nessas três deformações, o desejo prevalece sobre a lei. Há uma razão para isso. O grande medo grego (ou dos pensadores antidemocráticos) é que a maioria confisque os bens da minoria. Esse medo vai repontar na democracia moderna, tanto que o século XIX cria o voto censitário e o Senado. O voto censitário, isto é, dos que *têm* dinheiro, e o Senado são formas de evitar que os pobres, pelo seu peso numérico, confisquem os bens dos ricos. O Senado, vitalício ou renovado periodicamente, faz com que a avalanche de votos das paixões democráticas que se expressam na Casa Baixa demore a entrar na Casa Alta, e enquanto isso, o governo, ou a sociedade, ou a elite tenha tempo de detonar os pobres.

Penso que, mesmo sendo de forma pejorativa, a afirmação dos conservadores gregos de que a democracia se pauta pelo desejo é interessante. Indica que as pessoas desejam ter mais, para ser mais. O PT plantou e colheu nessa seara de forma admirável. O PT apoiou todas as lutas de desejo. Desejo de salário melhor, desejo de reconhecimento de união gay, desejo de liberalização da maconha, tudo isso o PT, na oposição, apoiou. O PSDB tinha um discurso republicano (o Bresser Pereira foi excelente nele, quando era ministro da Reforma do Estado), que enfatizava o bem comum. É preciso pensar não só em cada grupo, mas no social. Já o PT entendia que, se cada grupo tiver os seus desejos atendidos, o todo funciona automaticamente. O PSDB, com razão, pelo menos seus membros mais brilhantes, como o Bresser, percebia que esse resultado não é automático e é preciso combater o corporativismo. Isso tudo levou o PSDB a um problema sério, que é o seguinte: toda organização social que vem de baixo, o que em inglês se chama *grassroots*, eles chamam de corporativa. Ele não tolera o que vem de baixo. Estive num excelente debate no iFHC, com gente ótima, mas uma pessoa do público disse: "Que os sírios não venham para cá." Não é responsabilidade do Instituto, mas entre essa pessoa e o espírito humanista de um Franco Montoro não há nada em comum. E infelizmente esse espírito mais egoísta se difundiu, esse receio do que vem de baixo. O que é necessário é a fusão dos dois princípios: do princípio democrático, do desejo que dá força e conteúdo à política; e do espírito republicano, como uma espécie de contenção. A segunda câmara poderia ter este papel: a casa do povo expressa o desejo e uma casa sênior pede paciência, calma.

ALDO FORNAZIERI – Nos *Princípios da filosofia do direito*, Hegel nos diz que a corporação tem a sua legitimidade, ela tem que lutar pelos seus direitos, mas tem que ser regulada e contida pelo Estado.

RENATO JANINE RIBEIRO – Exatamente isso. O PSDB teve a missão de lidar com o que emana do povo, enquanto o PT sentiu grande dificuldade de pôr limite nessa reivindicação. Embora muito tenha mudado e haja movimentos sociais com beneficiários das políticas petistas que são ingratos, eles querem muito mais e condenam severamente o PT, esse partido sente pruridos em dizer que não é possível atender alguma demanda de baixo, por falta de dinheiro ou de mérito.

Quando foi criado o piso para ter acesso ao Fies – a nota de 450 pontos no Enem –, a Educação e Cidadania de Afrodescendentes e Carentes (Educafro), que é dirigida por frei David Santos, protestou dizendo que isso inviabilizaria a entrada de negros pobres no ensino superior. Não era verdade, pelos dados que a Secretaria de Educação Continuada, Alfabetização, Diversidade e Inclusão (Secadi) levantou. Mas, mesmo que dificulte a entrada de quem teve nota baixa, o fato é que o ensino superior não é só para o bem dos indivíduos que nele entram. É para o bem da sociedade. Precisa haver um critério de mérito. Você não está apenas recebendo um aluno. Você também está formando um profissional que depois vai atender a sociedade. E as cotas fazem uma política social boa, que valoriza os "sem chance" que deram duro para chegar aonde chegaram. Mais que isso, complica.

Um dos problemas que temos está em mudar os currículos para termos profissionais que atendam à sociedade. Está sendo discutida a Base Nacional Comum Curricular (BNCC). Nessas horas, lamento não ser mais ministro. Se fosse, eu diria: nos três anos do ensino médio, um ano vai ser dedicado à Sociologia: a sociedade moderna, com conflito de classes, miséria etc. Um ano será voltado para a Economia: entender o capitalismo, como ele funciona, a busca do lucro, as críticas marxistas e ambientais ao capitalismo. Um número enorme de estudantes e professores universitários não tem a menor ideia de como é o capitalismo. Conheci gente de esquerda que acredita ser uma decisão voluntarista do governo a forma como o dinheiro será alocado. Diziam para tirar o dinheiro da Agricultura e pôr na Educação, sem perceber que assim as pessoas vão passar fome no ano seguinte. Assim como há quem não tenha ideia do que é a geração social da pobreza, tema da Sociologia. E um ano de Antropologia para entender a diversidade radical das culturas e, especificamente no Brasil, o mundo indígena.

Em Filosofia, eu colocaria um ano de Ética, um ano de Política, isto é, política democrática: democracia antiga e moderna, fazendo uma ponte com a Ciência Política, entendendo, pelo menos, além do básico (democracia direta e representativa, direitos humanos), presidencialismo e parlamentarismo, voto distrital e voto proporcional. O terceiro ano poderia ser de História da Filosofia, Estética, ou Teoria do Conhecimento.

O ensino médio, apesar do nome, que indica uma incompletude, é terminal – tanto pela obrigatoriedade constitucional, que termina nele, quanto pelo fato de que a maior parte dos que completam o ensino médio não chega ao superior. Então, o ensino médio tem que entregar um produto. Tem que entregar uma pessoa apta a agir em sociedade, para o que precisa entender a sociedade em que vive. Há educadores que insistem muito na matemática, nas ciências. A matemática é crucial, mas a pessoa não entender a sociedade em que vive é um desastre. E claro que o ensino de Humanas não pode ser ideológico. Mas ele é decisivo para você ter um jovem adulto.

A questão do pagamento deveria ser discutida. Eu não sou contra pagar a universidade pública. Mas também não sou a favor. É uma questão a analisar. Ela suscita alguns problemas. O ensino superior público vem junto com atividades de pesquisa, de extensão e hospital universitário. Para saber o custo do ensino superior, é preciso retirar esses gastos da conta, não é tão simples quanto a das grandes empresas privadas. Além disso, há cursos de diferentes custos e diferente valor de mercado. Um curso de medicina tem um custo muito alto e um valor de mercado muito alto. Mas pode haver cursos que têm um custo X, mas cujo valor de mercado é mais alto ou mais baixo. Não é fácil calcular isso.

Outra possibilidade seria mexer no imposto de renda. Devemos partir da ideia de que deve haver uma nova forma de financiamento da educação, uma forma adicional. Há duas grandes opções. Uma opção é: o ensino superior se torna pago, exceto em caso de comprovada falta de renda. Aí você dá tudo. Dá gratuidade, dá acesso, dá bolsa, dá residência. A outra hipótese é a seguinte: aumentamos o imposto de renda de todo mundo. O problema de tornar o ensino superior pago é que isso de alguma forma dissuade o aluno. Se, em vez disso, aumentar o imposto de renda para todo mundo, a sociedade toda está explicitamente dizendo: vamos pagar o ensino superior. Mas isso tem que ser discutido, tem que ser explícito. Penso que seriam as duas grandes posições. Se aumentar o imposto de renda de todo mundo, não tenho custo adicional de administração da cobrança pela universidade, o que também é uma vantagem, evita burocracia. Mas lembre-se que não há ensino superior universal. Não conheço país em que 100% da faixa etária "certa", que é de 18 a 24 anos, esteja na universidade. O ensino superior gratuito é sempre um subsídio que a sociedade inteira dá a uma parte dela – no Brasil, hoje, são 20% os que fazem faculdade, sendo que fazem cursos públicos e gratuitos talvez um terço, um quarto disso. É um subsídio. Será justo?

O Brasil gasta 6% do PIB na educação. A meta do PNE é 10%. É exagerada, é alta, é o que você quiser. Na Alemanha, o gasto é também 6%, para um efeito bem melhor. Só que o PIB per capita alemão é cinco vezes o nosso. Então o 6% alemão equivaleria a 30% nosso. Não há condição de pôr 30% do PIB na educação.

Um ponto importante, geralmente esquecido, é que, na falta de desenvolvimento econômico, a inclusão social entra em risco. Mesmo que redistribuísse, tirando dos ricos para dar aos pobres, seria difícil.

A<small>LDO</small> F<small>ORNAZIERI</small> – E esse é o limite estratégico da esquerda, tanto do PT quanto da esquerda latino-americana.

R<small>ENATO</small> J<small>ANINE</small> R<small>IBEIRO</small> – Mas você acha que existe outra possibilidade?

A<small>LDO</small> F<small>ORNAZIERI</small> – Acho que existe. É preciso pensar em um novo modelo de desenvolvimento que não fique só nas *commodities*. Esse é o desafio da esquerda e do PT. E esse problema afeta também os governos de direita. Se formos ver, por exemplo, o Juan Manuel Santos, na Colômbia, também promoveu a inclusão. O Álvaro Uribe menos. Mas o Juan Manuel Santos, mais liberal, e que até rompeu com o Uribe, incluiu. Ele fez a pacificação com as Farc, fez uma política de reforma agrária, porque a Colômbia foi muito beneficiada pelas *commodities*. E ele deu um passo além do Brasil, porque a Colômbia, o México, o Chile e o Peru desenvolveram uma visão acerca da globalização e procuraram se integrar a ela.

Outro tema que a gente não explorou é o limite que a esquerda tem em relação à visão de globalização.

MOISÉS MARQUES – Considerando basicamente isso que conversamos, como você vê o futuro da esquerda? Vimos que algumas bandeiras que a esquerda foi adotando em termos de direitos humanos e ambientalistas são pautas liberais de alguma forma. E discutimos que, mesmo em termos de perspectiva de desenvolvimento, parece que ainda não temos grandes projetos. Qual a sua opinião sobre o que vai acontecer com a esquerda, não só no Brasil, mas no mundo nos próximos vinte anos?

RENATO JANINE RIBEIRO – O que mais me preocupa não é tanto quais decisões estão sendo tomadas, mas quem está ditando a pauta da discussão. Voltando ao que o Aldo disse, eu poderia dizer que todos esses grupos de direita que você mencionou no início, de extrema direita, são minoritários. As reticências de alemães à entrada de refugiados... Temos que levar em conta que a chanceler Angela Merkel foi quem bancou a entrada de mais de 1 milhão de refugiados. E ela é de direita, num país em que a direita é democrática, vale lembrar. Por outro lado, está havendo uma rebelião dentro de seu próprio partido que talvez a derrube. A questão que você coloca não se esgota nos fatos. Talvez Angela Merkel vença a oposição, talvez consiga manter a Alemanha como uma terra de acolhimento, virando assim a página da má imagem do nazismo de uma vez por todas. Seria fantástico, um êxito fabuloso. Uma mulher de direita, que vem da Alemanha Oriental e acaba transformando a Alemanha no país mais acolhedor do mundo em relação aos refugiados sírios. Seria um grande sinal de humanismo, maior que o de François Hollande, que está mandando outros sinais na França.

A questão é que, em larga medida, quem dita a pauta, hoje, é a direita. E isso não é recente. Tivemos uma década de esquerda na

América do Sul. Podemos dizer que Obama e Hollande representam posições de esquerda, relativamente, assim como o primeiro-ministro da Itália, que ninguém nunca sabe direito quem é, enquanto Espanha, Reino Unido e Alemanha estão com a direita há um certo tempo. Mas todo esse quadro é de gente civilizada. Não se pode dizer, pelo menos na Inglaterra e na Alemanha, que seja gente que não mereça respeito. Mas o risco agora é haver uma limitação nessas conquistas, uma reversão, e que esta se dê pela via do preconceito, sobretudo racial.

Vou dar um exemplo. Quando você usa a lei, a lei tem sempre no seu quadro a possibilidade de desobediência. A lei existe porque pode haver a desobediência à lei. Mas, com o passar do tempo, foram-se adotando, em muitos lugares onde se utiliza a lei, situações que impossibilitam a desobediência. Chamou-me a atenção quando a prefeitura de São Paulo, há quinze anos, começou a instalar barreiras físicas que impedem que você entre na contramão em certas ruas. A placa "proibido/mão única" é de lei. Se quiser, você entra na contramão. Você será talvez multado, talvez mate gente. Mas espera-se que a maioria obedeça à lei. Só que, quando se conclui que a maioria não vai obedecer, então se colocam tartarugas [redutores de velocidade] no chão. Você inviabiliza a desobediência. Ou então libera um preso para a visita de Natal ou de Páscoa, mas com uma tornozeleira eletrônica. Não há mais desobediência possível. O presidiário está sendo fisicamente constrangido a voltar. Parece estar havendo no mundo uma certa desistência desse primado da lei e uma substituição por coerções físicas que são absolutamente impossíveis de você superar. Quando alguém diz que vai receber todos os refugiados sírios, os que abusarem serão processados na forma da lei e eventualmente expulsos é diferente de dizer que não vai receber sírios. Estamos caminhando muito para essa segunda situação.

Não considero ruim a esquerda aprender com a direita e vice-versa. Nem concluir que para certas pessoas não há recuperação possível.

Esse é um discurso tipicamente de direita. Mas pode ser que em certos casos seja verdadeiro. Essa fronteira é difícil de delimitar. Isso não quer dizer pena de morte. São eventualmente restrições de direitos. Sou partidário da tornozeleira eletrônica. Você tira gente da cadeia, monitora etc. Mas você impossibilita, fisicamente, uma decisão. Você desiste de que essa pessoa tome decisões livres e arque com as consequências. Para meus valores, em especial a liberdade, esse é o ponto mais difícil. Mas valores existem para serem confrontados com a realidade. Às vezes os valores vencem, em outras nota-se que eles eram irreais.

A questão da economia: assim como a Cepal, sessenta anos atrás, defendia o desenvolvimento e a industrialização, penso que hoje o desenvolvimento está ligado à economia da inteligência. Tem que haver um progresso fortíssimo da informática, da criatividade, da inovação etc. Esse é o nosso caminho. Ter as *commodities* como fulcro pode ser um certo retrocesso.

Se olho o mapa do MEC, vejo uma educação básica fraca e um ensino superior com pouco senso de responsabilidade social: professores, funcionários e alunos procurando vantagens pessoais, pouco atentos na sua maioria ao bem comum.

CARLOS MELO — A ideia de diminuir a desigualdade, que seria a grande bandeira da esquerda, encontra-se obstaculizada por isso?

RENATO JANINE RIBEIRO — A esquerda não está usando os meios para atender ao seu próprio fim. O fim dela, que é reduzir a desigualdade, às vezes é mais levado em conta por Ricardo Paes de Barros e pela Fundação Lemann do que pela assim chamada esquerda. São dois atores alcunhados de direitistas. Setores da esquerda têm esquecido a redução da desigualdade em benefício de certos corporativismos.

O Francisco — Chico — Soares, que mantive como presidente do Inep, é uma pessoa com alta qualidade científica e tem uma preocupação extraordinária com as desigualdades de aprendizado. Ele me mostrou, logo que assumi o MEC, um indicador da evolução, em oito anos, de um teste que é feito no quinto ou no nono ano da educação fundamental, no qual estão representados cinco níveis socioeconômicos. As estatísticas comparadas de desempenho e nível socioeconômico eram apresentadas para 2005, 2007, 2009, 2011 e 2013, porque o exame é bianual. Avaliando os dados, é possível notar que o nível mais alto de renda (quintil 5) começou em 2005 com 280 e depois chegou a 320. Em oito anos, eles subiram quarenta pontos, o que seria um avanço, talvez, de dois anos de escolaridade. É como se no nono ano você estivesse aprendendo o que antes era ensinado no segundo ano do ensino médio. Um ganho.

No entanto, no quintil 4 já não havia um ganho tão significativo. Quando chegava ao quintil dos 20% mais pobres, o valor era 179. Eu lembro o número: 179 em 2005 e 179 em 2013. Isso quer dizer que nesses oito anos aumentou a diferença entre os mais e os menos prósperos. Por quê? Porque as oportunidades dos mais prósperos são muito altas. Tem a Khan Academy e o Claudio Sassaki,[15] que colocaram muita coisa na internet. O seu filho e o meu têm uma oportunidade de acesso à internet, de formação, de informação que o jovem sem acesso a banda larga não tem.

Uma das questões nas quais o Francisco Soares mais insistia e que assumi como minha é: banda larga para todo mundo. Quem vai proporcionar isso? O Google. Vocês conhecem o Balão Google? O Google está lançando uns balões – eu não sei o que já foi feito e o que está ainda em projeto –, que sobem uns 10 mil metros e são antenas. Todo mundo que está em terra, na faixa coberta por eles, tem acesso a um wi-fi. São megarroteadores. Esses balões circulam. São fixos em

---

15. Claudio Sassaki é cofundador Geekie que, assim como a Khan Academy, é uma plataforma educacional. Cf. <http://geekie.com.> e <https://khanacademy.org>. [N. da E.]

termos de latitude, mas rodam a Terra. O vento os leva. Você lança balões suficientes para cobrir o planeta todo, sobretudo na faixa mais próxima da linha do Equador, que é deficiente. Depois de uns meses, eles caem. A empresa sabe onde vão cair e resgata os equipamentos técnicos na maior parte das vezes. Troca os balões. E o conteúdo, que é o que custa dinheiro, se recupera. Isso tudo é de uma empresa privada, que pode dar banda larga para a Amazônia, para o Nordeste.

Como explicar isso para um sindicato ou para um esquerdista tradicional? Ele vai procurar a sacanagem que está por trás. "O Google está querendo moldar todo mundo para o mercado. São os valores de mercado. Então ele quer que todo mundo seja competitivo, que não tenha os valores tais ou quais." Ouvi muito isso.

Já a Fundação Lemann pega os dados do Ideb, o indicador de desenvolvimento da educação básica, elaborado pelo Inep, e os cruza. O Ideb é para escola pública. Não é só a nota do aluno, mede também a evasão, a exclusão. (A escola privada é excludente por definição, pela mensalidade.) Mas poucos consideram estes dados. Se meu filho estivesse numa escola pública, eu poderia ver o Ideb dele no 5º ano e no 9º ano. Saberia o desempenho da classe e de professores específicos. Isso é genial. Pode-se saber exatamente quais professores ensinaram bem matemática e português e quais ensinaram mal. Parece controle no mau sentido, mas penso que é no bom sentido. O professor está fazendo bem o trabalho ou não.

O governo petista, logo no começo, substituiu o Provão pelo Enade. O Provão pegava a saída, a conclusão do curso. Já o Enade compara a entrada com a saída. Então uma USP, que recebe os melhores, pode ter um aluno que entra com nota 60 e sai com 58. Ainda é uma boa nota, mas ele caiu dois pontos. Agora, se for uma faculdade de periferia, barata, desprestigiada, provavelmente recebe um aluno com nota 20 que sai de lá com 35, é um êxito gigantesco. Não chegou aos 60. Não vai competir no mercado com o egresso da USP, mas recebeu um aporte enorme de sua faculdade. O Enade permite ver isso. Temos hoje instrumentos fabulosos e o setor privado reconhece isso. As grandes redes privadas estão estudando os critérios do MEC para guiar seu trabalho. É verdade que os salários não são bons, que demitem doutores para contratar professores mais baratos. Até disse outro dia a um grupo deles: isso torna vocês impopulares. Quando vocês chamam educação de produto, se indispõem com o professor. Mas a verdade é que eles estão procurando, inclusive com a tecnologia, melhorar o ensino.

Não vamos expandir o ensino superior brasileiro usando o modelo USP. O que aconteceu na expansão federal, a criação de umas vinte universidades federais, tudo foi modelo universidade pública. O professor é contratado com umas oito horas de aula por semana, com regalias e vantagens, mais a ficção de que é um pesquisador. Exige-se o doutorado. A maior parte desses doutores não vai mais pesquisar nada na vida. Não vão pesquisar e recebem por oito horas de aula um salário superior ao de um professor da USP. É claro que temos que dar condições aos mais capazes de pesquisar, seja em programas de pós-graduação na sua universidade, seja como membros correspondentes de programas de instituições mais fortes. Mas isso para os verdadeiros pesquisadores.

Precisa haver o Community College. Seria um pouco um centro universitário. O professor vai ser bem qualificado, pode ter mestrado ou doutorado e deve ser pago por isso, mas o objetivo dele é formar um bom profissional. Não é fazer pesquisa. É se atualizar, mas não necessariamente pesquisar. O que ele será: um bom, um ótimo professor.

CARLOS MUANIS – Para terminar: em março de 2016 tivemos a retomada das manifestações contra a corrupção e contra o governo. E tivemos aquilo que foi considerada uma das maiores manifestações políticas da história recente do Brasil. Como você interpreta esse fato e como analisa os sentimentos, as expressões, as palavras de ordem que as pessoas manifestaram nas ruas, particularmente o sentido antipolítico de que se revestiram muitos atos e palavras? Essa despolitização, esse abismo entre a política e a sociedade, não é preocupante?

RENATO JANINE RIBEIRO – Tudo está mudando tão depressa que fica um enorme risco, quando sair esta entrevista, de já estar superada qualquer análise que faça... Mas vou pensar em algumas constantes que dificilmente hão de mudar em semanas ou meses. Primeiro, nossa cultura política é a da despolitização. O grande tema, desde a colônia, é a corrupção. Por isso, quando as coisas vão mal – e elas hoje estão bem mal – sempre se culpa a corrupção. As críticas a Dilma são por corrupção. Ora, com isso se espera que, varridos os corruptos, tudo corra às mil maravilhas. Foi o que levou a eleger Jânio, o homem da vassoura que ia limpar a sujeira política – e cuja renúncia talvez seja a causa principal do golpe de 1964 –, a dar-se o mencionado golpe, ou a eleger Collor, que se dizia "caçador de marajás". Pois bem, o golpe de 1964 e o governo Collor não trouxeram nenhum avanço na luta contra a corrupção – para usar um eufemismo. Sempre que a corrupção se torna o tema principal, a suposta luta contra ela traz votos e a vitória dos seus acusadores traz mais corrupção. Daí que movimentos como esses contra o PT me pareçam um grande exercício de ilusão. Mesmo que você suprima a corrupção, isso não resolve a economia. E economia é um assunto difícil, fora do alcance da maioria. Os próprios economistas se dividem entre ortodoxos, que em nossa História prevalecem, e heterodoxos, keynesianos ou desenvolvimentistas (para simplificar). Ora, o problema é que as receitas de uns e outros valem em certos momentos. Mas eles não aceitam ou admitem isso. A direita, por exemplo, sempre quer reduzir gastos do governo, inclusive investimentos sociais. Em 2008, com a grande crise mundial, ela queria subir juros e reduzir o crédito. Nós nos demos bem porque Lula fez o exato contrário! Quanto a Dilma, não sei se o problema foi ela ter continuado, talvez radicalizando, as políticas de

Lula – o que é a tese da direita – ou se foram erros de gestão. Subsidiar a gasolina, quebrando o álcool, foi um grande erro. Desonerar os produtores, que, em vez de usar a redução no imposto para investir, embolsaram a diferença, foi outro. Eu me alonguei aqui um pouco porque as questões decisivas da política passam hoje, demais, pela economia. E aí as soluções são controversas e, além disso, quando se supera uma crise econômica é difícil saber por que ela foi vencida.

Vejam, passamos um ano de política ortodoxa, com Joaquim Levy, e a economia melhorou? Não. Mas, se piorou, foi por causa dele ou apesar dele? Houve Levy de mais ou de menos? Agora, coloquemos essas questões em discussão. Por que nossa economia vai mal – pondo seriamente em xeque a inclusão social, *expertise* do PT e valor maior para uma sociedade ainda injusta? Não é muito mais simples dizer que o governo é corrupto? A massa supostamente mais educada ou mesmo sofisticada das manifestações antipetistas sofre de uma cultura política pobre, medíocre. O Brasil pouco fez nessa direção. E não me parece que os próximos tempos sejam auspiciosos para isso.

Para concluir: não estou dizendo que só quem entende de economia pode tomar decisões políticas. O que eu disse é que nem os melhores economistas sabem bem o *kairós*, a oportunidade, o justo momento de adotar uma política A ou B! Mas em nosso caso colocamos tanta coisa na conta da corrupção que nem discutimos o Bolsa Família de maneira adequada. Os políticos de direita sabem que é um tiro no pé criticar esse ótimo programa, mas a massa de direita não tem papas na língua e o insulta de tudo o que é nome. E o pior é que o faz sem ter conhecimento nenhum do que é o programa. Nesse tempo, em que o diálogo foi substituído pelo ódio, vejo poucas chances de melhorar nossa cultura política.

2. As esquerdas e a democracia

Tarso Genro

Notícias de uma crise[1]

I.

O diálogo de Norberto Bobbio com Perry Anderson, ocorrido no fim do século passado, é uma introdução relevante ao debate da crise do socialismo e da democracia, premonitório dos tempos que vivemos: "Você me poderá objetar" – disse Bobbio – "que nos mantendo na democracia liberal jamais chegaremos ao socialismo. Eu replico, como sempre tenho feito nestes anos aos comunistas, que, tomando um atalho para chegar ao socialismo, não se retornará jamais aos direitos de liberdade." (Bobbio, 1993, pp. 85-86)

Mostrou-se verdadeira, parcialmente, a afirmação atribuída a Anderson por Norberto Bobbio, de que a democracia liberal não era um leito propício à transição socialista; mas também parcialmente falsa quando não considerou que países como a Suíça, Suécia, Dinamarca e Noruega, e mesmo a Inglaterra no pós-guerra, obtiveram formidáveis avanços de natureza socialista "por dentro" das instituições liberal-democráticas, mesmo mantido o regime do capital.

---

1. Publicado originalmente em <http://www.forum21.org.br/2015/10/30/as-esquerdas-e-a-democracia-noticias-de-uma-crise/>.

Na segunda parte do texto, já no que seria uma "réplica" direta a Anderson, Bobbio afirma que um "atalho" para chegar ao socialismo "não permitirá jamais o retorno" aos direitos de liberdade. Uma constatação que da mesma forma se mostrou correta em parte, já que o socialismo soviético não funcionou como estímulo à democracia liberal clássica; e por outro lado ficou claro ser parcialmente falsa, pois a URSS – pela via do "atalho" ao socialismo – desembocou, depois de oito décadas, em instituições próximas do liberal-democratismo, dotado de um pesado grau de autoritarismo burocrático "grão-russo", cultura de Estado absorvida ao longo de séculos de autocracia imperial.

Talvez nessas meias verdades e meios equívocos se possa buscar uma síntese da "crise das esquerdas", também como "crise da democracia" moderna, pois esta é ao mesmo tempo conquista de liberdades e manipulação das liberdades; simultaneamente, império do Direito e sua negação, que se expressa sempre em cada crise do sistema capitalista como "sistema-mundo", como o denomina Immanuel Wallerstein.

As democracias atuais trazem as marcas da crise a que estão submetidas as promessas da Revolução Francesa, tanto as relacionadas com a *expectativa de igualdade* como aquelas vinculadas à *liberdade*. A crise se apresenta nas limitações não republicanas e na falta de efetividade dos direitos fundamentais do seu programa constitucional.

Por seu turno, as revoluções socialistas reais submeteram a ideia da igualdade à lógica da desigualdade (em nome da "transição") e forjaram um republicanismo de baixa intensidade. Converteram-se, nesse processo, em sistemas opacos que se renderam a formas de produzir que estimularam a uniformização com desigualdades.

Uso aqui o vocábulo "democracia" no seu sentido mais empírico (Anthony Giddens), apropriado para designar os regimes políticos legitimados através de eleições periódicas, com rotatividade no poder, garantia das liberdades de organização partidária, abertos à liberdade genérica de imprensa e com garantia de os cidadãos poderem circular livremente no território.

A expressão "socialista", uso-a indicando como referência os regimes derivados dos rumos da experiência soviética, independentemente de que tenham adotado plenamente os seus cânones. A social--democracia, tomo-a como os regimes contratuais que, de forma mais (ou menos) avançada, implementaram no todo ou em parte o Estado de bem-estar, com políticas fiscais e distributivas de caráter "social".

O tema da crise das esquerdas é muito complexo para ser decifrado numa exposição breve como a presente, que deveria abarcar um conjunto de temas econômicos, jurídicos e políticos de enorme amplitude. Deveria levar em conta as questões que delimitaram, lá nas origens da social-democracia (no fim do século XIX e no início do século XX), as diferenças filosóficas e doutrinárias entre a social--democracia – como política e justiça social dentro do regime do capital – e as tendências "rupturistas" e revolucionárias que vinham da ideia marxiana da revolução proletária.

A crise das esquerdas como crise da democracia e crise do socialismo – o plural parece mais adequado – deve ser tratada, portanto, dentro de um contexto histórico em que uma crise (do socialismo) alimenta outra crise (da democracia) e vice-versa.

Sustento que tanto *a crise histórica dos projetos socialistas como a dos sociais-democratas devem ser pensadas como um aspecto da crise da totalidade moderna, contida na própria evolução da democracia.* Se esses impulsos contraditórios e complementares forem separados por exposições meramente analíticas, sem conexão entre si, as conclusões podem se tornar levianas.

A democracia, na sua forma jurídica e política moderna, vem perdendo a força normativa. Isso ocorre tanto para garantir os direitos fundamentais como – em situações cada vez mais frequentes – para garantir as liberdades e até mesmo para permitir aos cidadãos fazer circular livremente as suas opiniões. A efetividade dos direitos fundamentais vem cedendo ao controle extralegal do capital financeiro sobre o direito econômico e sobre as liberdades políticas, estas cada vez mais vulneráveis pela crescente "dinheirização" da política.

O intervencionismo estatal, subjugado por essas forças reais, a "constituição real", como disse Ferdinand Lassalle, mudou de rumo: agora o Estado se dotou de um intervencionismo que assegura mais o domínio universal do capital financeiro sobre as decisões do Estado de Direito e menos a força constituinte do povo, que fica "iconizado como legitimador, mas abandonado a si mesmo".[2]

Esse duplo movimento, de *enrijecimento* – para aplicação de regras relacionadas com a moeda – e de "flexibilização" – para relativizar direitos –, atenua a força normativa da Constituição nos direitos fundamentais e a reforça para outros propósitos. Do conflito entre as duas tensões emerge uma jurisprudência "intervencionista" nova, jurídica e administrativa (política, portanto) no Poder Judiciário e na estrutura "intermediária" do Estado (p. ex., nos Bancos Centrais) garantidor dos beneficiários da acumulação sem trabalho.

O reflexo dessa situação, nos projetos da esquerda, os quais privilegiam a distribuição de renda e o combate à desigualdade – em oposição à mera visão de "estabilidade" e redução do "tamanho" do Estado –, é o eixo em torno do qual giram os argumentos e dissensos, sobre a *efetividade democrática* do Estado de Direito.

A presente exposição situa as razões da "crise das esquerdas", então, no âmbito de uma *dupla falência*: da *social-democracia*, como

---

2. "O povo como ícone, erigido em sistema, induz a práticas extremadas. A iconização consiste em abandonar o povo a si mesmo; em 'desrealizar' (*entrealisieren*) a população, em mitificá-la (naturalmente já não se trata há muito tempo dessa população), em hipostasiá-la de forma pseudossacral e em instituí-la assim como padroeira tutelar abstrata, tornada inofensiva para o poder-violência – '*notre bon peuple*'." (Müller, 1998, p. 67)

saída civilizatória permanente para o regime do capital; e da *promessa socialista-estatista*, que congela a sociedade civil e promove uma transição ao socialismo, não só sem "livre-iniciativa", mas também sem democracia política, numa combinação ideal para reforçar o poder das burocracias.

Na primeira hipótese – social-democracia –, o princípio da igualdade formal dissimula as desigualdades reais e enfraquece os direitos fundamentais,[3] tendendo ao seu aniquilamento. Na segunda hipótese – socialismo tipo soviético –, o mercado (socialmente regulado na social-democracia) é substituído pela *oferta planificada*, que organiza as carências para igualar no racionamento.

A *crise do socialismo* de tipo "bolchevique diz respeito, principalmente, à impossibilidade de implementação das *ideias de igualdade social*, a partir de ações empreendidas por um novo tipo de Estado dominador e sem neutralidade formal" (Stein, 2015).[4] A *crise da democracia*, tomada como regime político gerado por consensos, diz respeito à falta de efetividade dos direitos fundamentais, à redução das possibilidades de liberdade de circulação da opinião, bem como da liberdade de empreender livremente, dada a "financeirização--monopolização" da economia.

---

3. A esse respeito, afirma Amartya Sen: "A prioridade inflexível dos direitos libertários pode ser particularmente problemática, pois as consequências reais da operação desses intitulamentos [*entitlements*] podem incluir resultados terríveis. Em particular, pode conduzir à violação da liberdade substantiva dos indivíduos para realizar as coisas às quais eles têm razão para atribuir enorme importância, como escapar à mortalidade evitável, ser bem nutrido e sadio e saber ler, escrever e contar etc. A importância dessas liberdades substantivas não pode ser descartada com a justificativa da 'prioridade da liberdade formal'." (Sen, 2000, p. 93)
4. É um arrojado e desafiante trabalho do prof. Ernildo Stein, que discute no plano filosófico e histórico a impossibilidade e a crise do "modelo" soviético.

II.

Do largo período de dissensos entre a social-democracia e o socialismo tipo soviético, constatou-se que as experiências reais do *socialismo reorganizaram as carências* e *conseguiram certas melhorias nas condições mínimas para uma vida material digna* (sem liberdades políticas); e nos países em que se perseguiu a social-democracia (com as exceções conhecidas onde a social-democracia foi implantada de forma "radical"), *mantiveram-se as desigualdades através de uma série de novos mecanismos, econômicos e políticos.*

Na crise das esquerdas, em consequência, tanto no projeto socialista-comunista específico como no projeto social-democrata, fica flagrante a perda de *credibilidade das promessas de igualdade e emancipação, que estavam na sua origem*. Isso serve para as *promessas revolucionárias* e para as estratégias reformistas de governos oriundos de processos eleitorais.

A crise das esquerdas é uma crise, portanto, que se configura como *crise do projeto revolucionário socialista* e *crise da ideia geral de redução drástica das desigualdades na democracia, dentro do capitalismo*. A *demolição do socialismo soviético*, que pretensamente preparava a transição para uma sociedade sem classes (na experiência bolchevique e suas variantes) e a *crise das experiências social-democratas* (com a exceção de alguns pequenos países) têm causas imediatas diferentes, mas os seus fundamentos históricos são comuns, encontrados nas "mutações" do capitalismo nos últimos cinquenta anos.

Luiz Felipe Alencastro diz que "a mutação nem sempre é percebida na sua dimensão. O peso das tradições, a contingência dos fatos e a abrangência das rupturas embaciam o sentido das transformações da vida das pessoas e das sociedades" (Alencastro, 2008, p. 377). Estas mutações vêm de um longo processo que desembocou nas revoluções tecnológicas ainda em curso, que destroem as formas tradicionais do fazer político e alteram as culturas hegemônicas e dominantes.

As mutações estão presentes nas grandes transformações que sofreram os processos do trabalho e a "financeirização" radical da economia global, mudando a conformação material e espiritual das classes sociais. *Nem o socialismo, como regime econômico, nem a democracia, como forma política, adequaram-se a esses novos processos: ambos perderam potência para enfrentar as desigualdades e assegurar liberdades e direitos.*

Dessa complexidade advém a "crise da política" da democracia e a inconfiabilidade das instituições parlamentares tradicionais, cada vez mais fragilizadas nas suas decisões. Na verdade, quem controla o regime político e o regime de acumulação é quem controla a moeda e essa moeda não é controlada pelos órgãos que respondem a deliberações democráticas (Mészáros, 2010).[5]

A dificuldade adicional para compreender essa situação não deriva da "falta de imaginação" da esquerda tradicional, mas do fato de que essas mutações ainda não estão realizadas plenamente e assim são de compreensão difícil e de lenta assimilação para respostas consistentes.

As ideias genéricas de *igualdade* e *emancipação*, que impulsionaram as lutas pela eliminação dos privilégios (inclusive para a "flexibilização" acordada da luta de classes), eliminação que ocorria por acordos contratuais (na social-democracia) ou pela tentativa de "supressão" das classes sociais (no socialismo bolchevique) – aquelas ideias genéricas – encontram hoje obstáculos cada vez mais difíceis de transpor.

Esses obstáculos são recorrentes tanto nas sociedades democráticas mais avançadas como o foram nas sociedades menos industrializadas, inspiradas no bolchevismo do século passado. As mutações

---

5. "A crise da política em todo o mundo, incluindo as democracias parlamentares dos países capitalistas mais avançados – que assume com frequência a forma de uma compreensível amargura e de um resignado afastamento da atividade política das massas populares – é parte integrante do agravamento da crise estrutural do sistema do capital." (Mészáros, 2010, p. 124)

do capitalismo para esse novo padrão de acumulação, baseado no consumismo anárquico, reestruturaram a sociedade de classes e aceleraram os conflitos entre consumo e democracia, consumismo e republicanismo.

O que Lukács designava como "centralidade ontológica do presente" – porque nele, presente, estava contido o passado e o futuro – torna-se então presente "puro" e apropriável sem qualquer dimensão valorativa: um "presente perpétuo", que se apresenta como uma emanação que funde o *mediato* e o *imediato*, num só espaço existencial que envolve toda a cidadania e promove uma individuação alienada. O presente *perpétuo* torna-se o consumismo perpétuo.

Esse novo padrão de acumulação em condições tecnológicas revolucionárias, ao mesmo tempo que dá acesso a um enorme manancial de dados, números, conhecimentos, informações, também "cancela a História" e constrange a utopia democrática: "Nunca em qualquer civilização anterior as grandes preocupações metafísicas, as questões fundamentais do ser e do sentido da vida pareceram tão completamente remotas e sem significado" (Jameson, 1985, p. 7). Da elaboração dessas preocupações e da verificação do seu sentido nascem as opções políticas na modernidade.

> O estado da subjetividade coletiva torna-se universal e também obedece a tensão entre o fluxo de informações sem bloqueios ou sem filtros nacionais e a regulamentação legislativa, realizada em cada país, é ampliada pelo interesse de grandes corporações, que buscam limitar as práticas comunicacionais e as criações tecnológicas (dos países fora do núcleo orgânico do capitalismo), mantendo-os na euforia consumista (Silveira, 2010, p. 65).

Nessa situação, em todas as experiências contemporâneas de busca de mais igualdade na democracia, os bloqueios à redução "contratual" (social-democrata) das desigualdades tornaram-se mais fortes. E no "socialismo real", a desejada tendência à supressão das classes demonstrou-se cada vez mais improvável. Em ambos os casos, a esfera da *política* é capturada, na democracia, pelo "economicismo" de caráter financeiro, e no socialismo real soviético, pela burocracia Estado-partido.

Verifiquemos em que período a crise da *ideia de igualdade*, que é o fundamento axiológico da esquerda, torna-se completa e a ideia de *emancipação* é subsumida na ideia do *totalitarismo*. Isso só poderia se dar num período em que o novo Estado "proletário", símbolo da jornada revolucionária do século XX, fosse vitorioso contra todas as ameaças de restauração do velho regime, dispusesse de apoio popular interno e de controle do seu território.

É o momento em que se dissemina em toda a rede da cultura "socialista real" a ideia de que a *Personalidade* substitui a *Legalidade do Estado*; este, *Estado*, substitui o *Partido*, que, por seu turno, encarna a *Política da Revolução*; com isso a *Política da Revolução* se torna legítima quando se origina da *Burocracia Estatal* e esta, a *Burocracia*, finalmente, substitui a pretensão de poder específico da *Classe Proletária*.

Os efeitos devastadores dessas mediações separaram em definitivo *a cultura democrática das luzes* – a cultura da Democracia da Comuna e da Constituição de Weimar – da *cultura do Socialismo e da Revolução*. Tal separação tem reflexo nas concepções de Partido, que fizeram tanto o padrão do reformismo comunista como, também, do revolucionarismo bolchevique resistente.

A concepção de Partido bolchevique estava vinculada à subsunção da personalidade política dos indivíduos no organismo, o que permitia transformar o partido, de um *contrato moral pela revolução, organizado por homens livres* (posição depois buscada novamente por Gramsci na sua crítica ao stalinismo), num *pacto burocrático normativo*, que obrigava as pessoas a ceder na criatividade e na ousadia para construir o "novo":

> Por mais importante que seja ter uma noção teórica desta relação entre a organização comunista e os seus membros individuais, seria fatal ficarmos por aí, encarar o problema da organização sob o aspecto formal e ético. Com efeito, a relação aqui descrita, entre o *indivíduo* e a *vontade do conjunto* à qual se submete com toda a sua personalidade, não se encontra, quando considerada isoladamente, apenas no partido comunista; foi antes um traço essencial de numerosas seitas utopistas (Lukács, s.d., p. 62).

Ninguém se submete a um conjunto, "com toda a sua personalidade", sem perder algo de centralmente humano e criador.

Se é verdade que essa concepção funcionou e até foi necessária para derrubar o Estado policial autocrático do czarismo, ela mostrou-se insuficiente para enfrentar as novas complexidades de uma sociedade capitalista cada vez mais complexa, mais dinâmica e "inclusiva", nos países mais avançados. Estas, já na década de 1960, reduziam a importância quantitativa e qualitativa dos operários tradicionais, na economia e na política.

O período de aceitação mais completo, pela esquerda, dos valores da experiência "soviética" foi depois da Segunda Grande Guerra. Era o período no qual foi reconhecido que a União Soviética teve o papel decisivo na derrota de Hitler, a partir de uma resistência que fundiu o povo soviético com seu Estado de uma forma até então não experimentada. Stálin fixava, ali, um poder sem limites, numa sociedade que, após a guerra, iria conquistar uma grande melhoria nas condições de saúde, educação e consumo básico, para o povo comum.

Naquele período também foram criadas as bases de uma sociedade mais crítica e exigente na URSS, com o povo soviético querendo cada vez "mais", depois dos brutais esforços da guerra. Stálin detinha, naquele momento, um poder maior do que o fruído durante os processos de Moscou, época em que ele reprimia e, ao mesmo tempo, fazia concessões à nova burocracia do Partido e do Estado, para enfrentar e eliminar toda a velha guarda bolchevique.

Assim:

> os êxitos reais ou aparentes do comunismo naqueles anos contribuíram, naturalmente, para consolidar a imagem apologética de sua trajetória sob a direção de Stálin, posta em circulação pelos corifeus stalinistas na década de trinta. A crítica de Trotski parecia demolir-se. Poder-se-ia crer na degeneração burocrática do sistema soviético ante a vitalidade, o heroísmo e as qualidades combativas que o povo e os comunistas da URSS haviam revelado durante a guerra? (Claudin, 1977, p. 285).

III.

Quem antecipa, porém, de forma estrutural, a crise política que atravessariam as esquerdas – pelo menos do ponto de vista da esquerda socialista e social-democrata – foi um comunista proscrito dos cânones da experiência soviética. Era um inimigo histórico da social-democracia, dotado de uma cultura política universal, mas com uma capacidade de agregação política que deixava a desejar. Ele se apresentara, mundialmente, como líder da oposição às vocações burocráticas do regime soviético, defensor autêntico da "revolução permanente" e fundador do Exército Vermelho.

O proscrito era Leon Trotski. Dele diziam, justa ou injustamente, os seus adversários no Partido que gostava mais de "se ver na revolução do que da própria revolução". Acusado de personalista e fracionista, Trotski profetizou:

> A segunda guerra imperialista coloca as tarefas não resolvidas em um nível histórico mais elevado. A guerra é uma nova prova não apenas da estabilidade dos regimes existentes, mas também da capacidade do proletariado de substituí-los. Os resultados dessa prova terão indubitavelmente um significado decisivo para a nossa avaliação da época moderna como a época da revolução proletária. Se, contra todas as probabilidades, a Revolução de Outubro, durante a guerra atual ou logo depois, não conseguir se estender a algum país avançado; e se, ao contrário, o proletariado for obrigado a recuar em todas as frentes – então teremos indubitavelmente de colocar a questão da revisão de nossa concepção da época atual e das forças motrizes desta época (*Apud* Salvadori, 1986, pp. 320-21).

Leon Trotski, nessa sentença histórica, *tratou do bloqueio da revolução pela sua impossibilidade política universal*, desde que não completadas certas condições históricas. Mais tarde, todavia, fica claro que a *impossibilidade política*, flagrada por Trotski, fora induzida sobretudo por fortes *bloqueios internos* à própria URSS. Ao organizar com sucesso uma estrutura capitalista de Estado, em nome da transição ao socialismo, a experiência soviética criava as condições estruturais para o seu retorno ao capitalismo.

Essa estrutura reproduzia processos de acumulação análogos a todas as sociedades capitalistas, substituindo a apropriação privada pela apropriação pelo Estado, repetindo o "despotismo" dentro da fábrica, agora amparado num Estado burocrático ditatorial, única forma de levar essa apropriação a termo.

A apropriação estatal, que vinha fortemente desde os anos 1930, permitiu à URSS reconstruir-se e derrotar Hitler, mas acabou também por gerar setores privilegiados, dentro e fora do Partido, dentro e fora do Estado, para os quais o igualitarismo socialista se tornaria problemático e a revolução mundial tornar-se-ia mais um peso, que promovia gastos militares crescentes, do que um ideal distributivo socialista.

O Estado, com sua gigantesca burocracia, ao mesmo tempo gerencial e parasitária, promoveu um capitalismo sem sociedade civil, sem capitalistas e sem mercado. Foram mudanças formidáveis que, quarenta anos após a tomada do poder pelos bolcheviques, nem se baseavam na energia da concorrência capitalista de mercado, nem na autoemancipação dos operários pela democracia política. Era a coerção estatal, de um lado, e o valor do povo soviético, de outro, sequioso para reconstruir a nação, que faziam o país crescer e fortalecer-se.

Vê-se, portanto, que a crise das esquerdas não tem início com o desmantelamento da experiência soviética, mas tem raízes bem mais profundas. Elas estão tanto na *gênese da democracia moderna*, que oferece a igualdade "formal" sem as mediações adequadas para que ela se torne "real", bem como na *gênese das experiências do campo soviético*, promovida pela burocracia do Estado e não na luta da ação proletária consciente.

Os debates doutrinários e filosóficos sobre democracia, socialismo, social-democracia – direita e esquerda – sempre foram muito intensos na Academia mundial: de Isaiah Berlin a E.W. Thompson; de Raymond Aron a Louis Althusser e Jean-Paul Sartre (de "fora para dentro" da Academia). O que se pode designar como debate sobre a "crise das esquerdas" tem momentos, já clássicos no Brasil, que ocupam espaços importantes nas obras de eminentes acadêmicos de todas as origens, como Darcy Ribeiro, Francisco Weffort, Juarez Guimarães, Paul Singer, Fernando Henrique Cardoso, Carlos Nelson Coutinho, André Singer e Francisco Oliveira.

Nas considerações que Ruy Fausto faz a respeito do livro de Paulo Arantes, *O novo tempo do mundo*, temos um exemplo significativo. No livro de Arantes, de inflexão rigorosamente marxista, está a crítica da "conversão dos integrados ao apocalipse" – ou seja, o "capitalismo venceu"... "o mundo está por um fio" e as perspectivas são escassas. Arantes parte da crítica ao "regime de acumulação", que põe de joelhos o regime democrático e sufoca o seu conteúdo material libertário. As forças políticas democráticas, sem condições para reagir, expressam-se, para Arantes, na capitulação dos partidos, do Parlamento, das organizações sindicais, com exceção, é claro, dos acadêmicos que compreenderam a tragédia. Arantes vê os esforços da esquerda, qualquer esquerda, como uma forma de acomodação cínica.

Ruy Fausto, de outro ângulo, criticando o trabalho de Arantes, aborda a experiência revolucionária socialista como um "movimento de emancipação que desemboca no totalitarismo",[6] segundo ele, tema não considerado no livro de Arantes. As posições de Arantes e Ruy Fausto convergem num ponto: ambas refletem o distanciamento da Academia da ação política militante da rejeição radical dos partidos de esquerda "realmente existentes". Ao contrário de invalidar as suas elaborações, isso lhes permite contribuir no plano mais estratégico, ainda que com escassas possibilidades de influir no presente.

Os debates entre a intelectualidade acadêmica, sempre distanciados das problemáticas da política no dia a dia, interferem pouco nas lutas políticas do presente, já que as controvérsias que a academia trata têm os seus efeitos distribuídos sempre em médio e em longo prazo. Os debates que interferem no presente político são os que se dão entre dirigentes, que comandam as ações políticas e os conflitos fora e dentro

---

6. "Mas, precisamente, o que o livro não enxerga? Ele não enxerga em todo o seu alcance – volto ao ponto porque resume o argumento – a formidável inversão que se opera no século XX. Um grande movimento de emancipação que desemboca em ditadura totalitária. Porém o pior é que a incapacidade de pensar a grande inversão se manifesta não só na leitura do passado, mas também com relação ao futuro." (Inédito. Texto remetido ao autor, diretamente por Ruy Fausto.)

do Estado, mas estes são escassos e pouco estimulados pelas direções partidárias de todas as origens.

Ordinariamente pragmáticos nas disputas cotidianas, os dirigentes dos partidos pouco se preocupam com as questões de fundo, que são levantadas pela Academia, com as exceções conhecidas. No meu partido, menciono as importantes contribuições que Marcio Pochmann e André Singer têm dado sobre as questões do presente e, fora do PT, menciono José Luis Fiori, Giuseppe Cocco e Aldo Fornazieri, cada um a seu modo e com suas convicções ordinariamente bem fundamentadas.

O fim do comunismo soviético foi um marco histórico na decadência de um certo tipo de socialismo, mas a sua gênese já enunciava uma *dupla impossibilidade*: a *primeira*, de conciliação das liberdades políticas plenas, com a "socialização" dos meios de produção, já que o regime econômico obrigava a "estatização" da sociedade civil e a "coerção" extraeconômica, para poder funcionar (ausência das liberdades políticas mesmo formais); a *segunda*, a impossibilidade de construir um modelo "emancipatório" "num só país", dada a superioridade organizativa, para prover e alocar recursos, dos países capitalistas mais avançados e hostis às experiências soviéticas (ausência de solidariedade internacional).

A construção do socialismo, na forma "soviética" e nacional, deu-se, aliás, contra as formulações marxianas. Estas previam a possibilidade do socialismo, especialmente nos países capitalistas mais avançados, que tivessem uma base material superior, para a construção de um novo regime de acumulação. A teoria do "elo mais débil" poderia abrir espaço para a revolução, a industrialização acelerada e a tomada do poder (como abriu), mas não o abriu para a construção de um regime econômico de democracia com a direção dos produtores associados.

Nesse contexto é que a crise das esquerdas tem um rápido e seguro desenvolvimento depois da Segunda Guerra. No período, as próprias disputas nacionais entre países socialistas tipo "soviético" tenderam a se tornar ou se tornaram conflitos militares (China e URSS), como disputas sobre influências territoriais, em matéria de segurança (URSS-Hungria, URSS-Tchecoslováquia) ou escaramuças por controle territorial entre "irmãos" (China e Vietnã).

A ausência do proletariado, como força dirigente democrática na experiência soviética, chama atenção para "outro perigo que a esquerda enfrenta [e] é o erro simetricamente inverso. O de apagar as diferenças entre a democracia socialista e a democracia capitalista" e a importância estratégica dos trabalhadores, proletários ou não proletários, para qualquer solução, reformista ou revolucionária (Fausto, 2002, p. 72).

Marco Aurélio Garcia sinaliza, congelada a experiência soviética sem democracia política, para

> versões [que] apareceram para encontrar um sujeito que fosse um substituto do proletariado nos processos revolucionários, nos "condenados da terra", de Frantz Fanon, que deslocava, de uma certa forma, a revolução para a periferia do mundo, ou nos jovens estudantes, nas mulheres e em outros setores excluídos, que Marcuse colocava no lugar do proletariado, porque considerava que esse proletariado havia sido de uma certa forma cooptado, absorvido pelo capitalismo (Garcia, 2005, p. 64).

O que manteve "acesa" a chama da esquerda, nesse período, foi muito pouco a construção do socialismo e muito mais as lutas de libertação anti-imperialistas e contra os regimes ditatoriais que eram subordinados, na África, Ásia e na América Latina, principalmente aos EUA, à França, a Portugal e à Inglaterra. Essas lutas, travadas principalmente entre os anos 50 e 80 do século passado, constituíram o substrato "de esquerda", para movimentos socialistas e social-democratas, muito superior aos exemplos de implantação do socialismo.

É verdade que a educação política dessas gerações, na defesa do modelo soviético ou do modelo chinês, também constituía referência importante para certos setores de esquerda, mais (ou menos) informados sobre o que acontecia na URSS e na China. Mas a *derrubada das ditaduras* e as *lutas de libertação nacional* é que formaram a base ético-moral mais universal das esquerdas, para acumular prestígio, mobilizar solidariedades e defender, em abstrato, um projeto socialista pelo menos mais democrático.

As transformações nos países que se libertaram do jugo colonial-imperial promoveram resultados ambíguos, para os seus povos. Quando elas combinaram desejo de uma nação democrática, luta contra discriminações raciais e dominações pós-coloniais, com lutas por direitos sociais e liberdades políticas (Vietnã, África do Sul, Cuba, p. ex.) tornaram-se estímulos emblemáticos. A ambiguidade dos resultados, todavia, com suas faces mais positivas (como no Vietnã), com suas faces predominantemente positivas, mas problemáticas (como na África do Sul e Cuba), ou com resultados imediatos muito insatisfatórios (como na Nicarágua e em Moçambique) é visível.

Na África do Sul, por exemplo:

> parece provável que, em muitos casos, aqueles que se beneficiaram foram os que já tinham acesso a outras fontes de renda, em vez de aqueles que não tinham renda nenhuma. A exceção consistiria de transferências diretas na forma de pensões para idosos e subsídios para manutenção de crianças, que aumentaram de 10 bilhões de rands sul-africanos para 34 bilhões de rands sul-africanos, enquanto o número de beneficiários aumentou de 2,6 milhões para 6,8 milhões (Holdt, 2005, p. 218).

Mesmo no Brasil, que emerge de forma conciliada de uma ditadura, fica clara essa grande ambiguidade em termos sociais e econômicos, mormente quando enfrentamos crises como a atual:

> Enquanto não têm muito o que comemorar pelo lado da economia real, os donos de grandes fortunas viram o patrimônio financeiro crescer neste começo de ano. De janeiro a junho, o valor administrado por gestores de patrimônio cresceu 7,7% acima dos 5,92% do Certificado de Depósito Interfinanceiro (CDI), referencial para aplicações conservadoras, e bem além do desempenho do ano passado, em que o volume diminuiu 1,2%. Com o avanço, o valor administrado pelos gestores de fortunas não ligados a bancos chegou a R$ 68,53 bilhões, segundo os dados apurados a cada semestre pela Associação Brasileira das Entidades dos Mercados Financeiros e de Capitais (Anbima). O valor médio por cliente do segmento chegou em junho a R$ 19,29 milhões, acima dos R$ 16,43 milhões de dezembro de 2014 (Seabra, 27/8/2015, D2).

Nos países do socialismo real, inclusive em Cuba, um país agrário que regulou a "carência" e fez avanços importantes na segurança pública, na saúde e na educação, aparatos estatais fechados ao conhecimento público e com estatísticas pouco confiáveis reproduziram, na produção, as mesmas formas de gerenciamento capitalista, agravadas pela ausência da resistência sindical nos respectivos estados e nas empresas públicas e estatais.

O aumento do "tempo livre" nas experiências "soviéticas", para que os trabalhadores pudessem "fazer política" e controlar o seu Estado (a condição *sine qua non* da emancipação) tornou-se cada vez mais uma miragem:

> o neoeconomicismo stalinista, reforçando o caráter determinista das chamadas leis dialéticas, acarreta, como foi dito, o superdimensionamento das condições objetivas da transição.

> As palavras de ordem da época stalinista são: "a técnica decide tudo" e "alcançar e ultrapassar os países capitalistas mais avançados". A industrialização e o agigantamento do aparato estatal são consequências óbvias da nova filosofia (Haddad, 1992, p. 79).

Daí para a volta ao capitalismo, com mais ou menos democracia, foi um passo inevitável.

István Mészáros, discípulo de Lukács, parte do princípio da emancipação para mostrar que:

> o sistema de sociometabolismo do capital é mais poderoso e abrangente [com] seu núcleo constitutivo formado pelo tripé capital, trabalho e Estado, sendo que estas três dimensões fundamentais do sistema são materialmente constituídas e inter-relacionadas e é impossível superar o capital sem a eliminação do conjunto dos elementos que compreende este sistema. Não basta eliminar um ou mesmo dois de seus polos. Os países pós-capitalistas, com a URSS à frente, mantiveram intactos *os elementos básicos constitutivos da divisão social hierárquica do trabalho que configura o domínio do capital* (*apud* Antunes, 2002).

Para ele "um *novo sistema metabólico de controle social deve instaurar uma forma de sociabilidade humana autodeterminada*, o que implica um rompimento integral com o sistema do capital, da produção de valores de troca e do mercado" (*apud* Antunes, 2002, p. 19).

A análise de Mészáros parte do pressuposto que, tomados outros caminhos, seria possível uma transição para a sociedade autoemancipada, *onde os homens ditassem a economia a partir da política e não se subordinassem às leis de bronze do capitalismo, processo autoemancipatório que removeria a desigualdade e a alienação.* Lucio Magri, ousado teórico do comunismo italiano, já formulara essas teses de forma pioneira, na mesma direção, sem ter sucesso para convencer seu próprio partido (Magri, 1977).[7]

Subjaz a essas visões, a concepção de que a experiência soviética – mesmo melhorando a vida dos assalariados em relação à situação precedente – reproduzira condições análogas àquelas sofridas pelos operários europeus, em que, "mergulhados em profunda miséria material e cultural, o proletariado europeu trabalhava comumente 16 horas por dia, em atividades extenuantes e insalubres, (e) mal conseguia sobreviver e efetivamente pouco tempo tinha para dedicar-se, nas horas livres, às tarefas da revolução" (Andrade, 2012, p. 51).

Vistos de perto, tanto o modelo soviético como as experiências social-democratas, majoritariamente, não constituíram um caminho socialista "autoemancipatório" ou contratual (no caso da social-democracia, sob a hegemonia dos trabalhadores), segundo a visão pretendida por Marx. Os modelos implantados tiveram sucesso em áreas importantes, que beneficiaram os "de baixo", mas também retornaram às formas clássicas de desigualdade, hierarquia social e domínio político.

O certo é que no âmbito do marxismo ocorreu uma espécie de vingança tardia dos "mencheviques", grupo social-democrata na Revolução Russa, defensor de que nenhum socialismo poderia ser alcançado sem nascer do desenvolvimento pleno da modernização capitalista, considerando historicamente impossível o "salto" proposto pelos comunistas "bolcheviques".

No texto de Mészáros é retomada de forma pura a visão marxiana, que via na expansão do regime do capital a viabilização universal de

---

7. Afirma Magri: "A chave da revolução ocidental está na construção de um modelo político anticapitalista e unitário de massas que ataque o sistema no nível de suas estruturas sociais: as fábricas, as escolas, a cidade, as profissões, e assim sucessivamente. A estratégia tradicional que superpõe um discurso político-ideológico a um movimento de luta gradualista e reivindicativo, que, em seus conteúdos, permanece dentro do sistema, será sempre incapaz de determinar uma crise geral do sistema, e todavia mais incapaz de oferecer uma solução positiva à crise" (Magri, 1977, p. 31).

um regime de acumulação socialista, com "um novo sistema metabólico de controle [...]" que "implicaria um rompimento integral com o sistema do capital e da produção de valores de troca no mercado" (*apud* Antunes, 2002, p. 16).

É a ruptura "sociometabólica" que permitiria fazer surgir, *de forma consciente, uma sociedade autoemancipada*, que chegaria algum dia à superprodução sem mercado, numa sociedade "conscientemente orientada": a sociedade comunista, sem classes e sem Estado, pelo menos tal qual foi concebido até agora. Tal fórmula permite concluir que, segundo Mészáros, enquanto isso não fosse possível, as experiências de governos de esquerda, dentro do sistema do capital, tanto em governos reformadores como revolucionários, *foram tentativas de transição sem rompimento com o sociometabolismo do capital*.

Independentemente de que julguemos isso possível, a análise de Mészáros desnuda uma realidade que bloqueou tanto o socialismo soviético como a própria social-democracia, em escala global. A lógica interna à acumulação soviética não criava bases para a emancipação socialista fundada na direção dos trabalhadores (socialismo revolucionário); e a evolução capitalista na sua rota "financeirista" não estabilizava um "novo contrato social" (na social-democracia).

Em ambos os regimes foram repostas as condições para a volta integral da lógica do capital, hoje com um poder cada vez mais difuso e abstrato (na aparência), mas cada vez mais concentrado e concreto (na essência): o poder do capital financeiro.

O que ficou demonstrado, depois de 150 anos de *O manifesto comunista* – o documento mais forte de inspiração das esquerdas em toda a época moderna – é que a universalização do capitalismo não levou à universalização da revolução socialista, mas a novas formas de capitalismo, já que "as atuais transformações na esfera produtiva que vêm reduzindo as dimensões da classe operária, principalmente nos países centrais, trazem consigo a destruição dessas (suas) conquistas sociais" (Fontes, 1998, p. 166).

IV.

Vejamos agora como a social-democracia enfrentou esses dilemas, com o sucesso relativo que obteve e, logo depois, com o seu mergulho na crise, que se apresenta como decadência do seu potencial reformista. Para essa análise, porém, é importante apontar preliminarmente a identidade "racionalista-normativista" das concepções de Estado, que atravessaram tanto o sistema soviético como a conformação do Estado de bem-estar. São os "legados" da formação do Estado moderno.

Afora as concepções mais simplistas da Teoria do Estado do marxismo soviético, a qual resolve essa complicada questão simplesmente reproduzindo as teses mais populares de Lênin no seu *O Estado e a revolução*, a concepção que influenciou tanto os adeptos do liberalismo político democrático quanto os teóricos marxistas, foi a que se formou "por dentro" das doutrinas de formação do Estado moderno absolutista, racionalista e normativista. Essa concepção é que orienta tanto a realidade do funcionamento dos Estados como a sua estética institucional.

Não são muito diferentes, por exemplo, as concepções de Karl Renner e de Ulrich Karpen, o primeiro, representativo do socialismo legalista de inflexão marxista (Renner) e o segundo, representativo do conservadorismo liberal-democrático (Karpen). Renner, por exemplo, diz: "Mas o Estado é somente uma forma particular de organização, a mais antiga e a maior [...] O Estado e o Direito são os meios técnicos da sociedade. A teoria do Estado e do Direito é a ciência da técnica social" (*apud* Herrera, 1998, p. 61). Veja-se a identidade com Karpen:

> O Estado constitucional garante a dominação do direito. A Constituição é o ordenamento jurídico fundamental do Estado, o direito supremo. O direito cumpre diversas funções no Estado de Direito: [...] No seu conjunto, o direito tem, no Estado de Direito, uma função reguladora, integradora, racionalizadora e antecipadora (Karpen, 1993, p. 20).

É uma concepção de Estado que serve a duas possibilidades. Tanto para desenvolver um sistema socialista burocrático (um capitalismo de Estado com forte carga distributiva), disciplinado a partir do alto, como para mover o capitalismo para sua fase de "financeirização" hegemônica da economia.

Em ambos os casos, a legalidade do Estado fica subordinada ao *manejo racionalista* das suas elites burocráticas tanto no socialismo soviético como na democracia política do capitalismo. Assim, ele proporciona *limites* às instituições democráticas do capitalismo para prover mais desigualdades e *facilita a coerção*, no Estado "proletário" real, para desautorizar a democracia e promover menos desigualdades pela força.

O "tipo" de Estado que caracteriza a modernidade, portanto, concorre para dar fluxo à crise das esquerdas. Ele é capaz de sustentar, pela "razão", a visão do liberalismo econômico radical de que *só há um caminho* e este é o traçado pela força da máquina racional-normativa. A força para "antecipar-se" às exigências "naturais" da economia, para promover as reformas econômicas que dão garantias aos credores da dívida pública, cuja equação é que sustenta o funcionamento da sua máquina e a vitalidade da sua burocracia.

A solução passa a ser "simples": menos Estado passa a ser sinônimo de *mais liberdade* e *menos "anarquia"*, numa democracia cuja doença, para essa doutrina, reside na corrupção dos partidos e dos políticos. Menos Estado, para decisões técnicas mais rápidas, que já transformaram as *necessidades* do mercado em *conceito*. Menos Estado, para que as pessoas se destinem a serem mais "iguais no mercado", a partir de decisões burocráticas expedidas por instituições de fora da soberania do Estado Nacional.

Ocorre, assim, uma "economicização" do direito e da política, já que as forças produtivas do capital – agora como capital financeiro hegemônico – não estimulam a socialização ou a satisfação dos direitos, mas viabilizam a subsunção do direito na economia e desta para a diluição da cidadania política no reino do consumo contínuo. A criação de necessidades artificiais ou supérfluas produz uma cultura e um modo de vida e assim cria os sujeitos consumidores para estas novas necessidades.

Lembra Manuel Castells que, quando rebeliões sem rumo e sem projeto explodem,

> e os Estados são desafiados em seu poder, reagem segundo suas regras institucionais, sejam elas democráticas, ditatoriais ou a mistura de ambas. Quando não conseguem integrar as demandas ou os projetos de seus desafiantes sem prejudicar os fundamentos das relações de poder que encarnam, recorrem à sua essência básica: o monopólio da violência em sua esfera de ação. Sua disposição ao uso da violência extrema depende de seu grau de legitimidade, da intensidade do desafio que enfrentam e de sua capacidade operacional e social de empregá-la (Castells, 2013, p. 76).

Nas condições atuais de funcionamento do capitalismo, a força do constituinte, a força política normativa dos princípios da Constituição e dos seus direitos fundamentais (cuja eleição fora escolhida para a sociedade industrial do século passado) perdem, então, crescentemente a sua efetividade. A Constituição carece de *poder*, não de *legitimidade*, para regular *de fora* (a partir da esfera jurídica e política) o que já é legalidade "natural" no processo de reprodução social e se apropriou por inteiro da vida social: no trabalho, no consumo, na cultura de massa.

Nesse período já de relações virtuais intensas em rede, o tempo de trabalho, lazer e as relações familiares e culturais estão fundidos:

> A subsunção real acontece quando toda a vida é mobilizada na valorização do capital; e não porque todo o trabalho se tornou assalariado e fabril, mas, na medida em que o trabalho

acontece dentro das redes sociais, misturando tempo livre e tempo de trabalho *em um único tempo de vida, que é inteiramente tempo de produção* (Hardt & Negri, 2001, p. 15).

A visão "racionalista-normativista" da Constituição recebeu uma contribuição elevada na formulação da *doutrina da Constituição dirigente, com o máximo do seu potencial reformista*. Tal doutrina promoveu também uma maior *politização do Direito*, que, embora não tivesse essa finalidade, ajudou uma inversão conservadora: a constituição "real", superando a força da constituição "formal", apropriou-se do seu potencial "dirigente" num sentido não previsto.

Ressalvando o fato de que esse processo ainda está em curso, não é precipitado dizer que, em função das mutações do capitalismo nas suas formas de reprodução social, *o caráter "dirigente" da Constituição já se expressa nas políticas de Estado secundarizando os seus princípios sociais e democráticos, escolhidos pelo constituinte, viabilizando os novos padrões de acumulação do capital financeiro*.

A Constituição expressa – então – o seu *sentido dirigente* num rumo não concebido, que é facilitado pela *perda da força normativa do seu caráter jurídico, para dar fluxo a outras forças normativas de caráter estritamente econômico-financeiro*, que frustram seu intuito inicial de "revogar" a tutela da Economia pelo Direito.

Menezes assevera corretamente o objetivo da Constituição dirigente:

> o autor luso (Canotilho) atribui à força conformadora-normativa da Constituição, combinada com o que chama "ativa efetividade do direito", o efeito de provocar a sua relativa autonomia perante os condicionamentos econômicos. Esta dimensão autônoma questiona a pretensa absoluta congruência do direito com as relações de produção e demais relações sociais sobre as quais incide... (Menezes, 2004, p. 75).

A "economização" do Direito (já) ocorre (com força "dirigente") porque – conforme apanha corretamente Baylos:

> os mecanismos democráticos se apresentam como "formalismos" que atrapalham a tomada de decisões "necessárias", de maneira que são deixados de lado na prática da "governança" cotidiana e são substituídos por impulsos e automatismos predeterminados e codificados em outro lugar; no "nível adequado" onde se adotam as decisões determinantes e cuja tradução nos diferentes espaços nacionais se realiza cada vez mais com maior opacidade e autoritarismo. Triunfo do princípio oligárquico, é a afirmação de "um longo Termidor" nas sociedades europeias do século XXI (Baylos, 2015).

V.

Apontados alguns traços essenciais da crise das esquerdas, a partir da ótica revolucionária marxista e da perda da força normativa das constituições sociais-democratas, mostrando que o resultado destas transformações voltou a repor desigualdades e – nos países soviéticos – desembocou em sociedades com instituições liberal-democráticas tardias, vejamos os dramas da social-democracia na sua perspectiva reformista de esquerda.

Como é notório:

> o Estado de bem-estar constará de três grandes elementos: em primeiro lugar, uma *rede de seguridade*, isto é, o *sistema de proteção social*, que integra todos os programas de pensões, desemprego, saúde, outros *programas de rendas mínimas ou assistenciais* e alguns serviços sociais. O segundo elemento estará constituído pelas instituições provedoras de outros bens e serviços públicos, basicamente educação, serviços coletivos

e habitação. Finalmente, o terceiro elemento sobre o qual se apoiam os anteriores é o sistema fiscal e as políticas de intervenção na economia (González i Calvet, 1995, p. 77).

O "sistema fiscal" e as "políticas de intervenção na economia" da social-democracia, a partir dos anos 1970, começam a se chocar com a competitividade internacional dos países de economia mais ágil e mais indiferente aos seus efeitos nos direitos sociais. Este "sistema" e esta "intervenção" se veem desafiados, a partir dos anos 1990, por uma outra competição no terreno global: o "dragão" chinês, agrário e com produção industrial tradicional, promove uma série de reformas modernizantes que imprimem uma dinâmica produtiva ousada e agressiva no mercado mundial.

O "dragão" utiliza os preços relativos reduzidos da sua força de trabalho e passa a ser um duro competidor global, concorrendo com os países capitalistas mais modernos, nos quais buscou novas tecnologias, novos padrões de produtividade e também foi aprendiz na manipulação da moeda.

Neoliberalismo, "meritocracia"[8] e políticas compensatórias (na ausência delas, aumento galopante da pobreza), keynesianismo militar como na era Reagan, disputam com as sociais-democracias com seus Estados custosos, despertam, nos seus chefes e partidos, um "neorrevisionismo orientado pelo pragmatismo eleitoral e fermentado por uma ética de justiça social (compensatória) e uma retórica de moder-

---

8. "Se essa evolução acontecesse, parece-me que poderia provocar choques políticos consideráveis. Nossas sociedades democráticas se apoiam em uma visão meritocrática do mundo, ou ao menos numa esperança meritocrática – a crença numa sociedade na qual as desigualdades seriam mais fundadas no mérito e no trabalho do que na filiação e na renda. Essa crença e essa esperança desempenham um papel central na sociedade moderna, por uma razão simples: na democracia, a igualdade proclamada dos direitos do cidadão contrasta de maneira singular com a desigualdade bastante real das condições de vida, e, para escapar dessa contradição, é vital fazer com que as desigualdades sociais resultem de princípios racionais e universais, e não de contingências arbitrárias." (Piketty, 2014, p. 411)

nização. Os estrategistas socialistas abandonaram o planejamento, a nacionalização, a tributação redistributiva e os gastos públicos" perdem "a confiança no Estado" (Eley, 2005, p. 549).

É o período em que o chamado à social-democracia "enfrenta um novo adversário: o conservadorismo neoliberal que" [...] – como constata Willy Brandt – impregna "a sociedade com os valores do individualismo possessivo e exclusivista, o lucro a qualquer preço [... que] deixou os cimentos de uma sociedade dual e não solidária, onde a grande maioria foi prejudicada". Prossegue Brandt: "É preciso responder ao dissenso conservador da sociedade com uma clara aposta por um projeto de sociedade integrado e não polarizado, baseado na qualidade de vida e não na riqueza monetária. Frente ao pesadelo de uma sociedade livre e cooperativa que é a meta do socialismo democrático" (Brandt, 2000, p. 23).

Tal fenômeno não se cinge às sociais-democracias consolidadas, mas atinge todos os países que promovem reformas nelas inspiradas, bloqueando a continuidade na valorização do mundo do trabalho e as políticas públicas de redução das desigualdades. Fica evidente, nesse contexto, a impotência dos governos de qualquer ideologia de reagirem na defesa dos direitos sociais, mesmo tendo ao seu lado a "Constituição dirigente" ("racionalista-normativista") lotada de bons propósitos. Estes ficam tanto abrigados como encarcerados nos limites da igualdade formal.

A força normativa do capital financeiro, assim, mostra-se superior à intenção "dirigista" da constituição social. Ela bloqueia os utopismos democráticos da esquerda, numa paralisia para a qual contribuem a *mutação* no sistema capitalista, o *descrédito* político das relações de solidariedade da social-democracia e a *redução* crescente da força combativa do proletariado clássico.

Não é estranho dizer que nos aproximamos de uma espécie de "fascismo financeiro como uma das formas mais virulentas de fascismo societal, com um 'potencial destrutivo que tem de ser limitado através de regulação internacional que lhe imponha um espaço-tempo que permita a deliberação democrática'..." (Santos, 1998, pp. 52-53) sobre a regulação do capital financeiro. Essa regulação, porém, "não integra a res-pública" democrática, pela nova situação de governança, que está amparada em poderosas forças sociais reais. Estas, para exercer o seu poder, precisam separar o *liberalismo político* do seu sentido *republicano*.

Trata-se de um dissenso sobre o alcance da liberdade e sobre as funções do Estado e este dissenso "atravessa e organiza os desenvolvimentos históricos das tradições republicanas e liberais, (e) incide centralmente sobre a relação entre a liberdade individual e a formação democrática do princípio de soberania do Estado, ou seja, entre a liberdade do cidadão e as liberdades públicas" (Guimarães & Amorim, 2013, p. 59). *A liberdade do cidadão é manipulada no mercado financeiro e no consumismo e as liberdades públicas estão sequestradas pela ausência da liberdade na escolha do "modo de vida"*, congelada no consumismo ilimitado.

As políticas de ajuste, praticadas de forma transnacional, que estão no núcleo da "integração econômica do mundo", estão concentradas agora, num curto período histórico, consumado a partir de todas as conexões financeiras e políticas que vêm se formando desde o mercantilismo.

Todos os dados disponíveis mostram que:

> a regulação nacional da economia está em ruínas e dessas ruínas está a emergir uma regulação transnacional, [é] uma "relação salarial global", paradoxalmente assente na fragmentação crescente dos mercados de trabalho, que transforma drasticamente o papel regulatório do Estado-Nação, forçando a retirada da proteção estatal dos mercados nacionais da moeda, trabalho e mercadorias, e suscitando uma profunda reorganização do Estado (Santos, 2002, pp. 91/92).

A deterioração da esfera da política no território soberano, como *locus* da deliberação democrática, está no esvaziamento e na corrupção das finalidades dos partidos políticos, como *consequência*, não como *causa* desse processo. Esse fato, não muito recente, remonta à vitória do tatcherismo na Inglaterra, que mais do que lançar a esquerda numa crise, lança a política democrática em geral numa letargia perigosa e de futuro ainda indeterminado.

Veja-se a advertência de David Miliband, ainda da década de 1980:

> A política no mundo capitalista avançado raramente tem estado em tão baixa conta. Quer mensuradas por pesquisas de opinião ou pelo advento de partidos de protesto, as instituições formais da política, e os políticos que as povoam, são tidos em baixa estima. Na melhor das hipóteses, são vistos como impotentes diante da complexidade econômica e das mudanças sociais; na pior, fazem parte de uma conspiração para ludibriar o público em geral (Miliband, 1997, p. 15).

A agenda política, aliás, foi capturada, em regra, pelas grandes corporações midiáticas, que são – ao mesmo tempo – a voz das agências de risco e dos financiadores da dívida pública:

> a crise de representação dos partidos nas democracias contemporâneas é decerto irmã siamesa de impasses estruturantes na formação de uma opinião pública democrática. Se o direito ao voto centralizou as lutas democráticas de meados do século XIX a meados do século XX, hoje, no século XXI, é o direito público à voz – o direito de falar e ser ouvido – que parece dramaticamente ir ao centro da agenda democrática contemporânea. Sem o direito democrático à voz pública, é a própria liberdade que assume uma condição agônica (Guimarães, 2013, p. 83).

Com a globalização econômico-financeira financeiramente acelerada, a circulação em tempo real da informação e a transferência comutativa de sinais, dados, recursos – com estas condições –, o passado e o futuro se concentram no presente de forma imediata, não reflexiva, não crítica. E a velocidade sempre ascendente das crises e soluções – artificiais ou não – torna a "nossa vida cotidiana, nossas experiências psíquicas, nossas linguagens culturais dominadas pelas categorias de *espaço* e não pelas de *tempo*, como o eram no período anterior do alto modernismo" (Jameson, 1997, p. 43).

A coincidência alienada entre *cotidiano* e *história* destrói nos indivíduos o sentido do público. Bloqueia o impulso comunitário da vida e aborda a solução dos problemas mais graves, a partir da velocidade que pode ser impressa, no terreno global, com soluções pela força, nunca para soluções mais humanas e duradouras. Assim, *democracia, socialismo, social-democracia,* nesse turbilhão histórico, perdem o seu encanto utópico e se tornam cada vez mais supérfluos.

Os conteúdos informativos que circulam como "opinião", de agências de governo ou de instituições multilaterais, de especialistas e agências de risco, são sempre aceitos como vozes autorizadas. No mínimo, elas têm impedido um debate racional sobre os caminhos para enfrentar as crises, nas quais o capitalismo se renova, o setor financeiro global continua controlando os preços e os prazos da dívida pública e a renda continua se concentrando.

A transnacionalização de todas as questões importantes que afetam um país ou uma região, combinada com um vazio de solidariedade política entre os "de baixo" – choques de imigração e conflitos de interesse intraclasses assalariadas em todo o mundo – também comprometem a força política interna da esquerda nos seus respectivos territórios sociais.

A busca de outras soluções que não aquelas que estão no leque de opções dessa transnacionalidade definha e recua, não por traição dos dirigentes políticos, sejam eles alternativos ou não, mas principalmente pela impossibilidade de tornar coesas maiorias sociais e políticas para resistir, como se viu recentemente na crise grega.

Com essas transformações dilacerantes da alta modernidade, a abolição ou redução drástica da jornada de trabalho, para que ela deixe de ser "pena", não nasce como pura alegria e felicidade como se previa na ideia marxista de futuro, mas

> somente em forma negativa, como crise, e finalmente como crise absoluta da reprodução realizada dessa forma [...]. A sociedade mundial capitalista está se aproximando assim de sua prova de resistência e sua ruptura, pois tem que chegar a um ponto (que aos contemporâneos possa talvez parecer uma linha) em que suprimirá o trabalho abstrato em sua aptidão de ser a substância social do valor econômico (Kurz, 1993, p. 81).

Esse é um texto sobre uma crise, e os textos exploratórios sobre crises sempre parecem apocalípticos, por isso termino também com uma advertência, no limite do risco voluntarista: nunca a *força da política* e o *apreço à utopia* foram tão importantes.

A *força da política* porque ela é marco separatório, como é o trabalho, do homem em relação à naturalidade. O *apreço à utopia*, não porque ela seja um lugar desejado possível, mas porque a utopia é uma busca de caminhos, do pior para o melhor, da desumanidade para a humanização, do presente alienado para uma vida *conscientemente orientada*.

Se isso não serve como advertência é, pelo menos, uma esperança que nos ajuda a viver. Parodiando Karel Kosik, pode não mudar o mundo e a vida, mas muda nossa posição diante da vida e diante do mundo.

Referências bibliográficas

ALENCASTRO, Luiz Felipe (2008). In: NOVAES, Adauto (Org.). *Mutações – ensaios sobre as novas configurações do mundo*. São Paulo: Ed. Sesi.

ANDRADE, Ion de (2012). *A hipótese da revolução progressiva*. Rio de Janeiro: Boomakers.

ANTUNES, Ricardo (2002). "Apresentação". In: MÉSZÁROS, István. *Para além do capital*. São Paulo/Campinas: Boitempo/Editora da Unicamp.

BAYLOS, Antonio (19/9/2015). "Tempos difíceis: a democracia social ameaçada na Europa". www.cartamaior.com.br. Acesso?

BOBBIO, Norberto (1993). "Correspondência entre Perry Anderson e Norberto Bobbio". In: ANDERSON, P.; BOBBIO, N. & CERRONI, U. *Liberalismo, socialismo, socialismo liberal*. Coleção Nubes y Tierra. Caracas: Editorial Nueva Sociedad. Disponível em: <http://novosestudos.uol.com.br/v1/files/uploads/contents/73/20080626_correspondencia_entre_bobbio_e_anderson.pdf>. Acesso em 13 fev. 2017.

BRANDT, Willy (2000). *Presentacion al Manifiesto del Programa 2000*. Madri: Editorial Sistema.

CASTELLS, Manuel (2013). *Redes de indignação e esperança. Movimentos sociais na era da internet*. Rio de Janeiro: Zahar.

CLAUDIN, Fernando (1977). *La Crisis del Movimiento Comunista*. 1. De la Komintern al Kominform. Barcelona: Ibérica de Ediciones y Publicaciones.

ELEY, Geoff (2005). *Forjando a democracia – a história da esquerda na Europa, 1850 – 2000*. São Paulo: Ed. Fundação Perseu Abramo.

FAUSTO, Ruy (2002). *Marx: lógica e política* – Investigações para uma reconstituição do sentido da dialética (Tomo III). São Paulo: Ed. 34.

FONTES, Virginia (1998). "*O manifesto comunista* e o pensamento histórico". In: AARÃO REIS, Daniel. *O manifesto comunista 150 anos depois*. São Paulo/Rio de Janeiro: Editora Fundação Perseu Abramo/Contraponto.

GARCIA, Marco Aurélio (2005). "Pensar a terceira geração da esquerda". In: FORTES, Alexandre. *História e perspectivas da esquerda*. São Paulo/Chapecó: Editora Fundação Perseu Abramo/ARGOS.

GONZÁLEZ i CALVET, Josep (1995). "La Financiación del Estado de Bienestar. Situación Actual y Perspectivas". *Revista de la Escuela: El Estado del Bienestar*. Barcelona: Columna edicions.

GUIMARÃES, Juarez & AMORIM, Ana Paola (2013). *Em defesa de uma opinião pública democrática*. São Paulo: Boitempo.

_____. (2013). "Sete teses e uma antítese". In: LIMA, V. & GUIMARÃES, J. (Orgs.). *Liberdade de expressão – as várias faces de um desafio*. São Paulo: Paulus.

HADDAD, Fernando (1992). *O sistema soviético – relato de uma polêmica*. São Paulo: Scritta Editorial.

HARDT, Michael & NEGRI, Antonio (2001). *Império*. Rio de Janeiro: Record.

HERRERA, Carlos Miguel (1998). "L'État, le Droit, le Compromis. Remarques sur les Conceptions Politico-Juridiques de la Social-Démocratie à Weimar". *L'Arbre Social-Démocrate*. Março, n. 23. Paris: Presses Universitaires de France.

HOLDT, Karl Von (2005). "Experiências recentes da esquerda no poder – o caso da África do Sul". In: FORTES, Alexandre. *História e perspectivas da esquerda*. São Paulo/Chapecó: Editora Fundação Perseu Abramo/ ARGOS.

JAMESON, Fredric (1985). *Marxismo e forma – teorias dialéticas da literatura no século XX*. São Paulo: Hucitec.

_____(1997). *Pós-modernismo – a lógica cultural do capitalismo tardio*. São Paulo: Ática.

KARPEN, Ulrich (1993). "O significado das condições jurídicas básicas para o desenvolvimento democrático". *Democracia e Estado de Direito*. Papers, n. 6, Konrad-Adenauer-Stiftung.

KURZ, Robert (1993). *O colapso da modernização – da derrocada do socialismo de caserna à crise da economia mundial*. Rio de Janeiro: Paz e Terra.

LUKÁCS, Georg (s.d.). "Notas metodológicas sobre o problema da organização". In: _____. *Teoria do partido revolucionário*. São Paulo: Cadernos de Formação Marxista, Brasil Debates.

MAGRI, Lucio (1977). "Parlamento o Consejos (respuesta a Ingrao)". In: FOA, Lisa et al. *Vía Consejista o Vía Parlamentaria*. Barcelona: Editorial Anagrama.

MENEZES, Mauro de Azevedo (2004). *Constituição e reforma trabalhista no Brasil*. São Paulo: LTR.

MÉSZÁROS, István (2010). *Atualidade histórica da ofensiva socialista*. São Paulo: Boitempo.

MILIBAND, David (1997). *Introdução ao livro. Reinventando a esquerda*. São Paulo: Editora Unesp.

MÜLLER, Friedrich (1998). *Quem é o povo? A questão fundamental da democracia*. São Paulo: Max Limonad.

PIKETTY, Thomas (2014). *O capital no século XXI*. Rio de Janeiro: Intrínseca.

SALVADORI, Massimo (1986). "A crítica marxista ao stalinismo". In: *História do marxismo no Brasil*. vol. 7. São Paulo: Paz e Terra.

SANTOS. Boaventura de Sousa (1998). *Reinventar a democracia*. Lisboa: Fundação Mário Soares/Gradiva Publicações.

_____ (2002). "Linha de horizonte". In: _____ *A globalização e as ciências sociais*. São Paulo: Cortez.

SEABRA, Luciana. (27/8/2015, D2). "Fortunas voltam a crescer no primeiro semestre". *Valor Econômico*.

SEN, Amartya (2000). *Desenvolvimento como liberdade*. São Paulo: Companhia das Letras.

SILVEIRA, Sergio Amadeu da (2010). "Ambivalências, liberdade e controle dos ciberviventes". In: _____ *Cidadania e redes digitais*. São Paulo: CGI.br.

STEIN, Ernildo (2015). *Órfãos da utopia*. Porto Alegre: Editora UFRGS.

3. A LIBERDADE E A IGUALDADE:
   ENTREVISTA COM SÉRGIO FAUSTO

Aldo Fornazieri, Carlos Melo e Carlos Muanis

CARLOS MUANIS – Estamos refletindo sobre a crise atual da esquerda, presente na realidade brasileira e mundial. Mas são muitas as armadilhas partidárias, recheadas de estereótipos, e também contaminadas por uma lógica binária que esconde toda complexidade ideológica. Diante disso, cabe a pergunta: de qual esquerda nós estamos falando hoje? Como você definiria a esquerda mais efetiva, mais presente no cenário nacional e internacional?

SÉRGIO FAUSTO – A clivagem entre direita e esquerda ainda faz algum sentido se você a qualificar. Simplesmente dizer direita e esquerda é insuficiente, mesmo na Europa e nos Estados Unidos. Uma primeira distinção fundamental a fazer é entre esquerda democrática e não democrática. Uma segunda distinção, dentro da esquerda democrática, diz respeito à visão sobre o processo de globalização, entre uma esquerda cosmopolita e próxima ao liberalismo e outra crítica à globalização e distante do liberalismo. Refiro-me ao liberalismo econômico, já que a incorporação dos valores do liberalismo político é uma marca da esquerda democrática, um divisor de águas entre esta e sua vertente não democrática.

Retomando Norberto Bobbio, podemos dizer que a estrela-guia da direita democrática é a liberdade, assim como a da esquerda democrática, sendo que esta põe ênfase na ideia de que o exercício efetivo da liberdade será tanto maior quanto menor for a desigualdade entre indivíduos e grupos sociais. Nessa leitura da esquerda, posta nesse sentido ainda muito abstrato, a liberdade e a igualdade devem ser vistas como um binômio, admitindo-se que há tensões entre os dois polos, mas que um necessita do outro para sua realização. Ou seja, de um lado, a expansão da liberdade pressupõe uma busca pela igualdade; de outro, a busca pela igualdade não pode se dar com o sacrifício da liberdade, como nas experiências históricas do socialismo real. Mas de que igualdade estamos falando? De igualdade de oportunidades ou de igualdade de resultados? A meu ver, uma esquerda democrática deve ter como objetivo fundamental a igualdade de oportunidades. A direita democrática não discordaria. A questão é saber até onde se está disposto a ir para igualar as oportunidades, sabendo que a busca desse objetivo implicará necessariamente um grau de interferência maior do Estado na liberdade dos indivíduos na esfera econômica.

A temática da igualdade se reintroduziu com força entre as questões políticas e não só da esquerda. Hoje, de alguma maneira, na medida em que disputa eleições e tem que responder a uma demanda social difusa – uma demanda que apresenta conteúdos específicos em cada lugar, mas que se caracteriza pelo desejo de menos desigualdade –, a direita democrática também tem que incorporar esse tema à sua agenda. Mas ela o faz à sua maneira, pois é mais cética em relação aos benefícios de políticas públicas que visem à redução da desigualdade. Teme que estas acabem por gerar restrições à liberdade dos agentes econômicos e, com isso, menor crescimento e, portanto, um resultado pior para a sociedade em seu conjunto. Não é uma tese que se possa descartar *a priori*. Em alguns casos, em alguns momentos, ela se aplica.

Em resumo, já não se pode mais definir esquerda e direita como no passado, mas esses termos, quando qualificados, ainda fazem sentido. Não penso que hoje se trate apenas de diferenciar quem sabe e quem não sabe fazer as coisas bem-feitas, administrar e gerir com eficiência.

Sim, isso é fundamental. Ainda mais num país como o Brasil, onde o nível de ineficiência na gestão pública é enorme. Gerir bem não elimina a discussão sobre valores. Não é simplesmente otimizar uma relação dada entre meios e fins. Os fins variam e aí a discussão sobre valores é obviamente uma discussão importante. Não se trata de uma discussão entre valores absolutos e irredutíveis. Numa democracia, trata-se de definir um equilíbrio que pode pender mais para um lado ou para o outro e que será sempre transitório, porque suscetível a mudanças dentro das regras democráticas.

CARLOS MELO – Tenho a impressão de que a esquerda, tradicionalmente, na hora em que é obrigada a escolher entre igualdade e liberdade, acaba escapando para a sua área de conforto, que é a igualdade. Mas isso à custa da liberdade. E a direita, na polarização, ainda faz essa mesma escolha em sentido contrário. É possível, por uma nova concepção da esquerda, encontrar um equilíbrio?

SÉRGIO FAUSTO – Liberdade e igualdade carregam uma tensão importante entre si. É inevitável. É uma tensão constitutiva da relação entre esses dois valores e a ação orientada por eles. Sobretudo se você pensa a liberdade como a ausência de obstáculos para a realização de propósitos individuais, a partir de capacidades dadas. Numa situação em que, ao nascer, todos os indivíduos tivessem as mesmas chances de se desenvolver, segundo suas capacidades, essa tensão seria menor. Ocorre que a realidade não é essa, nem mesmo nos países com maior renda per capita e melhor distribuição de renda.

CARLOS MELO – Então você qualifica a igualdade como igualdade de oportunidades e não igualdade absoluta?

SÉRGIO FAUSTO – Fundamentalmente, a ideia é a de que se deva buscar a maior igualação possível das oportunidades. Isso tem implicações radicais. Hoje se sabe que as condições de cada indivíduo para o seu desenvolvimento ao longo da vida são determinadas muito cedo e têm muito a ver com o seu meio social e o seu *background* familiar. Um programa realmente voltado à igualdade de oportunidades tem que buscar, no limite, uma situação em que cada criança nasça dentro das mesmas condições sociais que todas as outras. É uma bela utopia. Não será a livre dinâmica dos mercados que produzirá planos e programas políticos de igualdade de oportunidades mais radical.

Além de entender a radicalidade do que significa a igualdade de oportunidades a partir do que se descobriu do desenvolvimento cognitivo, emocional das crianças, é preciso defender a ideia de uma sociedade de garantias mínimas, que assegurem aos indivíduos patamares aceitáveis de vida digna, mesmo que eles não consigam alcançá-los por si próprios. Não só no interesse desses indivíduos, mas da própria sociedade, é necessário ter uma rede de proteção para evitar a completa marginalidade de alguns cidadãos, em nome da coesão social, em nome de uma certa qualidade coletiva de vida.

A igualdade de oportunidades supõe a existência de políticas que permitam interromper, ou pelo menos diminuir, a reprodução intergeracional da pobreza e da riqueza. Isso implica colocar em discussão, por exemplo, a taxação sobre herança. É um bom exemplo para ressaltar como os valores da igualdade e da liberdade podem entrar em tensão. Quanto mais a balança pender para o lado do primeiro, maior deverá ser a taxação sobre a herança, à custa da liberdade dos indivíduos de determinar a quem desejam transmitir o seu patrimônio.

Na prática, a democracia é a melhor forma encontrada para balancear e rebalancear esses valores. Agora há uma forte demanda por mais igualdade no mundo desenvolvido. Sobretudo nos Estados Unidos, a desigualdade aumentou enormemente nos últimos trinta, quarenta anos. É hora de repensar as relações entre Estado e mercado, para enfrentar essa tendência que pode colocar em risco a própria legitimidade do sistema democrático.

Aldo Fornazieri – Você está dizendo que não basta dizer "igualdade de oportunidades". Os pensadores liberais radicais, como Milton Friedman, estabelecem como condição suficiente para a igualdade de oportunidades a educação básica universal. Você está dizendo que é preciso ir além disso, que é preciso qualificar o que é essa igualdade de oportunidades. A educação básica universal é um dos elementos, mas é insuficiente.

Sérgio Fausto – A escola é um elemento fundamental para corrigir o processo de transmissão intergeracional da pobreza. Mas a pobreza é um fenômeno complexo. Deve ser atacada de forma integral no âmbito das famílias e das comunidades. Não apenas por iniciativas estatais, mas por iniciativas públicas, que envolvam a sociedade civil. Essa discussão remete a outro valor importante: a fraternidade, que por sua vez remete à ideia de solidariedade. A agenda progressista deve buscar ativamente uma sociedade mais solidária, que não se resuma à oferta de bens e serviços numa relação provedor/cliente. É preciso valorizar a esfera das relações não mercantis, no âmbito mais amplo da sociedade (e não apenas da família), para poder avançar simultaneamente nos caminhos da liberdade e da igualdade.

Aldo Fornazieri – Hoje se constata que países que têm uma educação básica universal completa, que são os países mais avançados, também estão entrando num contexto de desigualdade profunda. A educação básica universal, aparentemente, não é suficiente para estabelecer as condições de igualdade. Então é preciso especificar o que se entende por igualdade de oportunidades. Mas não lhe parece que é preciso qualificar também o que se entende por liberdade? Há toda uma discussão levantada por pensadores como Amartya Sen, dizendo que não basta garantir formalmente a liberdade, na Constituição, nas leis e assim por diante. Por exemplo, a dona Maria, que não tem renda e mora lá no bairro Heliópolis, tem as liberdades formais garantidas, mas ela não é livre de fato, há vários fatores que a restringem. Assim, não basta dizer que é preciso ter liberdade, é preciso também qualificá-la. Essa liberdade significa que as pessoas têm que ter condições concretas de oportunidades...

SÉRGIO FAUSTO – ... para o exercício pleno do seu potencial humano. Aí eu acho que a ideia de liberdade é forte. A realização do potencial humano passa pela livre escolha individual de como cada um quer realizar o seu potencial.

Nós aprendemos com a História que as liberdades formais são condição *sine qua non* de uma sociedade civilizada. Aprendemos com o desastre do socialismo no século XX. Isso não significa que se deva esquecer a crítica à leitura formalista da liberdade.

CARLOS MELO – Confesso que me sinto no meio de uma cilada lógica. Os liberais vão falar, dentro desse contexto, em meritocracia. O sujeito tem um mérito e, portanto, ele precisa ser valorizado em comparação com aquele que não o tem. Mas como se pode dizer isso quando se parte de condições tão desiguais? Quem será que tem mais mérito: o filho da classe média que entrou na universidade pública ou o filho do pobre que chegou até a universidade, mas não conseguiu que fosse pública? Por outro lado, tem um discurso de esquerda, não no nível da educação fundamental, mas no nível da educação superior, em que a universidade tem que ser pública e gratuita para todo mundo. Será que esse discurso de uma parte da esquerda é de fato igualitário?

SÉRGIO FAUSTO – O tema da meritocracia é importante e coloca escolhas difíceis. Transformá-la em uma espécie de ideologia nos cega para o fato de que as condições reais de disputa são muito desiguais e que, portanto, é necessário discutir, paralela e indissociavelmente, quais são essas condições para aferição de mérito. Isso é fundamental.

Por outro lado, do ponto de vista do bem-estar social, há escolhas que não são simples. Por exemplo, o tema de cotas raciais. Esta é uma das questões que provoca em mim a maior ambivalência. Eu não consigo fechar uma posição a respeito. Ter pessoas negras ocupando posições de maior destaque na sociedade funciona como um modelo que permite a outras pessoas da mesma raça acreditar que também é possível chegar lá. Acho esse argumento persuasivo. Mas numa sociedade de ampla mestiçagem como a brasileira, as cotas raciais geram um sem-número de escolhas arbitrárias. O critério de renda me parece melhor porque mais objetivo. É legítimo e importante favorecer o ingresso de pessoas de menor renda no ensino superior, mas com ressalvas. A primeira é que essa política não deve substituir o essencial, que é dar condições iguais de oportunidades para alunos de escolas públicas e privadas, desde o ensino infantil até o ensino médio. A segunda é que, para recorrer a um ditado conhecido, a diferença entre o veneno e o remédio é a dose. Ou seja, um excesso na política de cotas com critérios de renda leva ao rebaixamento da qualidade do ensino superior em seu conjunto, em prejuízo de toda a sociedade, inclusive dos mais pobres. É preciso dosar, experimentar e avaliar os resultados, caso a caso, país a país.

Vejam os programas que a África do Sul tem implementado. É compreensível que tenham sido adotados numa sociedade que viveu por décadas sob um regime de segregação racial e cuja população, 70% formada por negros, foi dominada pela minoria branca durante o *apartheid*. Eles foram além das cotas. Para permitir a formação de uma burguesia negra, o governo sul-africano, há cerca de dez anos, estabeleceu uma legislação que obriga as empresas a terem, entre seus sócios, pessoas negras. Isso de fato formou uma burguesia negra, mas por vias tortas, porque a política valorizou a adoção de artifícios – sobretudo o uso de "laranjas" – para o enquadramento legal das empresas e principalmente para o acesso privilegiado a contratos com o Estado sul-africano. A adoção de cotas nas companhias e serviços do Estado, com a reserva da maioria dos cargos de direção a pessoas negras, não raro resultou em perda de eficiência, muitas vezes em prejuízo da população, de maioria negra, usuária desses serviços.

Ninguém tem uma resposta definitiva para qual é a solução ótima para a combinação de meritocracia e outros mecanismos não estritamente meritocráticos. Você tem que experimentar e consolidar o aprendizado. Não tensionar os limites da estrutura de oportunidades existente é uma postura conservadora.

CARLOS MUANIS – E sobre o papel do Estado hoje? Há uma discussão repetitiva, muito simplificada, que diminui muito essa questão central. Ou você é um estatista, ou você é um neoliberal antiestado absoluto que joga tudo para a iniciativa privada... Acho que o ideal é fugir dessa falsa dicotomia e pensar o papel do Estado nesse sistema financeiro globalizado, que internacionaliza vários dilemas e conflitos e, ao mesmo tempo, não anula realidades específicas, locais. Considerando do ponto de vista da esquerda, qual seria o papel do Estado hoje, principalmente levando em conta os países da América Latina, na medida em que a Europa tem uma realidade diferenciada?

SÉRGIO FAUSTO – No Brasil e na América Latina, o pensamento da esquerda é muito débil nesse ponto e em geral faz a idolatria do Estado. Em termos simplificados, a ideia é a de que o Estado é o único instrumento que a sociedade tem para limitar o funcionamento do mercado, que é produtor de desigualdade... Como a esquerda se guia pelo valor da igualdade, quanto mais Estado e mais intervenção estatal tiver, melhor. Isso também casa com um imaginário em que o burguês é o mau e o burocrata do Estado e do partido representa o bem. Trata-se de um pensamento atrasado. No fundo, essa ideia ainda está atrelada ao sonho cubano, hoje transformado em pesadelo, de um Estado que nacionaliza, que dá fim à propriedade privada ou a limita. Um desastre histórico não só do ponto de vista das liberdades, mas também da igualdade, que levou a uma sociedade completamente sem horizontes.

Há um enorme equívoco da esquerda nessa questão. É evidente que o Estado – como realidade social e como organização que detém o monopólio de tomar decisões que são vinculantes, obrigatórias para o conjunto da sociedade – é um instrumento, um espaço absolutamente crucial para a própria existência de uma sociedade complexa. Uma sociedade sem Estado, a não ser que seja uma sociedade mais simples, não é capaz de se manter enquanto tal. Além disso, para regular a interação da sociedade de maneira a produzir resultados que ampliem a capacidade de desenvolvimento dos indivíduos e do bem-estar coletivo, o Estado é absolutamente crucial.

Que Estado é esse? É cada vez menos um Estado produtor. Na maioria dos mercados de bens e serviços, o setor privado faz melhor. Em alguns casos, em que há concorrência perfeita ou quase isso, a regulação do Estado pode ser muito leve. Ela sempre estará presente para definir normas protetoras da saúde, que evitem práticas abusivas contra o consumidor etc. E para evitar atos de concentração de mercado que impliquem dano à concorrência.

Nos setores que tendem ao monopólio natural, sobretudo os de infraestrutura, é necessária uma atuação mais forte do Estado. Ou seja, eficaz e não arbitrária, amparada em relações contratuais muito claramente estabelecidas e em agências que tenham independência para atuar em nome do público para equilibrar os interesses e resolver os conflitos.

Onde o Estado deve ter um papel regulador muito forte? No setor financeiro e na provisão de bens e serviços nos quais a rentabilidade privada não justifica o investimento pesado do setor privado: saúde, educação, segurança, ciência básica. E também onde o risco privado é muito elevado e o benefício social, em termos potenciais, é muito grande, como em alguns setores de tecnologia de ponta. O tema da regulação do sistema financeiro é um tema-chave.

O problema é que a arena de discussão desse tema não é exclusivamente nacional. E aqui entramos em uma outra questão. O espaço de conquista política e elaboração dos temas da esquerda ao longo do século XX foi o dos Estados nacionais, nos quais havia muito mais autonomia para definir políticas e produzir os efeitos pretendidos. A despeito de toda a retórica do internacionalismo proletário, a esquerda só conseguiu transformar ideário em realidade no espaço dos Estados nacionais e de um sistema global regulado pelos Acordos de Bretton Woods com paridades fixas de câmbio, com restrições fortes ao livre fluxo de capitais. Uma combinação de fatores levou ao desfazimento dessas amarras; elas não serviam mais à potência hegemônica, os Estados Unidos. Além disso, ocorreu todo um desenvolvimento tecnológico que permitiu transacionar recursos financeiros de um lado para outro com um simples clique. O mundo mudou completamente. A esfera de autonomia dos Estados nacionais se restringiu muito.

Nós precisamos tirar as lições da crise de 2007 e 2008. Considero um exagero dizer que essa crise tem uma significação equivalente ao do colapso do socialismo. Mas é verdade que, se o colapso do socialismo deixou a esquerda desarvorada, o que aconteceu em 2007 e 2008, com seus desdobramentos – que perduram até hoje –, coloca claramente limites ao programa liberal. Isso é reconhecido por gente totalmente insuspeita: George Soros, Paul Volcker (que foi presidente do Federal Reserve), entre outros.

ALDO FORNAZIERI – De que tipo de regulação do mercado financeiro se está falando? Recentemente houve Basileia III, que fechou algumas poucas torneiras do mercado financeiro, que potencializavam as crises. O problema é que o capital financeiro tem um poder enorme e, em grande medida, capturou as democracias. O endividamento público, o endividamento estatal e assim por diante mostram a fragilidade dos Estados nacionais acerca da regulação da movimentação do capital financeiro e do poder, do impacto, que ele tem sobre as economias nacionais. No contexto da crise de 2008, colocou-se fortemente na agenda do G20 a questão da regulação do capital financeiro, e essa agenda não avançou em nada. Como seria possível que o regulador regulasse o regulado que regula o regulador? Hoje o capital financeiro é que regula o Estado e não o inverso. Como inverter essa situação?

SÉRGIO FAUSTO – Acho esse argumento um pouco exagerado. É o argumento do Wolfgang Streeck,[1] por exemplo. Essa ideia de uma completa captura dos Estados nacionais pelo sistema financeiro, que as grandes organizações multilaterais são na verdade regentes da orquestra em benefício do capital financeiro... Há uma dose de verdade aí, mas há exagero e do tipo que leva à paralisia política e/ou à radicalização retórica. Os Estados nacionais têm que se equilibrar entre "as forças dos mercados financeiros globais" e a legitimidade local dada pelos que ali elegem os governos de turno. Existe uma tensão clara entre o mercado e a urna, mas daí a tirar conclusões definitivas sobre a derrota irremediável do capitalismo democrático vai uma larga distância. Streeck afirma que não haverá mais capitalismo democrático. Ou teremos capitalismo ou democracia. Vale como argumento para provocar o debate, mas acho que a realidade é mais matizada e a história mais aberta.

Não basta regular mais o sistema financeiro, exigir maior capital próprio dos bancos etc. É necessário diminuir o setor financeiro, jogar alguma areia nesse sistema. Não estou falando para voltar a Bretton Woods, até porque isso é impossível. Mas é preciso adotar um programa global de restrição às finanças. É o que no jargão se

---

1. Sociólogo econômico nascido na Alemanha. Diretor emérito do Instituto Sociedade Max Planck para o Progresso da Ciência. [*N. da E.*]

chama de repressão financeira, ou seja, um conjunto de regulamentações públicas que refreiam a liberdade do setor financeiro. De novo, a questão é a dose. Mas é claro que a dose de liberdade dada ao setor financeiro a partir dos anos 80/90 foi excessiva. A agenda era: quanto mais liberdade na alocação dos recursos financeiros no plano global, melhor, pois haverá melhor alocação de capital, maior eficiência, ganhos de competitividade etc. Não foi isso que aconteceu.

CARLOS MELO – Esse capital financeiro também serve para viabilizar todo um desejo de consumo que existe na sociedade. Barack Obama em sua candidatura, em 2008, disse que, diante daquela crise, a sociedade norte-americana teria que rever o seu padrão de consumo, porque isso estava levando ao paroxismo. E essa crítica ao consumismo está colocada há muito tempo. Não é só o discurso da sustentabilidade de uns vinte, trinta anos para cá. O próprio Max Weber tratou do tema em *A ética protestante e o espírito do capitalismo*. Discutir o consumismo parece que já é uma agenda de esquerda. Será que esse é o caminho?

SÉRGIO FAUSTO – Entra aí o tema dos limites físicos ao crescimento. Karl Marx colocou o tema da realização da Humanidade pelo lado positivo. Aqui nós estamos colocando esse tema pelo inverso. Existe a hipótese de extinção da Humanidade ou de um encolhimento drástico de sua presença na Terra. A natureza vai encontrar uma maneira de fazer o ajuste entre a pressão antrópica e a capacidade que os recursos naturais e os ecossistemas têm de suportar essa pressão. Sem mudanças nas formas pelas quais produzimos e consumimos, a natureza, no limite, reagirá ao excesso de pressão reduzindo o tamanho da população de seres humanos neste planeta; extinguindo-nos como espécie.

Esse é um tema que não se enquadra na classificação direita/esquerda de modo claro, mas tem afinidade maior em algum grau com uma agenda de esquerda na medida em que demanda uma ação pública, a qual, deliberadamente, induz mudanças nas decisões de investimento e consumo. Não são ações de dirigismo estatal. Elas passam pela utilização de mecanismos de mercado, visando a diminuir a chamada pegada ecológica das atividades dos seres humanos. Mecanismos de mercado são aqueles que afetam os preços relativos. É o caso, por exemplo, da taxação maior sobre processos produtivos com maior nível de emissão de gases de efeito estufa, ou do sistema de *cap and trade*, que também pode ser útil para incentivar a adoção de medidas e tecnologias poupadoras de emissões desses gases. Ambos são compatíveis com uma economia de mercado, mas, para funcionar, exigem um Estado capaz de regular e fiscalizar com eficácia.

Mecanismos de mercado serão suficientes para evitar uma mudança climática realmente ameaçadora? Honestamente ninguém sabe. E esta discussão não pode ser compreendida pela ótica exclusiva da polaridade esquerda/direita, nem mesmo com a distinção entre democrática e autoritária. Aqui entram em jogo outras questões, as quais remetem a temas presentes na tradição romântica e na tradição iluminista e no pós-iluminismo, com derivações progressistas e conservadoras. Estamos falando das noções de progresso, da adesão maior ou menor à ciência ou à religião, ao otimismo maior ou menor em relação à capacidade de o homem superar desafios à sua sobrevivência, como espécie, por meio do avanço tecnológico etc.

Há ambientalistas de direita, assim como os há de esquerda. Do mesmo modo que há, nos dois campos, quem atribua papel central à mudança climática e esteja persuadido da necessidade urgente de introduzir mudanças para mitigar seus efeitos e quem acredite que este seja um tema manipulado por "interesses espúrios" e "forças ocultas". (Essa é uma tese particularmente cara à direita religiosa nos Estados Unidos, mas também encontra adeptos entre uma esquerda ainda presa à noção de progresso ligada ao "avanço das forças produtivas".)

Volto ao tema das finanças. A expansão desmedida das finanças não respondeu apenas a um desígnio especulativo da classe dos financistas internacionais. Ela responde também a aspirações sociais e à necessidade de legitimação das democracias ocidentais. Onde é que isso se manifesta de maneira mais clara? No acesso a bens duráveis, em particular à casa própria, mas também, veículos. Quando se analisa a composição dos empréstimos bancários e não bancários, dos *shadow banks* que se criaram, a parte maior são empréstimos hipotecários para aquisição da casa própria. Assim que adquire a casa, o indivíduo passa a ter uma garantia real, o que lhe permite tomar mais empréstimos e consumir mais. Isso aconteceu nos Estados Unidos e em vários países da Europa, em países onde a aspiração ao consumo não parou de crescer, mas a renda dos salários ficou virtualmente estagnada nos últimos trinta anos. Nesses lugares, as classes médias passaram então a se endividar.

Tudo indica que os capitalismos maduros esbarraram em um limite na sua capacidade de gerar aumento real de renda para a maioria das suas populações. Isso tem a ver com a globalização, tem a ver com o fato de que setores que eram geradores de emprego para a classe média foram para a antiga periferia do sistema, os países emergentes, em particular a China. Mas há também mudanças no padrão tecnológico que precisam ser mais bem observadas. No padrão fordista, se requeria muito mais mão de obra no processo produtivo. E de uma mão de obra que os sistemas educacionais e de formação técnica eram capazes de ofertar. No mundo de hoje, a demanda é menor e a mão de obra requerida precisa ser muito mais qualificada. São poucos os países nos quais os sistemas educacional e de formação técnico-profissional têm conseguido responder a esse desafio.

Além disso, há uma perda de poder dos sindicatos. O setor que mais cresceu é o de serviços, no qual a presença sindical é menor. É óbvia a correlação entre perda do poder sindical e perda salarial. Os trabalhos são mais informais, o salário é menor, a rotatividade é maior. Isso tudo deprimiu a capacidade de geração de renda da classe média norte-americana. Ela compensou isso primeiro com a mulher indo trabalhar, depois se endividando em excesso. Esse encolhimento relativo das classes médias nos países desenvolvidos produz anomalias no sistema político. Donald Trump é fruto desses processos porque a classe média branca nos EUA empobreceu e tornou-se descontente; na sequência, virou *anti-establishment*. Isso não é um tema só da esquerda. O Francis Fukuyama[2] tem escrito sobre esses processos de destruição da classe média e de erosão de legitimidade dos sistemas democráticos.

Para falar da Europa, nós teríamos que incorporar o tema do *Welfare State*. Para assentar uma agenda progressista em bases reais, é preciso compreender as tendências de longa duração da estrutura ocupacional do capitalismo pós-fordista. Se não houver geração de bons empregos de classe média, que possam ser ocupados por um sujeito que tem uma educação razoável, não há Estado de bem-estar social que se sustente. Obviamente nem todo mundo poderá se formar em Harvard ou se tornar um empreendedor bem-sucedido em Silicon Valley.

ALDO FORNAZIERI – Podemos sintetizar o que foi dito até agora, de modo geral, como o seguinte: a esquerda autoritária entrou em colapso porque não incorporou, pelo contrário, aniquilou, o valor da liberdade; a esquerda estatista e talvez populista latino-americana, com seu estatismo, não foi capaz de consolidar um projeto; e a esquerda democrática, que de certa forma teve um êxito relativo na construção do *Welfare State* e que ainda permanece vigente, talvez nos países nórdicos, também está em crise porque, nos países da Europa Central e na Grã-Bretanha, vem-se agregando um nível bastante

---

2. Figura-chave e um dos ideólogos do governo Ronald Reagan, Fukuyama é uma importante figura do conservadorismo. Também é considerado o mentor intelectual de Margaret Thatcher. Doutor em ciência política pela Universidade de Harvard e professor de economia política internacional na Universidade Johns Hopkins, em Washington. [N. da E.]

grande de desigualdade. Nós temos uma crise de três vertentes de esquerda. Eu acho que temos aqui um consenso de que a esquerda se relaciona, principalmente, embora não exclusivamente, com a ideia da construção de igualdade. Assim, a esquerda perdeu a bússola da construção da igualdade? Embora existam bandeiras de esquerda nesse sentido, hoje elas se dão no contexto da aceitação do capitalismo. A esquerda não oferece mais uma saída sistêmica em relação ao capitalismo. Então, ela se tornou coadjuvante do capitalismo?

SÉRGIO FAUSTO – De fato, com o colapso do socialismo, você não tem uma alternativa sistêmica ao capitalismo. Embora a direita jamais tenha tido uma utopia para além do capitalismo, tampouco oferece uma agenda que responda aos desafios colocados hoje no interior do capitalismo, inclusive do ponto de vista dos interesses de sobrevivência do sistema. Ainda que não haja uma alternativa e que, portanto, todas as opções políticas se circunscrevam a esse limite, o grau de anomia social que se tem gerado em várias partes, inclusive do capitalismo desenvolvido, coloca em xeque a sobrevivência do sistema nos moldes de um capitalismo democrático. É um problema tanto para a esquerda democrática quanto para a direita democrática.

Há uma crise importante na social-democracia. Um setor da sociedade europeia esteve por décadas inteiramente coberto pelos sistemas de *Welfare State*. Não apenas os benefícios dos que estavam dentro se veem agora ameaçados, como o número de pessoas fora do sistema aumentou muito, a começar pelos imigrantes. Os jovens se beneficiam indiretamente do sistema, através de seus pais, quando estes estão incluídos, mas estão sem porta de entrada no sistema produtivo. A social-democracia perdeu a conexão com os jovens e não estabeleceu conexões com os imigrantes precariamente integrados no sistema. Ao mesmo tempo, a social-democracia, na Europa, virou *establishment* na administração de um capitalismo que passou a depender, para a sua expansão, cada vez mais da geração de dívida pública e/ou privada.

Isso tudo em meio a uma mudança demográfica grande, uma sociedade que vai envelhecendo e, portanto, tem que carregar um número de inativos maior por um tempo mais longo. Ao mesmo tempo, a economia tem dificuldade de competir com um monstro que entrou no jogo. A entrada de milhões de trabalhadores, asiáticos em geral, com capacidade de ofertar produtos antes produzidos nos centros do capitalismo, atendendo às necessidades de consumo em condições de custo e de resistência sindical infinitamente mais baixas, desequilibra completamente o sistema do *Welfare State*. A social-democracia não pode simplesmente se aferrar ao sistema de *Welfare State* tal como ele existia porque ele tem um problema de sustentabilidade em longo prazo.

Quando no governo, a social-democracia tem feito pequenas reformas no sentido de aparar excessos de privilégios que os *insiders* tinham. E acreditou que, com o euro, inflação baixa e estabilidade monetária, a solução estaria na expansão do crédito. A Europa não sairá da crise sem reformas profundas. O problema é quem pagará o preço da reforma. Até aqui são os setores mais frágeis da sociedade que pagam a conta. E mais, que reformas são necessárias para tornar as economias europeias mais competitivas sem romper o contrato social que viabilizou os Estados democráticos na Europa? Penso que as soluções encontradas em alguns países escandinavos, em torno do conceito de *flex security*, ou seja, uma combinação de menor rigidez do mercado de trabalho com políticas ativas de qualificação da mão de obra associadas a políticas de proteção temporária de trabalhadores desempregados, são soluções a serem exploradas. Não é fácil transplantá-las para países europeus maiores, mais heterogêneos e mais entrincheirados em modelos mais rígidos do Estado de Bem--Estar, haja vista a resistência enorme que se vê agora à proposta de reforma do mercado de trabalho apresentada pelo governo socialista na França.

Aldo Fornazieri – Então o futuro da social-democracia é incerto, pois o seu fundamento consiste na adoção de mecanismos redistributivos.

Sérgio Fausto – É muito nebuloso e incerto. Tome o fenômeno do Podemos, na Espanha. Eu tenho 53 anos, vi o que foi a transição espanhola, o papel que o Partido Socialista Operário Espanhol [PSOE] teve. Claro que o meu coração está com o PSOE e não com o Podemos.[3] Agora, é claro que uma pessoa de 20, 30 anos na Espanha hoje tende a ser um dissidente do *establishment*. Ele pode estar mais à direita, atraído pelo Ciudadanos,[4] ou mais à esquerda, atraído pelo Podemos. De onde virão as forças criativas para gerar uma nova agenda de mudança? Não está nada claro.

Carlos Muanis – Você tem alguma pista em relação a isso? Vê em algum lugar essa agenda sendo construída, ou fomentada? Ela já não aparece, não se move nos novos movimentos sociais e de rua?

Sérgio Fausto – Essa tensão entre a velha social-democracia e essas dissidências da social-democracia mais à esquerda – o Podemos, por exemplo – por enquanto só tem gerado ruído. Se fosse conservador, diria: do Podemos não pode resultar nada de bom, haja vista as afinidades de origem com o chavismo. Mas parece que eles estão mudando, têm dado sinais de deslocamento rumo a uma esquerda claramente democrática e mais moderna. Esse processo só poderá se completar se a Europa mudar, ou seja, se a adesão à Europa não significar pura e simplesmente uma rendição à ortodoxia econômica e à hegemonia

---

3. Partido de esquerda espanhol, fundado em janeiro de 2014, liderado por Pablo Iglesias Turrión. Em outubro de 2014 já era considerado o segundo partido da Espanha, com mais de 200 mil filiados. [N. da E.]
4. Ciudadanos – Partido de la Ciudadanía, fundado em 2006 em Barcelona, presidido por Albert Rivera. [N. da E.]

alemã. A renovação do campo progressista, para ser bem-sucedida, tem de se dar em outros países da Europa também. A propósito, o governo do primeiro-ministro Matteo Renzi, da Itália, é interessante a esse respeito. Há busca de soluções fora do figurino ortodoxo para a crise europeia dentro das próprias elites burocráticas e financeiras na União Europeia. Não deve passar despercebida, aliás, a tensão crescente entre Mario Draghi, presidente do Banco Central Europeu, e o governo alemão. Draghi não consegue tudo o que quer, mas foi muito além do que se imaginava possível. Milita a seu favor a tendência ao crescimento de um populismo de direita e xenófobo, já que a crise econômica se soma à ameaça terrorista e ao espectro das migrações em massa da África e do Oriente Médio. Espero que as elites financeiras e burocráticas europeias não sejam suicidas.

ALDO FORNAZIERI – Você colocou a hipótese de que poderia surgir uma força mudancista se atores como o Syriza[5] e o Podemos extrapolassem os limites da Espanha e da Grécia e contaminassem países centrais, como a Alemanha e a França. O problema não é tanto de agendas. Existem agendas e pautas de esquerda. O problema é da operação política e da força política. No dia em que foi votado um acordo de socorro do Banco Central Europeu e da União Europeia à Grécia, mais de 1 milhão de pessoas cercaram o Parlamento e mesmo assim o Parlamento votou a favor do acordo. O Syriza ganha três eleições e um referendo pelo não do acordo. O primeiro-ministro da Grécia Alex Tsipras assina um acordo em que ele mesmo não acredita. Nem os credores acreditam. Isso é o que eu chamo de captura. O sistema político está capturado de tal forma que, mesmo com a mobilização de milhões de pessoas nas ruas, como aconteceu na Espanha, na Grécia e em outros lugares, você não tem capacidade de mudar as regras do jogo.

---

5. Synaspismós Rizospastikís Aristerás (Syriza) – Coligação da Esquerda Radical – é um partido político grego de esquerda, fundado em 2012. [N. da E.]

SÉRGIO FAUSTO – Não sou fatalista. Não creio haver nenhuma lei histórica que assegure o paraíso para a Humanidade nem a condene ao inferno. Quando me refiro ao crescimento da direita xenófoba na Europa aponto uma tendência. Essas forças continuam a ser minoritárias. A aliança tácita entre a esquerda e a direita democráticas nas eleições locais e regionais na França, em dezembro de 2015, por exemplo, deixou a Frente Nacional fora de todos os governos das regiões.

ALDO FORNAZIERI – Temos a vitória eleitoral de algumas forças interessantes: o Podemos, o Syriza e assim por diante. A extrema direita ganha o primeiro turno das eleições regionais na França (dezembro de 2015) e a Dinamarca aprova uma lei de confisco dos bens dos imigrantes (janeiro de 2016). E na Alemanha, a Angela Merkel, que tinha uma posição favorável aos refugiados, começa a recuar. Nos Estados Unidos, Trump vence as eleições. Os liberais de centro cedem à direita na Europa. É esse o quadro. Na América Latina, temos a queda do governo do PT, a Venezuela quase à beira de um colapso, o governo do Equador em crise, o kirchnerismo derrotado na Argentina. Talvez no Uruguai se salve alguma coisa. Evo Morales perdeu o referendo de uma nova reeleição (fevereiro de 2016). Em paralelo a isso nós temos o PSDB, que representava uma corrente supostamente social-democrata, uma esquerda democrática, fazendo uma guinada muito forte à direita, assumindo bandeiras como a redução da maioridade penal e outras pautas conservadoras no Congresso. Não há dúvida de que, ao lado da crise da centro-esquerda mais definida, há uma crise intensa de identidade daquilo que se pretendia a esquerda democrática configurada no PSDB. Esse é o quadro que temos da esquerda no continente europeu e no continente latino-americano.

SÉRGIO FAUSTO – O Chile é o caso mais interessante da América Latina. Com todos os problemas do governo da Michelle Bachelet, há uma busca por um programa mais ousado na direção de mais igualdade. O Chile é um bom laboratório para pensar as agendas progressistas contemporâneas... ali há lições a extrair, elementos interessantes a observar.

No caso brasileiro, aconteceu um desastre político. Essas duas coisas que você mencionou são ruins. O deslocamento do PSDB à direita e o colapso do PT, o fato de que este partido frustrou o que podia haver e expectativa de se firmar no Brasil uma esquerda democrática organizada com base popular. Agora é preciso esperar a crise atual decantar antes de tirar conclusões definitivas, porque eu não acho que tudo o que foi construído no Brasil, inclusive pelo PT, nos últimos 15, 20 anos, seja uma experiência para ser jogada na lata de lixo da história.

CARLOS MELO – Quando você faz a análise da crise europeia, conclui que, na hora do ajuste, quem paga o pato são os setores mais desprotegidos. Entendo que esses setores são os de menor capacidade de organização etc. Aí eu volto para o Brasil para perguntar se uma parte relevante da esquerda é de fato de esquerda ou se ela é só corporativista. Parece que o discurso da esquerda mais próxima do PT acaba sendo de defesa do *statu quo* dessas corporações todas.

SÉRGIO FAUSTO – No Brasil, a esquerda é corporativista. O lulismo é outra coisa: se expandiu, por uma série de fatores, para além das fronteiras sociais que são o núcleo do PT. Mas o núcleo do PT é formado basicamente por corporações dos setores público e privado, da classe média fabril e da classe média do setor público. São *insiders* em grande medida, não são *outsiders*.

No Brasil, a esquerda tem esse lado de identificação do interesse nacional com o interesse desses setores, como se eles fossem a "contraelite". Eles não são a grande elite do país, são setores médios. Mas de tal maneira é desigual a distribuição de renda no Brasil que, à medida que esses setores atuam em benefício próprio, isso tem um efeito regressivo na distribuição de renda.

Carlos Melo – Você está falando de corporativismo, dos setores realmente organizados em sindicatos, movimentos etc. Eu estou pensando em corporativismo de uma forma expandida. Acho que a universidade pública que serve só para a classe média é uma visão corporativista da classe média que se protege. Será que a esquerda no Brasil não acabou sendo uma defensora de privilégios?

Sérgio Fausto – Grande parte das pessoas que está nos 10% mais ricos tem a ideia de que é classe média e que todos os problemas do país se resolveriam com a redistribuição da renda concentrada em 0,1% da população. Essa é uma ideia errada. Mas é justo também reconhecer que é de tal modo desigual a distribuição de renda no Brasil que se cria esse tipo de miopia. A grande massa dos pobres acaba sendo invisível. Veja o caso da rapaziada do Movimento Passe Livre. É um sintoma desse tipo de distorção. Genuinamente, eles acham que estão representando os grandes interesses da população brasileira. Eles se veem como parte da não elite. São setores de uma classe média que, no contraste com a maioria das pessoas, é privilegiada. Aqui é o único lugar do mundo em que estudantes sem critério de renda pagam meia-entrada, meia passagem etc. É uma coisa sem lógica nenhuma.

Carlos Muanis – Como você viu essa questão do PT, de maneira geral, abandonar absolutamente o seu valor principal que é a ética? O PT foi construído com a bandeira da ética e da luta pela igualdade. No decorrer do processo, ele abandonou completamente isso, como está visível. E o que aconteceu com o PSDB? A impressão que eu tenho é que o partido está a reboque do nada. Ele não tem nenhuma identidade hoje e, o que é pior, essa aproximação, esse flerte com uma direita preconceituosa, com os valores mais atrasados, com os setores evangélicos conservadores. O que aconteceu com o PSDB? Nós temos uma realidade partidária no campo à esquerda muito pobre no Brasil. E o PSDB hoje não tem uma identidade definida, clara. Isso é um fato.

Sérgio Fausto – Antes de responder à pergunta, me deixem fazer uma observação. Eu não mencionei aqui questões que compõem uma agenda cada vez mais importante e que dividem a preferência das pessoas, não mais no eixo esquerda/direita, mas no eixo liberais *versus* conservadores, colocando em pauta a liberdade de os indivíduos escolherem sua preferência sexual, seu gênero, seus comportamentos, o uso ou não de drogas, sem sofrerem discriminação ou restrição legal. Não quis enfatizar tanto esses temas não porque eles não sejam importantes, mas porque às vezes esquecemos que os temas "clássicos" continuam centrais. As velhas questões continuam vigentes. Não estão resolvidas. E pedem soluções novas. Mas vamos à pergunta.

Na medida em que o PT se organizou como máquina burocrática voltada a ganhar eleições, o debate intelectual interno virtualmente desapareceu, em nome do que passou a interessar de fato: organização e dinheiro para ser eleitoralmente competitivo. Essa definição levou a uma seleção de quadros, em favor daqueles com perfil mais adequado ao funcionamento competitivo da máquina partidária. Quem hegemonizou de fato o PT? Quem vinha de uma certa tradição da esquerda pura e dura e do mundo do sindicalismo. Nos processos de seleção interna nas organizações de esquerda e dentro do sindicalismo leva vantagem quem sabe organizar, captar recurso e ter uma visão desapiedada do jogo político e do poder. Gente que tem reflexão intelectual só cria dúvidas e hesitações. O problema é que, em longo prazo, sem reflexão sobre as dúvidas e os dilemas, uma organização, qualquer que seja, tende a se afastar cada vez mais dos seus valores de origem.

No governo, o pragmatismo rasteiro encontrou ambiente propício para prosperar.

Quando os escândalos do mensalão e do petróleo revelaram a chocante distância entre o discurso e a prática do PT no poder, o antipetismo na sociedade se ampliou e se tornou mais virulento. Esse campo, que cresceu com a crise do PT, é muito heterogêneo. A parte mais vocal está mais à direita. Não é a maioria, mas é a que faz mais barulho, sobretudo nas mídias sociais.

Nesse processo, por perda de densidade programática, o PSDB foi de certa forma empurrado para a direita. Faltou um núcleo dirigente capaz de compatibilizar um eventual movimento tático com a manutenção dos valores que definiram o PSDB desde a sua origem.

ALDO FORNAZIERI – Vamos ficar só no cálculo eleitoral. Você não acha que o PSDB está fazendo um cálculo eleitoral equivocado? O partido já ocupava, há algum tempo, um espaço considerado de centro-direita e o que entrou em crise foi um campo de centro-esquerda. E, em vez de o PSDB fazer um movimento no sentido de se expandir para a centro-esquerda, foi ainda mais para a direita e, nesse sentido, ele estreita o seu leque eleitoral.

SÉRGIO FAUSTO – Concordo com você, só que o PSDB aparentemente não consegue fazer outro movimento. Falta repertório para o PSDB. Falta representatividade social. Falta mulher. É muito homem de 50 anos para cima com terno azul, entre os quais me incluo. Acho que ainda tem quadros dentro do PSDB que são acima da média, mas o partido se desconectou da sociedade. Ou se reconecta ou não tem futuro.

ALDO FORNAZIERI – Uma última pergunta. Considerando que o PSOL é um partido de esquerda que não ocupa esse espaço de centro-esquerda e tem dificuldade de se tornar um partido mais amplo, mais representativo, com vocação para o poder e assim por diante. Dada essa crise de setores do PT que se afastaram ou estão encolhidos dentro do partido; e ainda, tendo em vista que há um setor do PSDB que se sente muito incomodado com a guinada à direita do partido,

você vê espaço para o surgimento de um novo grupo de centro-
-esquerda que possa agregar não só uma perspectiva de poder, mas
também valores que eram tidos como mais ou menos tradicionais de
uma esquerda democrática?

Sérgio Fausto – Isso está latente. O que viabilizaria uma experiência desse tipo? Primeiro é importante colocar esse tema e abrir um canal de diálogo. Criar uma rede de pessoas que podem estar em diferentes partidos, mas que compartilham valores, práticas e perspectivas. Se desse espaço comum resultará um partido, é muito difícil prever. Por ora, o mais importante é estabelecer um espaço comum de diálogo e que esse processo aproxime não apenas lideranças políticas entre si, mas também líderes políticos e líderes da sociedade civil. A sociedade brasileira mudou muito e se desconectou da política. Essa reconexão, que começa a se esboçar, levará tempo. Também porque o sistema político está em crise profunda. Não fica claro onde estão as novas lideranças na política nem na sociedade.

Carlos Melo – Se a gente conseguir fechar um conjunto que seja pelo menos democrático...

Sérgio Fausto – Também acho. O Brasil requer mudança. Não é possível ser conservador num país com tamanhas injustiças. Mas a transformação deve ser feita com o fortalecimento da democracia. A democracia deve ser entendida como a nossa casa comum. Podemos e devemos divergir no seu interior. Mas não temos o direito de colocá-la abaixo.

4. Por uma nova pedagogia de esquerda: Entrevista com Guilherme Boulos

Aldo Fornazieri, Carla Regina Mota Alonso Diéguez,
Carlos Muanis e Rodrigo Estramanho de Almeida

ALDO FORNAZIERI – É inegável que existe uma crise da esquerda. No final dos anos 1980, tivemos o colapso do Leste europeu e da União Soviética. Os partidos social-democratas europeus deram uma guinada para o centro, adotando políticas neoliberais, notadamente primeiro na Espanha, depois na Inglaterra, com Tony Blair.

Mais recentemente, tivemos uma onda de governos à esquerda, nos últimos 10, 12 anos na América Latina. Mas estamos vendo uma espécie de ocaso desses governos. Tivemos a derrota do bloco peronista dos Kirchner na Argentina, com a ascensão de Mauricio Macri; o Brasil passando por uma profunda crise política, econômica e moral, com a queda do governo Dilma; a Venezuela, quase que num contexto de guerra civil; no Equador, Rafael Correa está enfrentando protestos e movimentos sociais; no Chile, a própria Bachelet, logo no início do segundo mandato, foi envolvida num escândalo de corrupção e teve, inclusive, que trocar todo o ministério; no Peru, a esquerda ficou de fora do segundo turno das eleições presidenciais de 2016 e vê-se a ascensão de uma centro-direita. Como é que você vê esse contexto da crise da esquerda?

GUILHERME BOULOS – Para início de conversa, acho que não dá para colocar tudo isso no mesmo pacote. Eu me sinto menos à vontade para falar do cenário europeu, por desconhecimento. Na América Latina, a crise ou o esgotamento de alguns projetos tem matizes distintos: você pode alinhar o que são os projetos bolivarianos, ou seja, governos que tiveram mais consequentemente uma pauta de esquerda, que encamparam uma pauta de reformas populares; e governos que se limitaram a fazer alguns avanços sociais, particularmente uma inclusão pelo consumo, mas sem pautar reformas populares estruturais, como é o caso brasileiro. Talvez a Argentina seja um híbrido. Comparando a Venezuela, o Equador e a Bolívia, são experiências de governos progressistas que pautaram reformas e, com isso, foram capazes de aglutinar e de atrair expectativas populares de mudança e, portanto, processos relativamente duradouros. Mas, ao mesmo tempo, a crise econômica – acho que não é possível descolar esse processo de declínio de experiências progressistas da América Latina da crise a partir de 2008 – colocou esses governos numa encruzilhada e no limite.

No caso brasileiro, a crise desnudou uma contradição e colocou o tema de que não é mais possível que haja pequenos avanços sem reformas. O que estava em jogo era uma política de inclusão de programas sociais por manejo orçamentário, sem alterar a estrutura do Estado, sem mexer essencialmente em temas distributivos na sociedade. Isso chega ao teto quando a arrecadação passa a crescer menos por conta da crise econômica. E aí se coloca essa encruzilhada: ou se avança em temas centrais, como o tributário e o da dívida pública, ou então se realiza um retrocesso, uma regressão social no país, com aplicação de políticas de austeridade.

No caso de alguns governos bolivarianos, o dilema é outro: em alguns desses países, houve reformas importantes, estruturais, as que reivindicamos aqui. Entretanto, lá bateu-se num teto em que, também por conta da crise, não foi possível continuar um programa de reformas sem rupturas estruturais. No caso da Venezuela, por causa da dependência do petróleo, evidencia-se o quanto a crise incide no processo. Mais da metade do financiamento do Estado venezuelano gira em torno do petróleo. O barril custava 100 dólares há pouco tempo e caiu para menos de 40 dólares, embora hoje haja uma reação positiva. Numa situação como essa, qualquer processo político sofreria uma crise brutal. Os nossos países latino-americanos são ainda essencialmente dependentes de uma pauta primária: gás, produtos agrícolas, minérios etc.

É sabido que um dos efeitos fortes da crise foi a redução brutal do preço das *commodities* no mercado internacional. As condições econômicas reduziram a margem de manobra dos governos na América Latina e foram circunscrevendo limites que não são iguais para todos os países. No caso brasileiro, o limite de não poder mais ter avanços sem reformas... No das experiências bolivarianas, o limite de que o fluxo de investimento continua sendo de controle privado. As reformas que foram feitas encontraram um teto na estrutura econômica capitalista.

Isso naturalmente não quer dizer que esses governos não tiveram fatores de esgotamento internos. O tema da corrupção, ou seja, a adaptação às regras e às corrupções do sistema político, é um dos que se apresentam nesses países. O tema, particularmente no Brasil, desse tipo de governo não ter sido capaz de encarnar expectativas maiores de mudança. Há uma frustração. Houve uma bonança econômica que garantiu popularidade importante na lógica do ganha-ganha, mas do ponto de vista de expectativas de mudança na sociedade, de mudanças no sistema político, o governo petista entrou na vala comum da crise de representatividade.

É necessário ter mais cuidado ao falar *lato sensu* numa crise do conjunto da esquerda. Desses processos de esgotamento podem surgir alternativas de esquerda mais vinculadas à ruptura.

ALDO FORNAZIERI – O que você definiria como ruptura?

GUILHERME BOULOS – Há níveis de rupturas. No Brasil, falar em reformas populares e estruturais, como reforma tributária progressiva, auditoria da dívida pública, embora sejam temas que, em tese, não são anticapitalistas, é falar em ruptura. Há estruturas tributárias mais democráticas que a nossa pelo mundo, que convivem bem em sociedades capitalistas. A auditoria da dívida pública é um tema previsto na Constituição Federal e ocorreu em vários outros países, que não deixaram de ter economia de mercado por isso. Aqui, pelo nível de atraso da burguesia brasileira, seu patrimonialismo, sua mentalidade de casa-grande, uma burguesia que vive e gira em torno de privilégios... qualquer reforma é considerada uma revolução. Eles não foram capazes de tolerar nem mesmo os avanços limitados dos governos petistas. Muita coisa vira ruptura no Brasil. Falar em reforma urbana, em reforma agrária, em reforma tributária aqui significaria ruptura. Porque colocam em cena demandas populares que a configuração do capitalismo brasileiro não mostra capacidade de atender.

Rodrigo Estramanho de Almeida – Essa ruptura não viria por meio das estruturas de representação vigentes ou clássicas. Se existe algo da esquerda que pode nascer – sem ser o que vem se constituindo –, como essa perspectiva de ruptura se cristalizaria do ponto de vista da representação?

Guilherme Boulos – Hoje é difícil acreditar que isso se dê por dentro. A mesma pesquisa que falou da desaprovação recorde de Dilma e do Congresso Nacional mostrou outras instituições com menor credibilidade na sociedade brasileira. A instituição com menor credibilidade são os partidos políticos, com 1% de confiança popular. O senso comum não vê perspectivas de mudanças sociais, de melhora de vida por meio do rito do sistema político brasileiro. Desse sistema eleitoral viciado, do ponto de vista do financiamento privado de campanhas, com um nível de participação popular extremamente restrito, não deverão surgir mudanças. É um sistema que funciona para alimentar a elite econômica do país.

A questão é: como se respalda o projeto político de mudanças?

Existem diversas formas de se respaldar um projeto político na sociedade. A forma como o PT fez a disputa e construiu a sua ascensão ao governo e a sua governabilidade foi apoiando isso em pactos internos ao sistema político vigente. Renovando um pacto conservador com os partidos historicamente mais atrasados e construindo governabilidade como sinônimo de governabilidade parlamentar. Não é obrigatório que seja assim. A forma como, por exemplo, o processo chavista na Venezuela construiu a relação com o sistema político teve mais origem externa. O Chaves sustentou a legitimidade de seu projeto político na mobilização popular – também sustentou isso nas instituições, foi obter maioria parlamentar, conquistar a cúpula do Exército, evidentemente... Mas, em 2002, quando a cúpula do Exército, juntamente com a mídia, a burguesia venezuelana e a oligarquia que comandava a PDVSA, dá um golpe de Estado e o presidente da República é preso, o que permite a reversão dessa situação são centenas de milhares de pessoas nas ruas de Caracas, cercando o palácio e dizendo: devolvam nosso presidente. Construiu-se uma sustentação para o projeto político a partir das ruas, de fora do sistema político. Isso nos aponta um caminho.

A experiência petista, se tirarmos uma conclusão mais básica dela, é que esse modelo de disputa da institucionalidade, feito apenas por dentro, sem sustentação social, dá no que deu. Leva a concessões, uma atrás da outra, para poder se sustentar no governo. A mudança de relação de forças tem que ser construída por fora do sistema político, respaldando o projeto político na base. Talvez isso possa sustentar até uma atuação dentro do sistema, mas com condições de ruptura.

RODRIGO ESTRAMANHO DE ALMEIDA – Você está falando mais em participação do que em representação?

GUILHERME BOULOS – Mais em mobilização do que em representação. A participação ficou muito associada a canais institucionais de participação popular por dentro do Estado, normalmente ineficientes e apenas consultivos. Estou falando em mobilizações por fora, construídas de forma autônoma, por demandas populares, e a partir dessas mobilizações se sustentar um projeto político.

CARLA REGINA MOTA ALONSO DIÉGUEZ – Quem são esses atores? São apenas os movimentos sociais? Ou nós estamos pensando no conjunto da sociedade? Porque quando as pesquisas indicam a quebra de confiança nas instituições, que 1% das pessoas acredita que os partidos políticos sejam confiáveis, é do conjunto da sociedade que elas estão falando. Se os partidos não são as formas confiáveis de representação, que atores serão esses que conseguirão mobilizar as pautas que a sociedade coloca hoje?

GUILHERME BOULOS – Esses atores, na minha opinião, têm de estar associados às demandas mais concretas e fundamentais do povo. Existe um certo vício na esquerda, um amor ao palavreado, um certo intelectualismo, que se preocupa por demais com programas políticos e muito pouco com o respaldo desses programas políticos do ponto de vista popular. O povo se mobiliza essencialmente por temas concretos: trabalho, moradia, por direitos fundamentais. São movimentos sociais dessa ordem que têm condições de canalizar uma insatisfação popular ampla.

O tema motivador da insatisfação com o sistema político é um tema da incapacidade do Estado de resolver as demandas fundamentais do povo. A construção de movimentos que deem suporte a um novo projeto político é uma construção a partir dessas demandas fundamentais. Vou dar o exemplo de um caso europeu, objeto até de um certo fetiche na esquerda brasileira, que é o Podemos. Cria-se uma ideia – talvez pelo formato organizativo do Podemos, que é mais horizontal, com maior viés de participação em rede – de que o Podemos é uma mobilização estritamente política, que se eleva e constrói um partido de novo tipo.

Qual é a plataforma do Podemos? De onde ele surge? Um dos elementos fundamentais do surgimento do partido é a plataforma dos afetados por hipotecas (PHA), que elegeu agora a prefeita de Barcelona Ada Calau e que é um movimento popular de gente que foi sendo despejada por conta do *subprime* espanhol. Os temas do Podemos, suas palavras de ordem são: contra os despejos; o tema da dívida pública e da reforma tributária; e o tema da corrupção – que é o que eles chamam da porta giratória, o combate à promiscuidade entre público e privado na política.

O que ensejou o surgimento do Podemos como uma nova alternativa política na Espanha, sem entrar no mérito do desgaste que está sofrendo, dos limites que tem, foi ter colado pautas concretas, populares, e ter sido capaz de reverberar essas pautas. Acho que os movimentos populares são o espaço privilegiado para a construção dessa alternativa política. Por isso, quando nos perguntam "quando o MTST vai contribuir para a construção de uma alternativa política da esquerda?", nós respondemos que o MTST já faz isso. Talvez não no formato que alguns têm em mente, mas fazemos.

CARLOS MUANIS – Sem dúvida perdemos a batalha do imaginário da política. A esquerda perdeu. Isso é visível pela rejeição que se tem e se constata na sociedade hoje. A crise em que o PT está mergulhado acaba contaminando o cenário de esquerda, como se fosse uma coisa só. Você coloca que as lutas concretas desses movimentos que estão fora da institucionalidade da política podem recuperar um ideário de esquerda, recuperar uma nova esperança de ação e de militância. Ele vem de fora, portanto. Estamos acostumados a ver uma elaboração, inclusive teórica, partindo dos partidos e desembocando na sociedade organizada. Agora será um movimento um pouco inverso, quer dizer, vem de fora a construção desse ideário?

GUILHERME BOULOS – Eu não diria que é inverso. Se retomarmos o que foi o surgimento do Partido dos Trabalhadores ou das principais alternativas políticas populares, aquilo que foi relevante surgiu do caldo de amplos movimentos sociais, não de uma roda de conversas que dizia "temos que fundar um partido porque os partidos existentes se esgotaram". As bases do surgimento do PT foram sociais e sindicais. As bases do MAS na Bolívia também. Do Podemos, que nasce da ampla mobilização dos "Indignados". E por aí vai.

RODRIGO ESTRAMANHO DE ALMEIDA – Aliás, o PT é o único partido fundado na sociedade civil.

GUILHERME BOULOS – Sim. Tinha um potencial enorme de transformação e venceu batalhas importantes ao longo dos últimos trinta anos. Foi formado com uma energia popular incrível, das greves, das comunidades eclesiais de base, das ocupações rurais, das ocupações urbanas, ou seja, havia ali uma seiva popular que permitiu que se ascendesse legitimamente ao instrumento político, para além da compreensão de dirigentes políticos de que era necessário um tal instrumento. Essa compreensão poderia reverberar em dezenas de outras coisas. Por isso eu não acho que é uma inversão de lógica. O que está em jogo é reconstruir um processo, olhando para essa experiência – senão vira farsa, repetição dos descaminhos do petismo –, para as lições que as experiências do PT nos deram.

Reconstruir esse processo significa construir as suas condições, construí-lo a quente. Sair formando partidos políticos hoje no país sem o respaldo de mobilização popular, sem um ascenso de luta de massas, eu não acredito que nos leve tão longe num projeto de esquerda.

RODRIGO ESTRAMANHO DE ALMEIDA – Você começa dizendo uma coisa que me chamou a atenção. Por um lado, há um purismo conceitual da esquerda. Por outro, a gente vê, independentemente do teor ideológico das mobilizações, uma rarefação no conceito, que me parece às vezes arriscada em certas discussões. Estou falando diretamente de direção intelectual desse movimento. Você claramente é uma pessoa que exerce esse papel em relação ao MTST. Ao mesmo tempo em que faz uma crítica a esse purismo, você não está dizendo que a gente deva abandonar a elaboração intelectual e que não deva ter uma inteligência. O próprio PT tinha. Além de sedes, de todas as coisas, tinha uma direção intelectual que não pode ser desconsiderada. É isso?

GUILHERME BOULOS – É isso. Em qualquer movimento que seja duradouro é preciso que exista estratégia. Eu não sou adepto do voluntarismo, do "movimentismo". Acho que uma posição que sobrepõe programas a tudo mais tem um vício, que é ater-se a discussões de minúcias e descuidar-se da prática, da ação. No caso da esquerda, isso gera uma esquerda flutuante, sem base real, de superestrutura. Vimos isso ser constituído fartamente no país no último período. Mas a negação disso não é a negação de um projeto político ou de uma estratégia política. É a tentativa de enraizar uma estratégia política com os pés no barro, a tentativa de enraizá-la com condições reais de que ela dispute de fato o poder. A ideia central é: nós precisamos não só de argumentos, nós precisamos de força social. Não basta ter os melhores argumentos. Não basta ganhar os debates. Não basta ter um bom programa. Nós precisamos sustentar isso numa força social. O desafio maior nesse momento é precisamente este.

ALDO FORNAZIERI – Eu queria voltar um pouco ao problema das duas estratégias que foram adotadas pela esquerda na América Latina. *Grosso modo*, você diz que teve uma esquerda, tipicamente e principalmente no caso do PT, que se viabilizou fazendo alianças por dentro do sistema, com os partidos tradicionais, e agindo fundamentalmente no sistema institucional; e uma outra esquerda mais bolivariana, que adotou uma plataforma de reformas e tentou se legitimar nos movimentos sociais. Ao mesmo tempo, você atribui, de certa forma, o esgotamento das duas estratégias à crise econômica. Aparentemente as duas estratégias se basearam em algo circunstancial, com prazo determinado, que era a bonança das *commodities*. Na Venezuela o caso do petróleo, aqui no Brasil pelas exportações para a China, que tiveram um crescimento vigoroso na primeira década do século XXI, mas que foram reduzidas nos últimos anos. A crise de 2008 teria colocado em xeque essas duas estratégias.

No caso brasileiro, além de não ter viabilizado reformas estruturais, que talvez pudessem ter dado um fôlego maior, a chamada estratégia do ganha-ganha se esgotou por conta da redução das exportações. A esquerda foi incapaz, incompetente, no caso das duas estratégias, no sentido de produzir um novo quadro histórico fundado num processo de modernização, de industrialização, de incremento tecnológico e educacional na América Latina?

GUILHERME BOULOS – Esse tema da bonança e da crise e o quanto isso impacta nas estratégias da esquerda deve partir do pressuposto de que as possibilidades de conciliação dentro do capitalismo se viabilizam em processos de crescimento econômico. Em processos de crise, a margem de manobra para acordos e conciliações é sempre muito menor.

ALDO FORNAZIERI – Então as crises econômicas, a crise das exportações, derrotam a esquerda.

GUILHERME BOULOS – Sem dúvida, reduzem as margens de conciliação dentro do capitalismo e enfraquecem com isso projetos de esquerda que atuam nessa brecha.

No caso do PT, apostou-se tudo no pacto de conciliação. Por isso, quando a maré virou, o projeto mostrou muita vulnerabilidade. É interessante a gente fazer uma recuperação do processo. Perde-se em 1989, perde-se em 1994. Na perda de 1989, depois do *impeachment* de Collor, havia um clima de "já ganhou", é Lula 94. Perde-se em 1994 no primeiro turno, depois do Plano Real. Ali já se preparava uma orientação de que é preciso ceder e pactuar para se chegar ao governo central. Construiu-se essa ideia. Aplicou-se essa estratégia com a busca de financiamento com empresas, alianças com empresas, uma relação menos conflitiva com partidos tradicionais, tudo o mais. Ganha-se a eleição de 2002.

O que era um pacto para se *chegar* ao governo transforma-se num pacto para se *manter* no governo. Há uma política deliberada de conciliação, da construção de um consenso social. Esse consenso dá certo em grande medida pelas condições econômicas internacionais. Mas também se dá pelas opções econômicas do governo petista do ponto de vista do fortalecimento do mercado interno, da liberação do crédito e de, progressivamente, ir aumentando a renda do trabalho, com o aumento do salário mínimo, a massa salarial, enfim.

O cenário internacional de *boom* das *commodities* permitiu o êxito de uma estratégia de conciliação, de uma estratégia do ganha-ganha. Essa coisa curiosa de lucros recordes nos bancos, lucros recordes das construtoras, do agronegócio, do setor da mineração e programas sociais inéditos, uma taxa de investimento público importante aquecendo a economia, crédito público farto para vários setores.

O chamado lulismo foi a marca de êxito do governo do PT. Ali havia espaço para algum tipo de ruptura. E aí é importante colocar a questão das opções. Quando Lula tinha 85% de popularidade, uma hegemonia importante, havia espaço para colocar em pauta temas como reforma do sistema político, a democratização das comunicações, colocar temas tributários... Era preciso abrir mão do pacto conservador e construir um novo pacto socialmente sustentado. Optou-se por manter o pacto conservador, talvez com a ilusão de que isso fosse indefinidamente garantido, ou seja, não se via fim nesse processo. Tinham inventado a roda: "encontramos uma forma de manter a hegemonia política na sociedade brasileira porque estamos agradando a todos."

Sentaram-se à mesa da casa-grande e acreditaram que o convite para o banquete não teria fim, uma ilusão de que a burguesia brasileira tinha engolido e digerido muito bem o projeto petista, de que não haveria problemas. Ignora-se a natureza dessa burguesia. Para essa classe, o Bolsa Família é bolivariano. Cota não pode. Aquela história que nós conhecemos bem do aeroporto virando rodoviária, do preto na universidade, da empregada doméstica tendo direitos trabalhistas. A elite não aceita isso. Determinadas coisas que são civilizatórias... nem sequer isso é admissível pela burguesia brasileira. Por isso veio o contragolpe.

É muito cômodo o argumento da relação de forças. O argumento passivo da relação de forças se retroalimenta. Nunca haverá um momento de relações de força favoráveis a reformas mais profundas ao se manter esse ponto de vista comodista. No entanto, estar no controle do Poder Executivo, ter o presidente da República com 85% de aprovação, isso é uma ferramenta poderosíssima para se alterar relações de força no país.

RODRIGO ESTRAMANHO DE ALMEIDA – Essa cultura política de privilégios, que é tão antiga quanto os acordos pelo alto, funciona, se relaciona com o problema econômico e tudo o mais. Ela ganha força.

GUILHERME BOULOS – Claro. Eles sempre querem mais. O Lula deu o que eles queriam.

CARLA REGINA MOTA ALONSO DIÉGUEZ – Será que essa burguesia acabou conseguindo ainda mais nesse jogo do ganha-ganha? O governo cede muito mais para essa burguesia para poder avançar num pacote de direitos. Eu fiquei pensando em termos de educação. Não evoluímos tanto quanto deveríamos, mas o ensino superior em nível federal, o aumento das universidades, das vagas, as vagas noturnas foram um avanço. O ensino superior privado ganhou do próprio governo nesse pacote.

Guilherme Boulos – Mesmo esses programas sociais que são considerados do lado do "ganha dos que estão na parte inferior" são programas contraditórios. O Minha Casa Minha Vida deu dinheiro a rodo para as empresas construtoras. O Prouni foi uma sustentação da universidade privada no país, e por aí vai. São programas contraditórios. Servem ao povo e ao capital. Não deixam de ser um subsídio social ao capital.

Eu não acho que é a crise econômica que inviabiliza um projeto de esquerda. A crise inviabilizou, no caso do Brasil, um projeto que, com muito boa vontade, pode ser caracterizado como um projeto de esquerda.

Aldo Fornazieri – E nos lugares em que reformas foram realizadas, a exemplo da Venezuela? Por que também houve um curto-circuito no projeto?

Guilherme Boulos – A Venezuela é um caso *sui generis*. A economia é totalmente dependente do petróleo e o preço internacional do barril caiu a um terço. A questão não era a sustentação de um projeto de esquerda apenas. Quem quer que estivesse no governo teria dificuldade de sustentar um projeto diante de uma deterioração econômica tão grave. Podia ser o papa.

Aqui prevaleceu a estratégia ampla da conciliação. Ela permitiu ganhos e alguns êxitos durante um período determinado. Mas acho difícil caracterizar o projeto lulopetista durante 13 anos como um projeto de esquerda. Pode ser caracterizado como um projeto de certo grau de desenvolvimentismo que tenha permitido alguns avanços sociais. Esse projeto, também pelas próprias opções que faz, esgota-se com a crise econômica. A crise o coloca diante de um impasse: e aí, o que é que faz? Ou avança, ou retrocede.

A história foi muito generosa com o PT, ofereceu a ele mais de uma oportunidade de, com respaldo social, fazer algum tipo de giro reformador. Ofereceu essa oportunidade em 2002, após as eleições, com um amplo mandato popular para que se fizesse algo. Ofereceu novamente em campanhas relativamente polarizadas e mobilizadas.

CARLOS MUANIS – É uma virada importante no perfil do eleitorado.

GUILHERME BOULOS – Claro! É o que o André Singer aponta: aquela questão do subproletariado sendo atraído e a classe média se descolando do PT. Mas houve nova oportunidade com a reeleição de Dilma, que foi o segundo turno do ponto de vista de mobilização social. Se naquele momento tivesse sido dito: não vamos aplicar a política de austeridade, vamos para algum programa de avanços sociais e reformas, isso representaria uma mudança de rumos. Poderia não dar certo, evidentemente. A situação também já estava muito mais deteriorada após as manifestações de 2013. A situação econômica já não era confortável. Mas existiria ainda algum caldo e alguma base social para sustentar um projeto dessa natureza, ainda sob a liderança do PT no governo. Essas possibilidades hoje se esgotaram.

Voltando à questão dos governos bolivarianos. De fato, é uma questão mais complicada. Eu teria razões para fugir dela. Aí se expressa a questão de até onde a esquerda pode ir dentro do capitalismo. É uma limitação de outra ordem. Existe um limiar para os avanços sociais ocorrerem sem reformas em um país como o Brasil. E depois temos outro limite, expresso mais nas dificuldades dos governos bolivarianos, que é até onde um programa de reformas pode ir sem romper com a economia capitalista. O que sangra esses países agora, no momento da crise? O fluxo de investimentos permanece sendo privado. Por mais que se tenha feito uma política de expropriações, por mais que se tenha fortalecido o Estado como agente econômico por meio das reformas que foram feitas, que se tenham revertido privatizações em várias dessas experiências, nacionalizando recursos naturais, em última instância estamos em uma economia de mercado vinculada a fluxos financeiros internacionais, e esses fluxos são privados.

A Venezuela depende da importação de alimentos e não construiu as condições para reverter essa situação. Essa é uma limitação estrutural do ponto de vista da esquerda e do chavismo. Não se construiu o que se chamou no Equador de nova matriz produtiva. Na Venezuela também se pautou isso, mas não se implementou. É preciso se livrar da dependência do petróleo e construir algum grau de industrialização no país, usando a receita gerada com o petróleo. Essa renda não deve ser empregada apenas do ponto de vista distributivo, deve ser investida na construção de uma matriz produtiva nacional. Isso não foi feito. Fracassou integralmente esse tipo de projeto, não apenas na Venezuela. Hoje paga-se o preço. Para, num momento de crise, ter força para segurar a onda, seria preciso ter mais alternativas e instrumentos econômicos sob controle social e não ser totalmente refém do fluxo de investimentos privados. Esse é o limite de um programa de reformas na América Latina sem uma ruptura revolucionária.

ALDO FORNAZIERI – Os dois projetos, em última instância, estavam baseados no *boom* das *commodities* e eles se esgotaram ao mesmo tempo. E onde havia uma estratégia de reforma, no caso bolivariano, não se passou para o passo seguinte, que é o de criar uma economia complexa, promover uma revolução educacional e tecnológica. A estratégia do bolivarianismo reformista também é limitada. Há um limite evidente.

GUILHERME BOULOS – É claro que ela é limitada. Mas isso não significa que a gente não deva encampá-la. Não há uma estratégia ilimitada. No caso do Brasil, a defesa de um programa de reformas consequente é uma posição anticapitalista na medida em que a burguesia brasileira se mostra incapaz de absorver e de aceitar um plano de reformas estruturais.

ALDO FORNAZIERI – Então, aparentemente, a esquerda está condenada ao fracasso, seja qual for das duas estratégias que ela adotar na América Latina.

GUILHERME BOULOS – Por que o fracasso? Eu diria que a esquerda está condenada à revolução. Em última instância, todas as estratégias de esquerda são limitadas pelo capitalismo. Por isso um projeto de esquerda consequente é anticapitalista, ainda que com as mediações necessárias.

ALDO FORNAZIERI – Tendo em vista a inviabilidade da revolução — até onde se pode olhar para o futuro — e considerando que tanto a estratégia de conciliação e de ganha-ganha quanto a de reformas têm limites, no horizonte em que vemos a atual situação da América Latina a esquerda está condenada ao fracasso. A única estratégia possível, com variações mais ou menos radicais, é a da redução dos males do capitalismo.

GUILHERME BOULOS – Essa estratégia da esquerda funciona até certo ponto e para. Mas há crises econômicas. Não foi só a esquerda que surfou no *boom* das *commodities*. Governos direitistas na América Latina também fizeram isso. Temos que perceber esse esgotamento mais a fundo. Há um agravamento, uma deterioração das condições econômicas e uma dificuldade crônica do capitalismo latino-americano para apresentar alternativas de saída para esse processo. Ou você acha que um novo choque liberal na América Latina vai ser exitoso do ponto de vista de um novo ciclo de crescimento econômico, de algum grau de inclusão, de construção de coesão social? Esse esgotamento não é apenas de projetos de mudanças sociais ou de projetos de reformas. Alguns limites estruturais, que a gravidade da crise de 2008 evidencia, estão em jogo. Temos aí, retomando o tema inicial, também um esgotamento do sistema político. Uma descrença de que as vias institucionais vão produzir qualquer tipo de mudança. Não é automático, por exemplo, no quadro que você colocou do ponto de vista partidário, num quadro "centro, direita e esquerda" no caso brasileiro, que o fracasso do projeto petista gere um novo fortalecimento do PSDB.

ALDO FORNAZIERI – Será que o centro e a centro-direita aprenderam alguma coisa com as experiências da esquerda na América Latina? Por exemplo, o Juan Manuel Santos. Um governo centro-direita que, no entanto, fez programas sociais na Colômbia. Fez inclusive um acordo com as Farc, que está em fase de conclusão,[1] com a possível reforma agrária, bastante significativa, além da implementação de outros programas sociais. O Macri, na Argentina, não tem condição de fazer um governo de centro com a viabilização de programas sociais? Será que a centro-direita aprendeu também com as experiências dos governos de esquerda? Se sim, não se viabilizaria uma nova onda de governos de centro com um possível crescimento econômico e também a manutenção de alguns programas sociais significativos?

GUILHERME BOULOS – Eu acho difícil que tenha espaço para isso. Se considerarmos apenas do ponto de vista de uma escolha de setores

---

1. Apesar do resultado do plebiscito de 2/10/2016, no qual os colombianos não aceitaram a proposta de paz entre governo e a maior guerrilha armada do país, em 24/11/2016, Juan Manuel Santos, presidente da Colômbia, e Rodrigo Londoño, o Timochenko, líder rebelde marxista das Farc, assinaram acordo de paz, em Bogotá, que prevê anistia aos guerrilheiros. A lei foi aprovada em 29/12/2016 pelo Congresso e, em 13/2/2017, os guerrilheiros começaram a se apresentar à zona de segurança do governo, iniciando o processo de desmobilização do grupo. [N. da E.]

de centro-direita é possível que sim. Não diria que o Alckmin ou o Aécio, no Brasil, tenham aprendido. Talvez, no caso do Macri, esse possa ser um tema. Até porque o peronismo não sai desmoralizado: tem 48% dos votos, ainda tem uma forte bancada parlamentar, controla vários governos estaduais. É diferente o processo de desgaste se compararmos o peronismo na Argentina com o desgaste do PT no Brasil. Talvez, nesse sentido, o Macri, não só por opção, mas pelas condições, seja forçado também a incorporar algo porque há uma divisão forte no país. A margem de manobra para esse tipo de política em momentos de agravamento da crise econômica é muito menor, seja isso aplicado por um governo com origem progressista, ou por um governo mais caracterizado como direita histórica ou como centro-direita. A margem para políticas sociais sem algum grau de enfrentamento de privilégios é muito pequena. Eu não consigo ver, particularmente aqui, a possibilidade de a direita brasileira encampar esse tipo de pauta.

CARLOS MUANIS – Essa nossa época parece marcada pelo fim da ideologia de consenso. Vê-se um impressionante aumento do conservadorismo e da intolerância nas ruas e dentro do parlamento. Eu até diria que o parlamento brasileiro é um dos piores da história do Brasil e não representa a sociedade. As três grandes bancadas – a bancada da bíblia, a da bala e a do boi – não representam a sociedade, tal o grau de conservadorismo. É como se as próprias iniciativas de pequenas reformas fossem gerando também o seu antídoto o tempo todo. Como você vê, com essa crise das chamadas esquerdas ou de setores da esquerda, esse avanço brutal do conservadorismo? Isso é muito sério, porque, afinal, o que está em jogo é uma agenda política, econômica e social concreta. É a vida das pessoas, a vida em sociedade.

GUILHERME BOULOS – Depois de uma queda temos a disputa pelo espólio. A crise, o esgotamento do projeto petista abre uma discussão na sociedade, que é essa polarização que nós temos visto. Esse cenário já se coloca em 2013, no que foi a complexidade dos movimentos de junho, que nascem, e esse é um tema à parte, da crise urbana. Brotam de um efeito colateral desse processo, desse modelo de desenvolvimento econômico adotado no país, que levou ao agravamento das condições urbanas.

As manifestações ocorrem e na sequência há numa disputa simbólica da sua apropriação. Originalmente, poderíamos chamar de manifestações de esquerda. Elas vêm com uma pauta de direitos, lideradas por um movimento social com programa de esquerda. Rapidamente se tornam um movimento amplo e difuso com várias pautas, por serviços públicos, contra a corrupção etc., e acabam por produzir um rescaldo do qual a direita se apropria. Não podemos esquecer que em junho, no dia da comemoração da redução da passagem, a esquerda organizada foi expulsa da avenida Paulista por setores ditos espontâneos. Havia articulações de grupos de extrema direita organizados, parece claro. Mas o fato é que, depois de junho, essa polarização social se torna mais evidente. A direita sai do armário, se mobiliza. Esses setores conservadores sempre existiram na sociedade brasileira, mas não era bonito se assumir de direita, cometer atos racistas, espancar gay. Depois de junho, uma forte onda conservadora, baseada, do ponto de vista social, num setor das classes médias urbanas, se desencadeia. Mais tarde, constitui um movimento que se expressa na campanha de Aécio e, posteriormente, eclode em manifestações pelo *impeachment*.

O que está em jogo é a disputa pelas saídas da crise do petismo. A direita, que tem o controle hegemônico da mídia, foi capaz de apresentar uma leitura sedutora para o conjunto da sociedade: a ideia de que as coisas começaram a piorar porque roubaram o nosso dinheiro. Para o senso comum, a resposta à pergunta: "O que está gerando desemprego, o que acabou com o dinheiro da saúde, da educação?" é: "Porque roubaram o dinheiro da Petrobras, porque esse dinheiro foi roubado pela corrupção". Isso foi transformado numa narrativa udenista extremamente poderosa, com um viés de construir saídas à direita. E ganhou uma força tremenda quando a tentativa de Dilma de recomposição com os conservadores fracassou. Após a polarização que marcou as eleições, o gesto imediato da presidenta vencedora é: vamos recompor a aliança tradicional, fazer um ministério com o que há de mais atrasado e estender a mão.

Dilma faz um gesto: vamos recompor aqui, vamos continuar, tudo continua igual. E a direita brasileira reage: não, não, não. Nós não queremos mais esse pacto de governabilidade com vocês. Agora vocês estão fracos, vocês estão numa situação delicada. A direita e uma parte da elite financeira se unificam em torno de um programa de contrarreformas. É aí que a coisa começa a ficar perigosa. Percebem a crise e o esfarelamento do apoio social ao PT como uma janela de oportunidade para institucionalizar retrocessos e estabelecer contrarreformas no país.

Se é verdade que nesses 13 anos não houve reformas estruturais, de algum modo o governo petista funcionou como um freio para contrarreformas sistêmicas – talvez com a exceção do que foi a contrarreforma regressiva da previdência em 2003, no primeiro ano de mandato de Lula. Depois que o governo se enfraqueceu, com o esfacelamento de sua base de apoio social e perda da governabilidade no Congresso Nacional, abriu-se a caixa de Pandora na Câmara dos Deputados, e projetos que estavam engavetados no parlamento há anos e anos saíram de lá. É nesse caldo que surge a redução da maioridade penal, a PL 4330,[2] o Estatuto da Família, a PEC Indígena, uma série de retrocessos de toda ordem dos direitos civis, direitos econômicos, direitos sociais. Arquiteta-se uma espécie de anti-Constituição de 1988 no nível de regressividade. Esse processo se fortaleceu porque a direita tem sido capaz de canalizar a ampla insatisfação social decorrente do esgotamento do petismo.

---

2. Regulamenta contratos de terceirização. [N. da E.]

Rodrigo Estramanho de Almeida – Acaba havendo uma composição de forças porque eles se beneficiaram desse processo todo de crise do partido do governo. Você acha que tem uma posição programática clara, elaborada, por trás disso? Ou isso é um pouco resultado do tempo?

Guilherme Boulos – Eu acho que tem os dois. A ocasião faz o ladrão. O 15 de Março de 2015 foi uma coisa inesperada: o tamanho, a dimensão da manifestação. Na semana seguinte, Eduardo Cunha acelera a pauta regressiva na Câmara. De algum modo fala: "agora vai". Viu uma oportunidade de, rapidamente, transformar sentimento de rua em lei. Foi uma institucionalização rápida do 15 de Março. Mas ali, depois desse processo, nesse "reme-reme" que ficou o ano todo de 2015 com essa crise política, se formulou sim uma estratégia que desaguou na aceitação do pedido do *impeachment*. Uma estratégia que passa pela burguesia financeira, por setores da burguesia empresarial, que passa pelos partidos históricos de direita no país do ponto de vista de estabelecer e aprovar uma agenda de contrarreformas, com o afastamento de Dilma. Eles estavam divididos na alternativa tática. Quem iria fazer isso? Dilma iria fazer isso até 2018? Temer é o mais confiável para fazer isso, juntamente com Serra e com o PSDB? Mas em 2016 a diferença tática desaparece e a aposta foi pela queda do governo Dilma. Setores e pessoas como Geraldo Alckmin e Fernando Henrique passaram a apoiar o golpe. A par do ataque à presidenta Dilma criou-se também um movimento para inviabilizar Lula em 2018.

Nesse cenário, a burguesia se unifica no programa de Temer, "A ponte para o futuro". É o programa dos sonhos para eles. E Temer é a oportunidade de ouro que eles têm: alguém que não precisa prestar contas para a sociedade, porque não foi eleito por ninguém nem pretende se reeleger (aparentemente). Este é o cara ideal para fazer maldades.

CARLA REGINA MOTA ALONSO DIÉGUEZ – Temos visto esse avanço do conservadorismo no Brasil. Mas, ao mesmo tempo, observamos os movimentos sociais e os grupos de esquerda autônomos, fora dos partidos, também se movimentando, com mobilizações fortes. O Movimento dos Trabalhadores Sem-Teto (MTST) e outros similares formaram a frente Povo sem Medo. Nós também tivemos um ganho de força nesse sentido do movimento feminista nos últimos meses, inclusive por conta das pautas conservadoras da PEC que o Cunha tenta passar. Como você vê o papel desses movimentos sociais nesse momento em que o conservadorismo avança?

Eu também queria saber o que você acha dessa fragmentação que eu observo em relação aos movimentos sociais. Hoje no feminismo há uma grande briga entre feminismo branco e negro, feminismo de classe alta e de classe baixa. Os movimentos de luta por moradia são vários. São tantas siglas. Eu queria que você falasse um pouco sobre essa fragmentação e essa necessidade de os movimentos sociais terem uma unidade no momento que o conservadorismo avança no Brasil.

GUILHERME BOULOS – A fragmentação foi resultado, em certa medida, do esgotamento de uma referência unitária, representada pelo Partido dos Trabalhadores, que, nos últimos trinta anos, hegemonizou os movimentos sociais no país e ainda tem força expressiva nesse campo. Para lidar com as contradições do governo petista, alguns movimentos foram levados a um caminho de cooptação, de integração, de uma perda de potencialidade. Isso gerou rupturas em vários setores: no setor sindical, nos movimentos populares, nos movimentos de mulheres, em todos os campos houve divisões. Não é só isso, existe também uma fragmentação natural dos movimentos sociais, meio que espontânea, desde sempre.

O desafio neste momento – acho que isso está sendo compreendido por uma parte importante da esquerda organizada no país – para enfrentar a ofensiva conservadora é: ou se reconstroem referências unitárias, ou apanha cada um de um lado, apanha cada um sozinho. A formação de frentes como a Povo sem Medo e Brasil Popular e suas ações unitárias na defesa da democracia, na minha opinião, tem a ver com isso. Tem a ver com o amadurecimento dessa compreensão de que é preciso construir uma saída. Mesmo entre os que veem a necessidade de construir essa saída existem diferenças. Qual é a relação dessa saída, por exemplo, com o que foi a experiência petista? Isso também demarca as diferentes frentes. No caso da construção da frente Povo sem Medo, na qual o MTST está envolvido, havia um entendimento claro de que o enfrentamento da onda conservadora não pode significar qualquer tipo de aceitação das políticas de austeridade e de regressão social que vinham sendo encampadas pelo governo petista. Com o avanço do golpe, houve um rearranjo no campo da esquerda progressista. A luta pela defesa da democracia vem se combinando com a luta contra o ajuste recessivo e contra o ataque aos direitos sociais que se expressam no programa do PMDB e no significado de um governo Temer.

Há uma crise fiscal. Como você lida com o argumento técnico, matemático, da crise fiscal? Como você lida com a crise fiscal? Promove os ajustes neoliberais ou encampa o tema da dívida pública e o tema tributário. Qual a alternativa a um ajuste neoliberal para o país? Estamos dizendo o seguinte: a esquerda deve estar unida ao propor que a solução da crise seja fazer o andar de cima pagar a conta via redução firme dos juros e auditoria da dívida pública, que consome horrores do orçamento da União todos os anos, e isso deve ser acompanhado de uma política econômica não recessiva, e uma democratização do sistema tributário no país. Nós achamos que esse pode ser um programa que aponte para caminhos unitários para a esquerda.

E vamos ter um desafio tremendo. Eu fico abismado com a cegueira de setores da esquerda brasileira que nesse momento se dispõem a pensar em 2018. É uma coisa inacreditável. Pela primeira vez na história do país nós vamos ter três anos seguidos de recessão. A maioria dos dissídios salariais tem sido abaixo da inflação para boa parte das categorias. Vamos viver possivelmente no próximo período no país um processo de regressão social amplo: quem subiu para a chamada classe C vai voltar para a D e para a E. Um ataque brutal à renda dos trabalhadores. O tema dos serviços públicos. Vai haver uma saturação evidente na saúde e na educação. Primeiro porque há redução de recursos pela política de ajuste fiscal e segundo porque vai haver aumento de demanda. A primeira coisa que o trabalhador fez quando ganhou um pouco foi comprar um plano de saúde privado e colocar o filho na escola particular. A primeira coisa que ele vai cortar agora é isso. Então você vai ter uma demanda maior por serviço público de educação e saúde e um recurso menor para sustentar isso. É colapso. Nós vamos viver uma pauperização dos trabalhadores com inflação alta, estagflação, economia recessiva, desemprego galopante e serviços públicos em colapso. Vai haver convulsão social. Se 2015 foi o ano de crise econômica e política, os próximos anos serão de crise social no país. Vai se colher o que esta política de austeridade está gerando. Qualquer construção de uma referência unitária da esquerda brasileira tem que ter em vista este processo: de como lidar com o processo de crise social.

Vimos um protagonismo importante das mulheres. Agora o mesmo acontece com os estudantes na luta contra o programa de fechamento das escolas. O povão das periferias urbanas não entrou em cena com peso até aqui. Os trabalhadores sindicalizados, as principais categorias não entraram em cena com grande peso ainda. Mas em 2016 ocorreram mobilizações robustas em defesa da democracia e contra o golpe. A conjuntura nos indica que essas mobilizações deverão continuar nos próximos anos e que o desafio dos setores que pensam em unidade na esquerda é como orientar este processo para que ele também não vá ainda mais para a direita.

Rodrigo Estramanho de Almeida – Todos aqui concordam que essa fragmentação de fato existe e de que ela está atrelada, se não a uma rarefação, a uma completa ausência de lideranças capazes de promover uma certa aglutinação. Quando se observa tudo o que vem acontecendo desde a Primavera Árabe e movimentos semelhantes, talvez seja possível pensar que essas divisões sejam efeito também dessa "hiperpolítica"? De fato, nós temos uma série de discursos em disputa. Será que esses elementos também não se combinam? Será que não estamos vivendo uma etapa muito parecida com aquela dos anos 1930, em que outras questões podem ser ativadas? Por exemplo, uma coisa que no Brasil não assusta muito, talvez isso não participe tanto da nossa trajetória, mas o referendo nacional pode voltar com muita força. Existem elementos simbólicos de agregação, que são os mesmos que provocaram resultados terríveis na história. No momento de se fazer essa disputa, como levar essas coisas em consideração?

Guilherme Boulos – Esse é um risco que está na ordem do dia. Você ter alternativas de viés autoritário, com um programa bastante direitista, nacional-direitista, que apareçam como uma solução messiânica à crise econômica e ao esgotamento do sistema político. E a bandeira da corrupção favorece o surgimento dessas alternativas porque ela apresenta uma explicação – absolutamente falaciosa – do porquê da crise econômica, do porquê de as coisas chegarem no ponto em que chegaram, e faz crer que não dá para acreditar mais nos políticos.

Isso abre espaço, pela esquerda, para uma crítica do sistema político e para a construção de alternativas de poder popular, mas também cria brechas para o fortalecimento de alternativas autoritárias de toda sorte, de figuras não identificadas com o sistema político que se apresentam como salvadores da pátria. Pode surgir um Silvio Berlusconi brasileiro. Berlusconi, um figurão da mídia, que não era político – e não ser político o credenciava para ocupar esse papel. Há uma semelhança a mais: a Operação Lava Jato e suas consequências. O

Sérgio Moro é um admirador confesso da Operação Mãos Limpas, e, além disso, ele mesmo já disse que a solução para a corrupção no Brasil é um pacto do setor privado. Disse que o setor público é burocrático, antiquado. É o setor privado que vai liderar uma grande cruzada anticorrupção no país, segundo ele. Mas as corporações não são corruptas? Ora, ora, 500 bilhões de reais de sonegação ao ano. Mas, para o Moro, não.

O discurso que se constitui a partir da Operação Lava Jato leva para esse caminho udenista, que, evidentemente, passa ao largo das engrenagens da corrupção no sistema político e, ao mesmo tempo, ajuda a criar um ambiente na sociedade para viabilizar alternativas dessa natureza. É um risco real. Qual é o nosso papel? Fazer essa disputa pela insatisfação social nas ruas. E aí é imperdoável a postura de alguns setores que insistem em ficar como viúvas do PT. O atrelamento ao governo paralisou movimentos sociais históricos. Houve um despertar tardio, quando o processo do golpe estava se finalizando.

ALDO FORNAZIERI – Tivemos, em 2015, a COP 21 (Conferência do Clima), que apontou para uma situação ambiental grave no planeta. A questão ambiental hoje é uma questão mundial e é uma questão da humanidade. Os movimentos sociais têm dificuldade de trabalhar essa bandeira.

No Brasil, temos a Marina Silva como uma expoente dessas bandeiras. Ela trabalha essa questão de uma forma bastante ampla, horizontal, sem nenhum recorte em relação a um sistema capitalista ou à questão dos grupos sociais, da divisão social do país. Ela entende que é uma questão ampla, da sociedade, da humanidade, e que expressa uma crise civilizatória. Você acha que esse tipo de problema tem uma solução no âmbito do sistema capitalista?

GUILHERME BOULOS – O tema ambiental, pelo nível de mobilização de opinião social que tem proporcionado nos últimos anos, pode gerar alguns avanços, pactos que minimizem a destruição do meio ambiente pelo capitalismo. Parou aí. Precisamos definir bem o problema. Quem é o predador ambiental do mundo? Não é o Seu João, que construiu um barraquinho na beira da represa. O predador ambiental do mundo são as grandes indústrias. A lógica capitalista de maximização de lucro a qualquer custo. Está acabando o petróleo, surgiu o óleo de xisto, que é trezentas vezes mais poluente, causa desastres ambientais, mas é mais barato que o petróleo. Então vamos produzir xisto. A lógica do capital sempre foi essa em relação a tudo. Uma luta pela preservação ambiental no mundo precisa estar associada a um combate à lógica capitalista de utilização dos recursos naturais, e por isso ela deve ter um viés anticapitalista.

Nesse sentido, rigorosamente, a resposta à sua pergunta, para mim, é não. Não é possível se resolver o problema ambiental nos marcos do capitalismo. As tentativas de se fazer isso em nome de uma ampla aliança, em nome de se falar no interesse geral da humanidade, que não deixa de sê-lo, não serão suficientes. Mas outros temas também são interesses gerais da humanidade: a segurança, a educação universal, a saúde universal. Esses direitos são claramente demarcados no interior de uma lógica de mercado, todos eles, pelo capitalismo. Com o tema ambiental não me parece que se passa algo diferente.

Quanto aos movimentos sociais, historicamente há uma dificuldade em abordar o tema ambiental. Essa nunca foi uma agenda prioritária, assim como o tema das mulheres não foi, assim como o tema da diversidade sexual não foi. Durante muito tempo o tema racial também não foi. A formação mais "quadradinha" do movimento social é a formação capital/trabalho, e ponto. O tema da moradia tampouco era. Eram tratados como temas anexos, de consumo coletivo. De forma mais agressiva, como organizar o lumpemproletariado.

Há uma maior diversificação de pautas do movimento social, não só no Brasil, mas no mundo, que tem a ver também com a maior dificuldade de organização no espaço de trabalho. A classe trabalhadora se modificou demais. A classe trabalhadora também se organiza a partir de outros espaços. Isso não quer dizer que a contradição capital/trabalho deixou de ser a contradição fundamental na sociedade. Permanece sendo. Mas outras pautas têm se fortalecido.

Do nosso ponto de vista, do MTST, e do ponto de vista dos movimentos sociais urbanos, esse tema tem se colado mais na perspectiva do direito à cidade. A luta contra a especulação imobiliária e, por exemplo, a defesa de parques públicos, ou o tema hídrico. São temas que se tornam mais concretos na cidade. Não se trata apenas de uma discussão de meio ambiente colocada de forma abstrata e conceitual, mas ela aparece de forma concreta com inimigos comuns, o que tem permitido uma articulação mais viva.

Há hoje, da parte do conjunto do movimento social, uma percepção mais clara da necessidade de se incorporar outras pautas importantes para além da pauta do trabalho ou dos serviços públicos, dos direitos sociais *stricto sensu*. Há uma percepção maior dessa importância.

RODRIGO ESTRAMANHO DE ALMEIDA – Falando mais do caso brasileiro, você não acha que a perspectiva pedagógica desses movimentos, no sentido de fazer formação de base, de discutir publicamente os assuntos, vem se fortalecendo? Em muitos deles, você encontra a discussão, a reação e o convite para a sociedade debater esses assuntos. Mais em uns do que em outros. Principalmente naqueles que se colocam mais nas redes sociais. Você acha que isso de fato se apresenta? O conflito capital *versus* trabalho continua a ser fundamental, mas ele está disputando espaço com tantas outras lutas. Como é que a gente cria um cimento disso, uma vez que há uma agenda sendo disputada inclusive por setores, por movimentos sociais que não são tão agradáveis do ponto de vista das suas demandas?

GUILHERME BOULOS – Eu concordo com o fato de que essas lutas estão mais diversificadas e de que é preciso buscar estabelecer um cimento social para isso e que, no caso dos movimentos sociais que se organizam por intermédio da base, há um papel a ser exercido pelo processo de formação política. Como construir essa ampla unidade entre pautas é a questão de um milhão de dólares. É a questão que todo mundo busca responder.

RODRIGO ESTRAMANHO DE ALMEIDA – Você não acha que há uma discussão assim: a minha causa é a mais importante e, portanto, nós podemos falar da sua amanhã. Mas essa é a mais importante agora e nós estamos com ela e acabou.

GUILHERME BOULOS – Claro. Isso é mais Freud do que Marx. Freud chamava isso de "narcisismo das pequenas diferenças". Tem aí uma perspectiva de ver o mundo a partir de si e do seu envolvimento, que é um elemento espontâneo de desagregação.

CARLOS MUANIS – Falando um pouco da sua trajetória. Você vem da classe média, forma-se em Filosofia, estuda psicanálise e vai para um movimento popular ao lado dos excluídos, dos marginalizados. Não é algo muito comum...

GUILHERME BOULOS – A ordem não foi exatamente essa. É mais compreensível. Venho de uma família de classe média de São Paulo e comecei a atuar em movimento estudantil aos 15 anos, movimento secundarista. Nesse período, eu me aproximei da juventude comunista e tive uma introdução à leitura marxista da realidade. Isso teve a ver com a minha opção por estudar Filosofia. Pouco depois deixei a militância partidária.

Falar em nome do interesse dos trabalhadores sem se dispor efetivamente a estar junto, a estar próximo da realidade dos trabalhadores, conhecer, vivenciar essa realidade era algo que foi ficando incômodo e eu busquei uma aproximação com movimentos populares. Isso antes ainda de estudar psicanálise.

Na aproximação com os movimentos eu frequentava alguns acampamentos do movimento sem-terra, articulava campanhas de doação, coisas assim de apoiador do movimento. E foi nesse período que o MTST entrou na região metropolitana de São Paulo: em 2001, com a Ocupação Anita Garibaldi. E eu comecei a frequentar o local. Havia um potencial incrível. Aquela ocupação foi imensa, tinha quase 10 mil famílias acampadas. Eu me dei conta de que ali havia uma energia, algo real. Em 2002, fui morar em uma ocupação em Osasco, a Ocupação Carlos Lamarca, e me tornei militante do MTST. Em seguida, entrei na coordenação do movimento, onde estou até hoje.

A opção pela psicanálise veio de duas coisas, de duas percepções fundamentais. Uma viagem que eu fiz para a Argentina em 2002, época de convulsão social forte. Fui visitar os movimentos piqueteiros na periferia de Buenos Aires e me deparei com um grupo de psicanalistas lacanianos fazendo um trabalho extremamente interessante, com um nível de popularização raro de se ver entre os lacanianos. Tinha acabado de acontecer o Massacre da Ponte Pueyrredón, episódio em que morreram dois militantes – a polícia à paisana começou a atirar numa ponte que estava bloqueada pelos piqueteiros. Os psicanalistas montaram um espaço chamado Grupo de Reflexão. Era uma espécie de psicologia de grupo, um espaço de escuta, que deu voz para as pessoas. Eu experimentei ali uma coisa riquíssima, acompanhei as pessoas que vivenciaram, que estavam ali no massacre, que eram companheiras de companheiros feridos ou mortos, elaborando aquilo num encontro mais do que necessário.

Esse foi um dos fatores que me estimularam a estudar psicanálise algum tempo depois e também uma coisa que me motivou a fazer pesquisa de pós-graduação. Há muitos anos, em ocupações diferenciadas, ouço pessoas construírem o seu relato, na entrada da ocupação, como um relato do empoderamento e da subjetivação. "Eu não era ninguém. Eu era tratado como ninguém. Eu não tinha voz. Eu estava deprimido, tomando remédio, na cama." A destruição da subjetividade causada por esse rolo compressor da vida urbana periférica. "Aqui eu me encontrei. Aqui eu tenho voz. Aqui as pessoas me ouvem. Aqui eu sou reconhecido. Aqui eu tenho um espaço. Aqui o que eu falo tem algum valor." Inúmeros relatos de pessoas que dizem: "Olha, eu não preciso mais do remédio. Aqui eu encontrei um sentido."

RODRIGO ESTRAMANHO DE ALMEIDA – Você acabou dando uma resposta possível para a pergunta: por que os movimentos têm essa característica? Talvez seja uma coisa comum a todos eles. No movimento negro, no feminista, isso fica ainda mais claro. Você fala de coisas que estão ligadas a uma certa estigmatização.

GUILHERME BOULOS – No caso das ocupações, eu acho que tem uma coisa especial porque cria uma vivência. Uma ocupação é uma ruptura do cotidiano. A pessoa sai do ambiente onde ela sempre viveu. Ela vai morar num lugar que tem uma organização coletiva, que tem os grupos onde ela pode ser eleita coordenadora, que tem a cozinha coletiva, onde há uma vivência comum, que tem as mobilizações, as marchas quase diárias da ocupação, tudo isso dá um nível de empoderamento e de um outro parâmetro de vivência social. A palavra mais recorrente que as pessoas usam para se referir ao movimento nas ocupações é família. "Aqui eu encontrei a minha família."

CARLOS MUANIS – E você, como psicanalista, não acha que a esquerda tem negligenciado muito essa questão do subjetivo de uma maneira geral? Ela se preocupa mais com a visão meramente coletiva das coisas, dos grandes movimentos, e acaba não tendo nenhuma preocupação com o desenvolvimento subjetivo das pessoas. E o campo da psicanálise nos mostra a importância do sujeito, a importância de nossas percepções únicas. Esse ser solitário com seus desejos, sonhos, angústias sobre a existência humana.

GUILHERME BOULOS – Essa é uma coisa antiga na trajetória da esquerda. Aliás, a crítica que Freud faz a Marx vai por aí. Nas *Novas conferências introdutórias sobre psicanálise,* Freud dedica uma palestra ao marxismo. Faz críticas extremamente injustas, aliás. Acho que ele até deve ter lido de segunda mão, leu mal. Mas um dos pontos que ele pega é esse: o marxismo acha que vai resolver tudo pela coletividade. Existem fatores subjetivos. Eles vão ser repostos e estarão recolocados numa eventual sociedade comunista? Nem tudo se resolve pela mudança da forma social. Há aí um elemento irredutível da subjetividade, que precisa ser considerado numa análise social. O marxismo vê o elemento humano apenas como ser social e não como psíquico. Tem aí algo de irredutível do psiquismo. Freud faz essa crítica. Eu acho que ela está presente na esquerda, mas não podemos puxar tudo para nós. Ela está presente no conjunto da sociedade. A construção do capitalismo contemporâneo, da lógica urbana, da temporalidade opressora, do espaço de trabalho, da lógica do consumo, ela é *dessubjetivadora* de forma geral.

Esse discurso também é traiçoeiro. Às vezes aparece em certos movimentos, particularmente os de classe média, como "o desafio é liberar a subjetividade". Vai para o lado inverso, e isso nega, inviabiliza a organização coletiva, a organização social, tudo passa a ser a minha subjetividade, os meus problemas, os meus conflitos, o meu Édipo, o que acaba também ajudando a desmoralizar a tentativa de colocar esse elemento no interior dos movimentos sociais.

ALDO FORNAZIERI – As técnicas da escuta e do acolhimento são tradicionais da ação pastoral. A psicanálise se apropriou da técnica da escuta. Nos últimos anos temos tido uma intensa ação pastoral nas igrejas pentecostais. Aparentemente, o MTST é um movimento que também se apropria um pouco dessas técnicas. Como você vê uma possível relação entre o MTST e as igrejas de modo geral?

GUILHERME BOULOS – Uma questão anterior que precisamos fazer é: qual é o papel das igrejas pentecostais? Para determinados setores da esquerda, elas se transformaram no grande inimigo a ser combatido. Essas igrejas surgem no vácuo do enfraquecimento da Teologia da Libertação e do trabalho de base dos movimentos sociais de esquerda na periferia. Elas oferecem uma alternativa de escuta e acolhimento. Esse relato que fiz aqui sobre as ocupações é ouvido com frequência nas igrejas evangélicas. "Antes de ir para a igreja eu estava deprimido..." Há aqueles que consideram que isso é charlatanismo. Não é. Isso é uma técnica real de acolhimento, no qual se dá algum tipo de sentido. Se eu concordo ou não com o sentido que está sendo dado, se esse sentido pode ser utilizado também de forma oportunista para enriquecer igrejas, para fortalecer um projeto conservador, o que quer que seja, é um outro debate.

As pentecostais pegaram esse espaço, inclusive com técnicas da Teologia da Libertação, em muitos casos. Com técnicas dos movimentos sociais: bater na porta, entregar o panfletinho, chamar para o culto. Esse trabalho propriamente de base, pé no barro, que a esquerda deixou de fazer há mais de vinte anos para se dedicar estritamente a eleições... Os militantes que faziam isso viraram assessores, parlamentares. A questão deixou de ser construir uma hegemonia no campo social e passou a ser ganhar nacos do Estado cada vez maiores, aumentar a bancada parlamentar, ganhar a prefeitura, ganhar governos de estados, ganhar o governo federal. A igreja evangélica foi crescendo aí. Ao mesmo tempo você tem o João Paulo II atacando brutalmente a Teologia da Libertação, que sofre um refluxo depois dos anos 1980. E nos anos 1990 os evangélicos nadam de braçada nesse campo.

Esse elemento comum que você aponta, Aldo, é muito importante. A igreja evangélica acolhe e é por isso que ela tem uma força social.

É um argumento prepotente dizer: as pessoas vão lá porque elas estão sendo enganadas. É de um nível de subestimação da consciência popular... As pessoas vão lá porque aquela fé dá um alimento e dá um sentido a elas. E não é só uma questão simbólica de sentidos, é uma questão prática. Ela vai cantar na igreja, vai construir um círculo social ali. É um espaço amplo de sociabilidade.

Mas nem ao céu, nem ao inferno. Nós também não podemos romantizar a atuação dessas igrejas. Evidentemente, embora elas tenham se construído por esse trabalho de base e ainda atualmente se sustentem muito com isso, hoje elas se tornaram máquinas poderosíssimas, com controle midiático importante, com bancadas parlamentares fortíssimas, currais eleitorais; e produziram figuras como Malafaia, Feliciano, e por aí vai. E nós não podemos julgar os milhões de evangélicos brasileiros ou as centenas, milhares de igrejas evangélicas brasileiras simplesmente na régua do Malafaia. Isso seria não entender o que está acontecendo nesse aspecto.

CARLA REGINA MOTA ALONSO DIÉGUEZ – Nós falávamos da fragmentação, da inserção das pautas subjetivas, de pensar nos sujeitos. E tem uma questão que você já ressaltou que é o processo de reestruturação produtiva, as mudanças no mundo do trabalho, que são fundamentais na geração de uma desagregação. Eu sempre brinco com os alunos quando a gente vai falar sobre taylorismo. Eu falo: a grande vantagem do taylorismo é que ele homogeneíza a classe trabalhadora e cria uma unidade. A "flexibilização" do trabalho vai fragmentar tudo isso e vai acabar com toda uma unidade que a classe trabalhadora conseguiu construir. Eu gosto da sigla do MTST porque ele é o Movimento dos Trabalhadores Sem-Teto. Ela resgata uma dimensão de que quem está lá é trabalhador, quem está lá tem essa raiz no trabalho e, resgatando Marx, tem a origem da sua renda derivada da venda da sua força de trabalho ou dos diversos arranjos que esses trabalhadores têm para a obtenção da renda. Mas são ambulantes, fazem uns bicos para conseguir um pouco da renda. Não são donos dos meios de produção e muito menos fazem parte de uma classe média. Estamos falando de um conjunto de pessoas desprovidas de direitos, e que, na verdade, estão na base da pirâmide. Será que não falta um pouco dessa percepção nos movimentos: no movimento negro, no feminista, esse resgate da importância da classe trabalhadora para a unidade?

GUILHERME BOULOS – Penso que a demarcação de classes é essencial. Esse é um ponto de partida. Não é à toa que no movimento feminista, por exemplo, tenha essas divisões internas que, nesse caso, refletem divisões reais. Refletem divisões sociais importantes. A demarcação de classe no conjunto de movimentos que se constrói... A demarcação de classe na luta ambiental. A demarcação na luta pelos direitos civis de forma geral, das mulheres, dos homossexuais, transexuais. Essa demarcação é uma base para se pensar projeto político. No caso do MTST, há uma mistificação muito forte em torno do nome Sem-Teto. O imaginário do senso comum é que sem-teto é o morador de rua, aquela pessoa que está num nível de agressão social tremendo, que não lhe resta outra alternativa a não ser morar na rua.

No entanto, considerando a classificação do IBGE, o déficit habitacional brasileiro – que hoje é de 5,8 milhões de famílias –, é constituído em sua maior parte por famílias trabalhadoras que não conseguem pagar aluguel devido ao comprometimento excessivo da renda, ou que moram em situação de coabitação, na casa de parentes, em lugares ali agregados, ou que moram em situação de risco físico iminente. Esses são os critérios fundamentais do déficit. A coabitação (os "puxadinhos") historicamente foi o fator majoritário do déficit habitacional. Nos últimos anos, ela foi ultrapassada pelo ônus excessivo com aluguel por conta do surto de especulação imobiliária e do aumento do valor dos aluguéis, que foi sobrecarregando o orçamento familiar dos trabalhadores urbanos no Brasil. Essa demarcação para nós também se dá por esse caminho.

As ocupações são formadas majoritariamente por trabalhadores que pagavam aluguel e não conseguem arcar com esse custo. Esse é o grosso do público de uma ocupação urbana em qualquer parte do país. São trabalhadores em situação precária, muitas vezes informais, autônomos, o chamado subproletariado. É ele que está aí. São relatos impressionantes. "Por que você foi para uma ocupação? Por causa do aluguel. Quanto é o seu aluguel? Seiscentos reais. Quanto você ganha? Oitocentos reais." Essa é a situação geral que estimula ocupações de terra urbana.

Tem um dado que é impressionante e que ajuda a explicar isso como um processo de agravamento da crise urbana no Brasil. Nós tivemos, nos últimos anos, um aumento incrível do número de ocupações de terra urbana. Um novo ciclo de ocupações no Brasil. Entre 2011 e 2012, houve aproximadamente 250 ocupações na cidade de São Paulo. Entre 2013 e 2014, aproximadamente 700. Quase três vezes mais ocupações nesse último período. Isso tem a ver fundamentalmente com o surto de especulação imobiliária, com o aumento dos aluguéis, que joga as famílias numa situação de ou ir morar uma hora mais longe, com serviços públicos ainda mais precários, piores –, ou seja, a formação de novas periferias –, ou na situação de ocupar um terreno na região onde ela sempre morou para continuar por ali. Há inclusive a gentrificação de áreas historicamente periféricas, como Itaquera.

RODRIGO ESTRAMANHO DE ALMEIDA – Falamos um pouco sobre tentativas de produzir esse cimento capaz de agregar mais e fragmentar menos, impedindo inclusive tomadas de posição que não sejam tão agradáveis. Privilegiar um espaço de escuta da fala do outro no processo de construção da política, isso pode tornar a esquerda menos autoritária? Você talvez seja uma pessoa tão contundente e menos autoritária, do ponto de vista discursivo, porque aprendeu a ouvir dentro dessa perspectiva psicanalítica?

GUILHERME BOULOS – Há uma máxima freudiana: "cada um sempre é o pior juiz de si próprio". Eu não me sinto à vontade para responder a esta pergunta, até porque se eu respondesse positivamente apareceriam cem outros, cada um com a sua história de convivência, para dizer que é mentira. Eu prefiro não entrar nessa seara. Parte da luta política é também a construção de enfrentamentos, às vezes até de inimizades.

A escuta analítica tem algo de precioso a oferecer para a esquerda, para a luta social. Estar junto ao outro e se colocar ali é o que efetivamente permite a criação de espaços e processos coletivos. No MTST, nós temos feito um esforço genuíno de construir uma organização coletiva com todas as contradições que isso tem. Há uma dificuldade muito grande de um certo setor da esquerda de lidar com incompatibilidades. A história é feita de contradições. Não há uma organização pura, a não ser que seja um clube de irmãos gêmeos. Quando se dispõe a fazer algo real, a lidar com diferenças, a lidar com o povo, você não vai ter sempre o guarda-chuva do princípio perfeito cobrindo-o. Você vai ter que construir mediações. Pensando os processos reais e a construção de mediações, acho que nós, do MTST – não eu apenas, mas todo um conjunto de militantes e dirigentes que atuam no movimento –, temos nos esforçado com um grau importante de sucesso para criar uma alternativa em que haja um espaço real de participação para as pessoas que estão ali e de produção de um processo genuinamente coletivo.

Ao mesmo tempo, não podemos cair – no lugar onde nós estamos, nem teríamos condições de fazer isso – no inverso, um purismo que rejeite a existência de autoridade. Há uma diferença entre autoritarismo e construção de autoridade no processo, legitimação de uma autoridade política no movimento. Nessa mediação do possível da luta política, do concreto e do contraditório da luta política, acho que o movimento tem trilhado um bom caminho.

5. Sombras e luzes à esquerda

Cícero Araújo e Ruy Fausto

Após década e meia, parece que chegamos ao ocaso da onda de esquerda que percorreu a América do Sul. Há pouco, na Argentina, os peronistas, sob a liderança de Nestor e, depois, Cristina Kirchner, foram derrotados em sua tentativa de comandar o país numa quarta eleição presidencial consecutiva. Na Venezuela, o chamado "projeto bolivariano" se esvai em meio a uma crise econômica e política gigantesca, acirrada por uma derrota inédita nas eleições parlamentares realizadas alguns meses atrás. Seus parceiros no Equador ainda conservam maiores margens de manobra, mas também lá a sensação é de um poder declinante. Na Bolívia, cuja posição parecia mais sólida, acabamos de receber as notícias da derrota (em plebiscito) do projeto do presidente Evo Morales de obter o direito de disputar um quarto mandato em 2019. No Brasil, Dilma Rousseff foi afastada do governo por um conturbado e duvidoso processo de *impeachment.*

Mas quando falamos de "esquerda" na América do Sul, há que discriminar conjuntos muito diferentes entre si. Os mencionados acima poderiam ser aproximados ao fenômeno do populismo, familiar à região entre os anos 1930 e 1970. Este, no entanto, não é o caso do Chile e do Uruguai, por conta de uma tradição muito forte de instituições partidárias avessas ao personalismo. Porém, os governos de centro-esquerda desses países também têm sofrido a reversão da onda, embora com intensidade menor e por razões muito diferentes.

A experiência brasileira, que, obviamente, estará no centro das atenções deste artigo, é um caso muito peculiar, talvez intermediário. Mas é importante não perder de vista aspectos que compartilha com os companheiros de viagem sul-americanos. Com exceção do Chile, todas resultam de reação à onda precedente, neoliberal, dos anos 1990, que, embora derrotada, deixou marcas indeléveis para os anos subsequentes. Entre as quais, severos limites para reformar à esquerda o capitalismo globalizado que foi se impondo no período. Imposição, vale lembrar, que não é alheia às desventuras do "socialismo real" vivido ao longo do século XX, que fizeram os protagonistas dessa reação tornarem-se cientes de seus limites no enfrentamento desse regime social.

A boa notícia dessa história é que, majoritariamente, esses protagonistas aprenderam a dar valor à questão democrática, atitude de que gerações anteriores do campo socialista sempre foram deficientes. As consequências práticas dessa valorização, contudo, ainda permaneciam um terreno desconhecido, cujo teste só poderia ocorrer com a experiência mesma de governar Estados democráticos. Vale dizer: o desafio de realizar um programa progressista, divergente dos governos antecedentes, que, ao mesmo tempo, coubesse no espaço de um regime constitucional e de amplas liberdades.

Porém, como já sugerido, o caso brasileiro tinha e tem suas peculiaridades. Trata-se de uma esquerda que foi se aglutinando em torno de um partido político, nascido das lutas sociais que se intensificaram nos últimos anos do regime autoritário. Partido com vocação institucional e de poder, que visava a ir além da simples coordenação dessas lutas, ambicionando, ao contrário, transformá-las em força eleitoral e num projeto para governar o Estado brasileiro. Essa aspiração poderia ainda não estar tão clara entre seus fundadores, especialmente os quadros oriundos da Igreja católica progressista; mas o próprio fato de ter se valido da reforma partidária de 1979, que liquidara o bipartidarismo ainda durante a ditadura, para garantir sua legalização e, consequentemente, seu direito de disputar eleições já em 1982, por si só empurrava o Partido dos Trabalhadores para esse caminho. Isso, a despeito das críticas pesadas e das pressões que sofreu, na época, tanto de forças liberais como de forças de esquerda que atuavam no MDB/PMDB, no sentido de não se constituir como partido legal separado da frente orgânica que até ali aquela agremiação representava. Sua reação a tais pressões o levou, nos primeiros anos, a práticas não raro sectárias e de arrogante autossuficiência, mas que foram sendo relaxadas, ainda que nunca totalmente dissipadas, conforme se imiscuía nas liturgias parlamentares e no exercício de governos locais e regionais.

A via legal e institucional adotada desde o início, por um lado, e o relativo sucesso dos embates eleitorais subsequentes – em menos de dez anos já disputava uma eleição presidencial (a primeira depois da redemocratização) que por pouco não venceu –, por outro, levou-o mais à frente a desfazer-se de uma ambiguidade que ainda habitava os corações dos quadros oriundos da tradição marxista e leninista. Qual seja: patrocinar ou não a ruptura revolucionária? Valer-se, ou não, da violência revolucionária para realizar sua meta de transformação radical da sociedade brasileira?

Hoje talvez seja mais evidente a todos que essa meta milenarista é incompatível com os valores democráticos. Não o era, todavia, entre uma parcela significativa dos militantes do PT, inclusive e especialmente entre os líderes de extração marxista, os quais, em sua juventude, motivados exatamente por essa meta, haviam se engajado na luta armada. O "mergulho de cabeça" na construção partidária, no entanto, pouco a pouco consolidado numa carreira profissional para muitos deles, possibilitou, senão uma sincera e generalizada conversão àqueles valores, pelo menos uma adesão pragmática às oportunidades e constrangimentos das instituições democráticas. Pragmática ou sincera, essa adesão produziu impactos profundos no conteúdo e na forma de atuação do partido. Pois abrir mão da ruptura e da violência obrigava a uma revisão não apenas dos objetivos programáticos, mas também das vias alternativas para realizá-los. Objetivos e meios, conteúdo e forma, não poderiam contradizer-se.

Sem dúvida, o abandono da meta revolucionária foi um passo correto e necessário. O gesto o exorcizava da sina comunista que marcou a esquerda do século XX. Longe estava, porém, de ser um passo suficiente, na medida em que, entre as vias alternativas, encontrava-se o modelo social-democrata; o qual, embora até certo ponto bem-sucedido nos chamados "trinta anos gloriosos" da Europa, deixara também um legado sombrio de degradação ideológica e de valores. O desafio residia justamente em encontrar uma via que o distanciasse tanto dessa degradação quanto da tragédia comunista. Ciente do impacto negativo e universal da derrocada soviética, mas também da notória incapacidade da social-democracia europeia de responder à altura aos desafios da onda neoliberal que avançava, ao longo dos anos 1990 o PT foi elaborando um discurso mais ou menos vago nessa direção. Faltava, todavia, o teste prático: somente ele poderia preencher, para o bem ou para o mal, as lacunas desse discurso.

Os percalços da via intermediária e a sombra da corrupção

Voltemos ao ponto em que iniciamos este texto, o presente histórico. Depois de uma quase vitória, seguida por duas derrotas claras na disputa presidencial, o PT finalmente logrou governar o Estado brasileiro. E agora, mais ou menos em linha com as experiências sul-americanas que mencionamos no início, parece também ter chegado ao ponto de seu esgotamento.

Como no caso social-democrata, ao avaliar a empreitada é difícil não sentir uma mistura contraditória de sucesso e fracasso. O primeiro, por ter encontrado uma brecha nas duras realidades econômicas e sociais do país, na qual pôde introduzir um programa muito positivo, embora superficial, de mudanças nas relações entre as classes, seja pela prioridade que deu ao combate das desigualdades sociais, seja pelas novas oportunidades de acesso à educação e aos mercados de trabalho e de consumo propiciadas às camadas populares. Por outro lado há o fracasso, especialmente na operação política desse programa. O PT não só deixou de pôr em prática, ou mesmo de propor, um programa consistente de reformas estruturais como também não escapou à tão esconjurada degradação, especialmente a moral, que, na conjuntura aflitiva em que estamos, quase empresta-lhe o sabor de uma tragédia.

Inevitável abordar neste ponto o tema embaraçoso da corrupção. Embaraço teórico, em primeiro lugar, porque flagra um ponto cego no discurso tradicional de esquerda, que não sabe tratá-la senão como um subproduto, um traço inevitável da própria sociedade capitalista. E principalmente embaraço prático, ao surpreender militantes, simpatizantes e eleitores com uma conduta que dizia ser exclusiva de seus adversários (os grupos governantes que o antecederam) e que parecia ainda mais abjeta à medida que deixava as impressões digitais do cinismo e da hipocrisia. É óbvio e totalmente esperado que a questão esteja sendo exagerada e instrumentalizada pela oposição partidária e pela mídia conservadora. Mas isso não pode servir de escusa para evitar sua crítica radical, cujo primeiro passo é reconhecer, sem tergiversações, os fatos e examinar suas causas mais profundas.

Afinal, o que fez as lideranças petistas agirem de modo tão leniente a esse respeito? Por que, mesmo com programa e objetivos distintos, toparam jogar o mesmo jogo fatal que não muito antes já havia fulminado a carreira de vários de seus adversários à direita? É interessante destacar, antes de mais nada, que ao calibrar sua crítica à onda neoliberal nos anos 1990, o PT parecia ter conseguido unir aquilo que sempre esteve separado na política brasileira: um projeto social ligado a reivindicações democráticas e uma firme posição de recusa de toda sorte de corrupção administrativa ou outra. De fato, só os políticos populistas do regime de 1946, juntamente com seus respectivos partidos, defendiam – ou apareciam como se defendessem – um programa social. Mas eles eram, em geral, ou corruptos, ou suspeitos de defender uma agenda autoritária (em todo caso, pouco democrática). Anos mais tarde, quando o país já vivia uma nova experiência democrática, o PT, ao contrário, se destacou na denúncia à corrupção dominante e, ao mesmo tempo, bateu-se por um programa social avançado. Por fim, e não menos importante, assumiu o ponto de vista democrático ao posicionar-se contra o "socialismo de caserna", apoiando, por exemplo, o movimento liderado pelo Solidariedade na Polônia.

Contudo, ao assumir o comando da política nacional, o PT trouxe de volta a disjunção legada pelo populismo pré-1964, lançando um programa progressista do ponto de vista social mas, ao mesmo tempo, mergulhando na corrupção e fazendo vista grossa à ditadura dos irmãos Castro e às práticas autoritárias do regime de Hugo Chávez.

A deriva do PT em termos de corrupção tem, a nosso ver, os seguintes motivos: em primeiro lugar, a sobrevivência de hábitos leninistas entre seus dirigentes, evidentemente não no que tange ao conteúdo programático, mas na forma de agir. O que os fazia professar um maquiavelismo vulgar, do tipo "os fins justificam os meios". Em contexto democrático, porém, resolveram trocar o emprego da violência revolucionária, a coerção física dos opositores, pela "persuasão" por intermédio do dinheiro. Se antes era válido romper a legalidade institucional em nome do projeto socialista, agora era válido transgredir o código penal em nome do projeto partidário. Mas a troca revelou-se absurda. Nem precisamos nos deter no argumento falacioso de que, como o capitalismo está sempre ligado à corrupção, não há nada a fazer; ou de que a corrupção existe em todo lugar e, portanto, não há como escapar dela se se pretende fazer uma mudança significativa do *statu quo*. Que a corrupção existe por toda parte, não há dúvida, mas é preciso dizer como e em que grau; e nem por isso deixaria de ser um mal a combater, por seus efeitos gravíssimos também em toda parte. Ademais, é tênue a fronteira entre o roubo para o partido e o roubo voltado para o enriquecimento pessoal; como se viu, fronteira facilmente ultrapassável.

Em segundo lugar, é plausível que a própria política econômica do PT, mais dedicada ao crescimento do setor público, ainda que positiva nesse campo, tenha cobrado seu preço em termos de corrupção, pelo simples motivo de abrir novas oportunidades aos corruptos. Em sintonia com as práticas (não inventadas pelos governos petistas, que apenas as herdaram) do chamado "presidencialismo de coalizão",[1] isso levou a um correspondente aumento do espólio partidário assim como a um acirramento da luta por sua repartição na cúpula do sistema político. Ao mesmo tempo, forneceu um objeto ao gosto da investigação midiática. Já a política econômica anterior, mais privatizante, também tornava a corrupção menos visível e menos passível de ser publicizada – dadas as escolhas ideológicas da grande mídia –, embora não necessariamente menor.

É paradoxal que tenha sido justamente durante as gestões petistas que a Polícia Federal, o Poder Judiciário e o Ministério Público começaram a funcionar de forma autônoma. Ainda precisamos conhecer melhor como isso foi possível. Talvez o próprio discurso antecedente do PT em favor da promoção da moralidade pública e de práticas republicanas tenha contribuído, e muito, para esse avanço. Em todo caso, certos ministros petistas (a começar o da Justiça, José Eduardo Cardozo) – mesmo contra a vontade da direção do partido – não recuam na preservação daquela autonomia, confirmando que ela não é mera propaganda, mas um fato. Cabe assinalar, de qualquer forma, que na oposição o PT foi o partido que mais se aproximou da agenda desencadeada pelo constitucionalismo que embasa a Carta de 1988, a qual conferiu amplos poderes ao braço judiciário no sentido de defender e promover os direitos ali consagrados. Formou-se então uma espécie de aliança entre os quadros partidários e os mais progressistas dos chamados "operadores do direito" em torno da ideia

---

[1]. *Presidencialismo de coalizão*: para obter maioria segura no Congresso, o presidente da República, eleito por um partido ou aliança de partidos que dificilmente obtém cadeiras suficientes nas duas casas legislativas, é levado a fazer, após a sua eleição, uma aliança mais ampla, pragmática, baseada numa divisão dos cargos de governo e do correspondente acesso à máquina estatal.

de conceder uma maior autonomia aos órgãos do Poder Judiciário e correlatos. Por exemplo, a proposta de o chefe do Executivo indicar para o cargo o mais votado, entre os próprios membros da instituição, dos candidatos a procurador-geral da República; ou a de fortalecer as capacidades investigativas e operativas da Polícia Federal e assim por diante.

Essa aliança, por motivos óbvios, quebrou-se a partir do Mensalão, mas a agenda da autonomia já havia se tornado irreversível. Não somos ingênuos a ponto de não perceber que ela traz consigo um problema paralelo, que é o risco da politização indevida do Poder Judiciário – isto é, sua partidarização. Esse é um risco inerente ao ativismo judicial contemporâneo, o qual se nutre do enfraquecimento das formas tradicionais de representação política, em particular a forma-partido.[2] Não há dúvida que as investigações em curso, que desmontam o esquema de corrupção petista, têm sido marcadas pela seletividade e assimetria. Não houve, e não há, o mesmo ímpeto para desmontar o esquema tucano.

Contudo, a resposta a essa questão, em primeiro lugar, não é interromper as investigações, mas ampliá-las, a fim de acabar com sua seletividade. Em segundo lugar, seu maior objetivo, além do desmantelamento dos esquemas, deve ser a reforma das práticas políticas, especialmente no campo do financiamento das campanhas eleitorais, de modo a dar-lhes uma resposta estrutural, construtiva e não apenas punitiva. Isso evitaria reduzir o processo em curso a um confronto espetacular entre 'mocinhos' e 'bandidos', igualmente ao gosto da mídia, como se fosse uma questão de justiceiros e não de justiça impessoal.

---

2. Ver o texto de um dos autores do presente artigo, que lida mais longamente com esse ponto: C. Araújo, "Derrota na vitória", *Fevereiro*, n. 8, julho de 2015.

Nota sobre a reforma política: a culpa é da representação?

Quando se fala em reforma política, vem frequentemente um discurso à esquerda contra a "democracia representativa", à qual se opõe a chamada "democracia direta" ou diferentes versões desta. Naquela residiriam todos os males (ou quase todos) de nosso sistema político. Ninguém dúvida que o sistema político brasileiro precisa ser profundamente reformado. Inútil descrever em detalhe tudo o que de ruim e de podre aparece nele. Porém, há que se pensar quais seriam as reformas desejáveis.

Um dos objetivos é certamente limitar o peso do poder econômico sobre as eleições. Várias medidas que se tomaram ou se pretende tomar a esse respeito não parecem melhorar a situação, mas piorá-la. (Se a proposta do "distritão", defendida pelo [então] vice-presidente da República Michel Temer e patrocinada pelo [então] presidente da Câmara dos Deputados, o notório Eduardo Cunha, fosse aprovada, teria sido desastrosa. Mas outras barbaridades perseveram na pauta do Congresso.) Estudos técnicos precisos devem determinar a forma de reduzir os gastos das campanhas: este é pelo menos um dos aspectos a considerar, pois os custos das campanhas dão evidentemente um enorme poder às grandes empresas e às grandes fortunas. E há outros aspectos.

Porém, isso não deve significar um ataque à democracia representativa enquanto tal. Pelo contrário, deve-se defendê-la. Explicamos. É claro que são bem-vindas muitas das iniciativas tendentes a introduzir formas de democracia direta, ou mais ou menos direta. Pensemos nos orçamentos participativos, em conselhos de bairro, o que for. Plebiscitos e referendos podem ter um papel positivo (embora não o tenham sempre). Viu-se o sucesso da mobilização com vistas a introduzir um projeto de "ficha limpa" por iniciativa popular que, barrada enquanto tal no Congresso, acabou aprovada (com modificações) como lei ao se transformar num projeto patrocinado dentro da instituição. Tudo isso serve e importa. Entretanto, não cremos que a chamada democracia direta possa substituir a democracia representativa, nem estamos convencidos de que tal passo seja um progresso. Por quê? Em primeiro lugar, é um argumento antigo, mas verdadeiro, o dos obstáculos para instituir a chamada democracia direta. Fala-se em utilizar os meios eletrônicos. Hoje em dia, isso não é absurdo em termos de viabilidade, mas dificilmente poderia substituir o trabalho deliberativo das câmaras – sem falar as tarefas inerentes ao Poder Executivo.

Uma razão em favor da democracia representativa, que nos parece importante e da qual não se fala muito, é a seguinte: é complicadíssimo aos cidadãos de um país dedicar muito tempo à política. Vemos isso, por exemplo, quando se tenta organizar um partido. Quantos estão dispostos a dar muitas horas do seu tempo para o trabalho partidário, de legislador, de governante? Poucos. O que é perfeitamente esperado, apesar das aparências em contrário. Muitos de nós sentem um sincero e despretensioso desejo de participar dos negócios públicos, mas temos ao mesmo tempo interesses pessoais e obrigações profissionais: família, ciência, arte, trabalho profissional e lazer. Nesse sentido, a representação é não só inevitável, mas mesmo desejável.

É evidente que a representação oferece problemas. De uma forma rebarbativa, poderíamos dizer que os representantes representam mal os representados... tendem a se "autonomizar" no cargo, e servir mais a seus interesses do que aos dos que os elegeram. Além do que, podem fazer mudanças injustificáveis de posição ao serem eleitos, não em questões secundárias (o que poderia ser aceitável), mas em termos mais ou menos essenciais. Para isso tudo, porém, há remédios melhores do que o fim da representação. Eis um dos mais importantes: a proibição do acúmulo de cargos, não só no espaço mas também no tempo. Que, por exemplo, nenhum deputado ou senador possa ser reeleito mais de uma vez. Essa seria uma medida revolucionária e, contudo, perfeitamente realizável. Sua oportunidade é visível. Se é verdade que há pouca gente que queira dar muito do seu tempo à "política" – abrindo espaço ao surgimento do político que vive "da política" e não apenas "para a política" –, muita gente, jovens e não tão jovens, se disporia a dar uma parte do seu tempo a ela, o que poderia significar, por exemplo, alguns anos. Durante esse período, colocaríamos entre parênteses o lugar privilegiado que tem para nós, por exemplo, uma atividade científica ou artística (sem que se precisasse cessá-la de todo), e até aceitaríamos sacrificar algumas horas diárias do convívio familiar para exercer o trabalho de legislador, liderança de partido ou titular de um cargo executivo. É plausível que muitos estejam dispostos a aceitar esse tipo de sacrifício, que, de resto, pode não ser um verdadeiro sacrifício, já que oferece a oportunidade de satisfação de um desejo genuíno. Essa medida implicaria um verdadeiro rodízio de representantes, prática a nosso ver superior à ideia, mais ou menos utópica, em todo caso muito problemática, da participação direta, da não representação. Ademais, ela poderia se combinar com uma legislação facilitando o *recall*, isto é, a possibilidade de uma declaração popular que anule a investidura de um representante antes do tempo previsto de seu mandato.

A essas considerações, poder-se-ia acrescentar, no tocante ao plebiscito ou ao referendo, que há um problema de resolução difícil em relação a esses instrumentos. Em princípio, eles parecem significar uma solução ideal. Consulta-se diretamente a opinião popular, os cidadãos. Mas de onde vem a ideia de que ditaduras, totalitárias ou não – de qualquer forma, regimes antidemocráticos –, utilizem sistematicamente os plebiscitos, tendo mesmo uma verdadeira "queda" por iniciativas desse tipo? Viria do fato de que distorcem ou falsificam, de alguma forma, o teor das consultas, assegurando um resultado que lhes seja favorável? Sim, e, contudo, há mais do que isso. Um ponto a destacar é o fato de que, em várias situações, a opinião popular mediada é superior à opinião popular imediata. Claro que esse ponto pode ser utilizado pelas forças conservadoras, e o foi efetivamente em muitas ocasiões, como argumento para questionar a ideia mesma de soberania popular. Mas não é menos verdade que, por exemplo, hoje, na França, a maioria da população é a favor da pena de morte em geral – e talvez até da tortura aos terroristas –, enquanto a opinião dos congressistas, em sua maioria, não vai nessa direção. Há aí um aparente paradoxo, que, todavia, pode ser resolvido pelo argumento de que, respeitadas efetivamente todas as formas e garantias, a opinião popular expressa por representantes, tal como um filtro, pode ser menos permeável à demagogia e às ondas de histeria coletiva – não raro produzidas e manipuladas –, e mesmo aos projetos autoritários e totalitários, do que a opinião direta.

Assim, sem deixar de ser um dos horizontes do projeto democrático, há boas razões para evitar que a democracia direta seja posta em prática de forma ilimitada e indefinida, sob pena de uma inversão de suas potencialidades libertárias e igualitárias. É o que oporíamos ao discurso fácil, e perigoso, contra a representação política, discurso que pretende ver nela a origem de todos os males, associando-a a tudo que existe de pior nas democracias contemporâneas: corrupção, irresponsabilidade, autoritarismo, reacionarismo etc. Conforme o perfil de democracia direta que se introduzisse, ou do que se pretendesse destacar sob aquela rubrica, a mudança, se realizável, poderia significar o agravamento do mal, inclusive na direção do autoritarismo, como as experiências históricas, e mesmo algumas do presente, o indicam.

A questão das classes médias

Há uma característica comum na linha política dos partidos de esquerda no Brasil. Eles estão preocupados com as classes populares, mas esquecem quase completamente as classes médias. Talvez até mais grave do que isso: enfatizam o pior do comportamento social e político dessas camadas. Indiscutivelmente, há certos setores de classe média radicalizados à direita. Pode-se mesmo dizer que parte delas é, não propriamente fascista, como se pretendeu, mas pelo menos fascistizante. Mas se trata de setores, não da totalidade, embora sejam consideráveis em termos quantitativos. O que não elimina uma evidência que poucos na esquerda querem ver: uma parcela, e não tão diminuta, das classes médias — parte à qual nós (digo, a intelectualidade de esquerda) pertencemos e, por isso mesmo, paradoxalmente, o fato é obscuro... — tem posições progressistas no plano social, no das liberdades democráticas e no das questões comportamentais (à qual está, em geral, melhor predisposta do que muitos setores das classes populares). Quanta gente comporia esse grupo? Provavelmente alguns milhões. Para uma população de 200 milhões de habitantes, pode parecer pouca coisa, mas não é. Basta dizer que 5 milhões de simpatizantes, por exemplo, implicaria a possibilidade de fazer manifestações com dezenas de milhares de pessoas nas grandes cidades do Brasil. A longo prazo, é claro que o destino do país dependerá da mobilização das classes populares. Mas, sem deixar de satisfazer às exigências imediatas dessas últimas, é preciso trabalhar — pelo menos também — com as classes médias. Os partidos de esquerda, todavia, não fazem isso.

Mas o que é 'trabalhar com as classes médias'? Em primeiro lugar, significa deixar de desqualificá-las. Acabar de uma vez por todas com os discursos que as satanizam. Um ponto que nos parece importante: fala-se muito do "moralismo" das classes médias; suas exigências em termos de honestidade administrativa aparecem com frequência como um ponto negativo, supostamente advindas dos privilégios relativos dessas camadas, ou de sua posição intermediária, a qual impediria uma visão mais lúcida dos problemas. Em alguma medida, essas teses provêm de um certo marxismo (que nem mesmo é o de Marx, nem do marxismo em geral). Mas seu pressuposto é falso: quando as classes médias, pelo menos seu setor progressista, condenam a corrupção, elas não estão sendo necessariamente "moralistas", isto é, imbuídas de uma exigência de comportamento alheio tão inflexível em todos os campos da vida que elas mesmas, em seu dia a dia, não são capazes de seguir. Essa crítica confunde o "moralismo" em geral, típico da prevenção conservadora contra a liberalização do comportamento pessoal e coletivo, com o zelo republicano pela lisura no campo da moralidade pública. Nesse caso, os partidos e certos intelectuais "revolucionários" é que erram em desdenhar dessa expectativa, a qual aponta para uma mudança radical dos costumes políticos.

Além da busca de um discurso adequado à promoção do progressismo de classe média, há uma outra questão, por assim dizer mais concreta: os governos do PT não foram capazes de elaborar políticas públicas voltadas para essas camadas sociais. Sua intervenção beneficiou, sem dúvida, os mais pobres, assim como, direta ou indiretamente, ofereceu novas oportunidades para os investimentos dos mais ricos. Enquanto isso, toda uma faixa intermediária sentiu-se preterida, seja por arcar o maior peso do imposto de renda, seja por constatar que esse ônus não se reverte em bons serviços públicos, especialmente nas áreas da educação e saúde. O ressentimento subsequente acabou virando terreno fértil para a pregação liberal e conservadora.

Embora essa pregação sempre tenha encontrado audiência na classe média mais tradicional, não precisava ser assim em todas as suas faixas. Amplos setores são hoje sensíveis a uma agenda que, por falta de nome melhor, alguns chamam de "pós-industrial" ou "pós-materialista". Ela está centrada na mudança da qualidade de vida, especialmente das grandes cidades: é ecológica, sem dúvida, mas também voltada para o fortalecimento do espaço público. Este não só tem um sentido político e simbólico – a demanda pela abertura e publicização das atividades do Estado, assim como das grandes organizações privadas – mas também um sentido mais elementar, físico digamos assim, de abertura de mais espaços para o transporte público, ciclovias, parques, praças etc., e para encontros sociais e atividades compartilhadas. Embora não seja a agenda da esquerda tradicional, ela é, indiscutivelmente, progressista e cada vez mais importante. Algo nesse sentido foi promovido na gestão de Fernando Haddad na Prefeitura de São Paulo, mas não sem resistências dentro de seu próprio partido. No plano nacional, vale lembrar, o PT fez coisa um tanto divergente, ao estimular, por exemplo, políticas de incentivo à indústria de automóvel, acirrando os já graves problemas de mobilidade urbana. Longe de nós pensar que essas ações contraditórias são fáceis de equacionar, sabendo o quanto do PIB e do emprego industrial no país ainda é dependente do setor automotivo. Mas algo mais equilibrado poderia ter sido tentado, houvesse na esquerda maior consideração e respeito a anseios que, na verdade, não são apenas das classes médias, simplesmente costumam ter origem nelas.

Democracia *versus* capitalismo: a pauta das grandes reformas

Desde os anos 1980, com o colapso do mundo soviético e o consequente descrédito das ideias socialistas, a esquerda em todos os lugares se vê empurrada para duas alternativas que limitam profundamente suas perspectivas futuras. A primeira, minoritária e dogmática, é a simples reiteração do pensamento e das bandeiras do socialismo tradicional, como se a experiência histórica lhe fosse indiferente, ou então insuficiente para motivar uma profunda revisão teórica e prática: "se o mundo não quer aceitar a verdade de nossas ideias, que se dane o mundo". A segunda alternativa, majoritária e pragmática, é o que alguns chamam de "melhorismo": aproveitar as contradições internas do capitalismo, seus pontos cegos, para promover políticas que beneficiem as classes populares. No campo econômico, são medidas em geral mais adaptativas do que propriamente transformativas que, ao realizarem um excedente significativo, são convertidas, aí sim, em políticas sociais visando a uma distribuição mais justa da riqueza, com efeitos importantes na consciência política dos beneficiados. Porém, efeitos limitados, não só porque estão à mercê das reversões implacáveis dos mesmos ciclos econômicos que, inicialmente, propiciam o excedente a ser redistribuído, mas também porque acabam recalcando uma pauta mais ousada de reformas estruturais. Essa foi, em poucas palavras, a principal limitação a que os governos de esquerda e centro-esquerda se viram submetidos nos últimos anos.

Longe de pretender um retorno a perspectivas totalizantes, com seus projetos de redenção completa da vida social – fim do Estado, abolição da propriedade privada, do mercado etc. –, essa avaliação apenas ressalta a necessidade, e mesmo a urgência, de não se perder de vista a crítica do capitalismo contemporâneo. É ela que pode orientar a elaboração de um programa consistente e exequível de macrorreformas econômicas e sociais que consigam ir além do "melhorismo". Reformas que, em longo prazo, visem não à eliminação completa do capital, mas a sua neutralização, especialmente no que diz respeito a sua tendência de submeter, num mesmo mecanismo de cega acumulação, todos os aspectos da vida humana. Aqui, já nem insistimos numa suposta tendência à produção da miséria material, mas sim nas crescentes desigualdades de renda e riqueza, nos comportamentos patológicos das classes privilegiadas, na destruição da natureza e na degradação da vida política pela influência do dinheiro. Essa última, a degradação decisiva, ao bloquear o avanço dos ideais democráticos que, na forma e no conteúdo, poderiam promover a neutralização acima referida. Disso resulta ser o progresso da democracia (entendida no seu sentido mais amplo, o daquela que visa à combinação da igualdade social com o mais amplo leque de liberdades) o único antídoto de que dispomos nos dias de hoje para contrarrestar o poder do capitalismo.

Mas a busca da neutralização do capital, ainda que realista, é uma meta de longo prazo. Em curto e médio prazo, trata-se de pensar num programa que aprofunde a democratização do Estado, limite o poder dos bancos no mesmo compasso em que encontre modos de reverter o atual domínio do capital financeiro sobre todos os demais, e reduza as desigualdades. Em contexto brasileiro, um programa que, seriamente elaborado em termos teóricos, tenha a ambição de se tornar uma bandeira de mobilização de massa. Afinal, por maiores que tenham sido os erros e enganos da política de esquerda pré-64, faziam-se mobilizações em favor das "reformas de base". A ideia de um amplo movimento popular visando a macrorreformas não tem nada de inexequível. Haveria de ser muito mais importante, e quiçá encontrasse menos resistências, do que mobilizações pontuais – por exemplo, contra o aumento das tarifas do transporte público – que, embora desempenhem um papel positivo de problematizar o presente, logo se esgotam em sua própria singularidade.

Haveria também de realçar um aspecto que nos parece central nesse hipotético programa, muito propício para aliar a meta de redução das desigualdades com uma política de aproximação dos setores progressistas das classes médias. Trata-se da reforma da legislação fiscal brasileira. Que a alíquota máxima do imposto de renda corresponda a menos de 28% é uma verdadeira aberração. Um assalariado de renda média, que pode até ser um operário qualificado, paga a mesma coisa que um milionário. Compare-se essa porcentagem e o conjunto de alíquotas da legislação brasileira com o que se paga na Europa. A diferença é brutal, e, ainda assim, há no chamado "mundo desenvolvido" todo um movimento em favor da maior democratização do imposto de renda... Essa discrepância se justificaria porque o Brasil é um país "emergente", sedento de novos capitais? Nem pensar. Um sistema razoavelmente justo de cobrança do imposto de renda não levaria necessariamente a uma redução do investimento. Provavelmente, induziria menos gastos de luxo por parte das minorias privilegiadas. Mas nada se fez nesse campo. Como seria de esperar, a direita manteve-se contra, mas também os governos do PT resolveram não mexer nesse terreno. Apenas agora, com a crise econômica, e por motivos mais táticos do que programáticos, resolveu tematizá-lo.

Assim, impõe-se uma grande reforma do imposto de renda, que poderia e deveria angariar amplo apoio popular. Com ela se acrescentaria, como na Europa, um imposto sobre as grandes fortunas. Nesse mesmo sentido, será preciso mudar as regras dos impostos sobre sucessão. Também aí a diferença em relação ao sistema europeu é, salvo engano, tão escandalosa quanto a que existe no imposto de renda. A não ser recentemente, pouco se falou, mesmo durante os anos em que um ex-operário governava o país, desses privilégios das classes dominantes brasileiras, como se fossem a expressão de um direito intocável. Mas a proposta de eliminá-los nada tem de radical, uma vez que se baseia num princípio antigo – o imposto progressivo –, posto na agenda pública desde a Revolução Francesa. Porém, no Brasil, a resistência tenaz que oferece e o silêncio cúmplice que a acompanha são a maior evidência de que só uma grande pressão popular poderia transpor os obstáculos e colocá-la na ordem do dia.

Poderíamos estender a discussão para outras reformas igualmente importantes: as reformas da saúde e da educação, a urbana, a agrária (esta, necessariamente ancorada num balanço crítico dos recentes desenvolvimentos da agricultura brasileira) e assim por diante. Deixaremos de fazê-lo, porém, não tanto por razões de espaço, mas pela simples necessidade de estudá-las melhor. Bastou-nos, nesta seção, indicar o rumo geral, político mais do que técnico, que um programa de transformações democráticas deveria seguir em nosso país.

A desmoralização do PT e a perspectiva de novas luzes

A esquerda brasileira vive, nos dias que correm, os riscos de uma grande desarticulação e, ao mesmo tempo, as possibilidades de uma renovação. O PT, não resta dúvida, está ultradesmoralizado, quase em falência política e material. Sofre enormes pressões externas, afastado do governo, derrotado nas eleições municipais de 2016, assediado simultaneamente por tribunais de justiça, pela mídia e pelas ruas. Mas também pressões internas, que o ameaçam de uma implosão que forçaria seus militantes e dirigentes a uma irremediável diáspora. Tem chances de se reerguer?

Seria desejável que se reerguesse? Ninguém sabe no momento o tamanho exato do estrago, mas desde já se constata que uma parte de seus quadros, frequentemente os melhores, caminha para sair do partido. Alguns deles jogando a carta de uma reorganização política.

Mas afora o PT, o que existe? Nada muito entusiasmante até agora. O PSOL teve o mérito de tomar distância em relação às práticas petistas. Mas é um partido de ideias pouco arejadas, assumindo cada vez mais um perfil ortodoxo, bastante influenciado por neoleninistas e pró-castristas, embora ainda milite nele gente com opiniões menos ortodoxas. O que resta então? A Rede, liderada por Marina Silva, não anda bem. Em particular, e a despeito das qualidades de sua personalidade moral e política, as movimentações e o discurso de Marina e seu *entourage* nos fazem levantar duas restrições importantes: por um lado, seu conservadorismo em matéria de questões comportamentais, aborto, por exemplo; por outro, o fato de seu programa econômico ter se aproximado de uma perspectiva liberal.

O PSDB é hoje um partido de centro-direita, mas que na origem tinha objetivos sociais-democratas, ou pelo menos várias de suas lideranças os tinham. Os anos à frente do governo e, depois, liderando a oposição ao PT pela direita, praticamente apagaram essa origem. Tornou-se coadjuvante do governo Temer. Dificilmente os tucanos redescobrirão, agora, a social-democracia. Em todo caso, pensamos que também com eles se deve travar uma discussão. Pelo menos com seus melhores elementos. Entre outros motivos, porque essa interlocução é proveitosa para os debates que se fazem e se farão dentro da esquerda.

Apesar dos enormes abalos sofridos, nosso prognóstico é de que o PT continuará a existir, ainda que numa forma completamente desencantada. Isto é, convertido de vez numa máquina política pura e simples, gerida por um grupo fechado de hierarcas sob o comando de um líder carismático decadente, mas mantendo, ainda assim, um grande lastro popular. Sem deixar de permanecer, até por razões estratégicas, no campo da esquerda, definido frouxamente, aprofundará sua política de explorar brechas no sistema em vigor para um programa redistributivo, voltado para as classes populares, em troca da sobrevivência eleitoral da própria máquina, assim como da promoção de privilégios e enriquecimento pessoal de seus chefes. Enfim, um corpo político mais ou menos funcional, habitado por um espírito cansado e corrompido. Com isso, deverá seguir contando no tabuleiro político, mas sem o impulso transformador de outrora, sem o sopro da renovação de que a esquerda brasileira tanto necessita, não só para fazer frente à onda conservadora que se avoluma, mas para voltar a se oferecer como uma real alternativa programática e de poder.

Exatamente por esse motivo uma recomposição de forças se faz necessária. O que exige reunir o que houver de melhor em todos os partidos progressistas e pouco a pouco formar um núcleo mais afinado dentro de uma frente ampla de esquerda. Talvez até mesmo buscar a constituição de um novo partido, havendo suficiente disposição e oportunidade para isso, nos moldes, por exemplo, do que vem acontecendo na Espanha. Mas ainda é cedo para dizer. O fato indiscutível é que, com a crise de confiança avassaladora a que assistimos, todo o jogo político à esquerda, há anos centrado no protagonismo do PT, reabriu-se mais ou menos de súbito, sem que ninguém estivesse realmente preparado para o evento, nem mesmo os atores à direita. Disso só se pode esperar efeitos desanimadores em curto prazo, mas talvez não em médio e longo prazo. Cabe, no entanto, envidar desde já todos os esforços para que a reabertura do jogo se converta não numa melancólica desarticulação do campo, em face das enormes dificuldades que se veem à frente, mas, ao contrário, num polo que aglutine uma força política revigorada, com novas ideias e novas práticas.

6. Esquerda: uma crise de pressupostos

Aldo Fornazieri

O problema da classe como sujeito histórico

O conflito social sempre existiu nas diversas sociedades e sempre deverá existir, ao menos enquanto a humanidade carregar as atuais determinações biológicas e psicológicas. É certo que esse conflito se particulariza em cada sociedade e se especifica segundo as circunstâncias históricas, geográficas, econômicas, culturais e sociais. Também é certo que ele adquire algumas características universalizantes, de conteúdo supranacional, em situações gerais assemelhadas, em diferentes lugares.

Maquiavel (2002) foi um dos primeiros pensadores modernos a perceber a universalidade do conflito humano e seu vínculo com a natureza humana, pois ele é um desdobramento da condição natural dos seres humanos – que sempre competiram por segurança, alimentos, sobrevivência, posses, riquezas, poder etc. Tudo somado, nas diferentes histórias das sociedades, a dominação de poucos sobre muitos prevaleceu sobre a solidariedade, a desigualdade sobre a igualdade, a riqueza sobre a pobreza, o capital sobre o trabalho e o poder político de poucos sobre os cidadãos. Tudo somado também, os dominados, os escravizados, os oprimidos, os explorados sempre admitiram mais suas respectivas condições do que as rejeitaram por meio de revoltas, guerras e revoluções. A aceitação passiva da dominação decorre de vários fatores, com destaque para: temores que a condição de dominado suscita, incertezas que possíveis mudanças provocam, condicionamentos psicológicos e materiais determinados pela condição de subalternidade e naturalização da relação dominador-dominado.

À medida que os grupos antigos foram passando do nomadismo para o sedentarismo e das aldeias para as cidades foram se intensificando, num processo que continua até hoje, a divisão do trabalho, a divisão social crescente e sua complexificação e o crescimento dos carecimentos humanos de forma ilimitada. Hegel (1986), em *Princípios da Filosofia do Direito*, mostra que a divisão do trabalho e a satisfação dos carecimentos estão relacionadas numa dinâmica que não só produz o crescimento de grupos sociais específicos, mas também estimula ambos os polos da relação – divisão do trabalho (divisão social) e multiplicação dos carecimentos. A crescente especialização é uma decorrência dessa dinâmica.

Desse processo todo decorreu também uma crescente organização e diversificação da produção, da organização religiosa, política, social e cultural. O problema da dominação sempre se imbricou com essas diversas formas de organização e dos fins para os quais elas eram orientadas. Essas formas de organização carregaram e carregam duas tendências opostas, mas não inteiramente inconciliáveis: a tendência de instituição de mecanismos tangíveis e intangíveis, materiais e simbólicos para garantir a dominação, os privilégios sociais, políticos, culturais e religiosos, a riqueza material; e a tendência de instituir mecanismos e ações para limitar os abusos dos poderosos e estabelecer condições de maior igualdade. O legislador Sólon, a tirania de Pisístrato e a democracia de Clístenes e Péricles são exemplos, em Atenas antiga, da tentativa de limitar a dominação e a exploração.

Ao contrário do que disseram Marx e a doutrina marxista ortodoxa, não há uma passagem natural, automática, consequencialista ou regida por uma lei da história qualquer de qualquer ordem de dominação econômica e social para uma ordem política que lhe seja oposta. Pelo contrário: há uma recorrente intervenção da política para organizar as diversas formas de dominação, para limitá-las ou para confrontá-las e suprimi-las. Aqui está a raiz da crise de um pressuposto ou de uma premissa que atribui à classe operária moderna o papel de sujeito histórico de superação do capitalismo e de todas as formas de sociedade fundadas na divisão de classes.

Não há como negar que Marx e o marxismo estabeleceram a premissa de que a classe operária se constitui no sujeito histórico capaz de realizar a transformação da sociedade capitalista em sociedade socialista e, finalmente, em sociedade comunista. Revisões dessa premissa e do papel da classe operária foram realizadas no interior do próprio marxismo no âmbito da Teoria Crítica, do Estruturalismo, do Construtivismo, do Existencialismo e dos enfoques que adotam o individualismo metodológico. Em que pesem essas várias revisões e os avanços que os vários pensadores promoveram, ocorre que o marxismo militante e ativista, dos partidos e dos movimentos sociais, mostrou-se refratário às novas formulações e permaneceu prisioneiro dos cânones clássicos e ortodoxos que derivaram do pensamento de Marx. Não é objetivo deste artigo analisar as revisões promovidas pelas diversas escolas de pensamento marxista. Busca-se apenas estabelecer um fio condutor do pensamento marxista politicamente militante e suas conexões com pressupostos e conceitos que, no entendimento aqui estabelecido, são fatores de crise da esquerda.

Para não deixar passar em branco no âmbito dos limitados objetivos deste texto, basta aqui pontuar, brevemente, algumas das principais revisões teóricas que ocorreram no interior do marxismo acerca da tese da classe operária como sujeito histórico da revolução. Para os representantes da Escola de Frankfurt, por exemplo, a classe operária não cumpriria mais o papel de sujeito histórico, pois ela teria sido integrada ao capitalismo por um processo de alienação totalizante que engloba todo o sistema e os agentes sociais que nele operam.

André Gorz, nos seus principais livros – *Adeus ao proletariado, Miséria do presente* e *Riqueza do possível* –, promove uma das mais radicais revisões do papel da classe operária como sujeito transformador da história. Resumidamente, Gorz (1982) sustenta que as transformações que ocorrem no capitalismo a partir da década de 1970, promovidas pela revolução tecnológica, tenderiam a reduzir cada vez mais o trabalho na sociedade e, junto com a crescente racionalização capitalista, suprimiriam a possibilidade da revolução socialista tal como foi pensada, com a coletivização dos meios de produção. As mudanças tecnológicas aboliriam cada vez mais o trabalho fabril, reduzindo não só o antagonismo principal entre capital e trabalho apontado por Marx, mas o próprio papel do trabalho como principal fundamento da sociabilidade humana. A divisão, a complexificação e a especialização do trabalho requeridas pela revolução tecnológica confrontariam a autogestão da produção, indicada por Marx. Pelo contrário: aumentariam a alienação do trabalhador, impossibilitando a sua passagem para um nível de consciência motivadora de uma transformação revolucionária. A partir disso, Gorz opera uma outra perspectiva de mudança social: os sujeitos dessa transformação seriam aqueles indivíduos e grupos que se situam nas esferas do não trabalho que poderiam exercer uma atividade limitadora da esfera da racionalidade econômica. Consequentemente, indivíduos "não trabalhadores" e situados num lugar de "não classe" poderiam assumir o papel de sujeitos da transformação social. O trabalhador situado na esfera do trabalho funcionaria como um autômato da racionalidade capitalista. Mas se dispusesse de uma grande quantidade de tempo livre, poderia desempenhar um papel de sujeito. Em suma, a classe operária teria perdido a condição de ser o sujeito histórico da revolução.

Outros dois pensadores, cada um a seu modo e de modos diferentes, Louis Althusser (1970) e Nicos Poulantzas (1971), desenvolvem esforços no sentido da recuperação do papel e da importância da política para o processo de transformação social. Althusser desenvolve esse esforço com a elaboração da teoria dos aparelhos ideológicos do Estado, promovendo um diálogo com os pensamentos de Maquiavel, Rousseau, Lênin e Gramsci. Buscando fugir do "economicismo" e da inadequação da ideia da determinação da superestrutura pela estrutura, Althusser elabora a tese de que existem três esferas de atividade humana relativamente autônomas entre si: a econômica, a política e a ideológica. Essas três esferas estabelecem relações assimétricas entre si, com preponderância da esfera econômica. Mas a economia, *per se*, não é capaz de determinar a política e a ideologia. As três esferas são atravessadas pelos conflitos e relações de classe. Para que a dominação seja garantida, a superestrutura precisa intervir usando como meios os Aparelhos Repressivos do Estado e os Aparelhos Ideológicos do Estado, combinando força e convencimento, em termos maquiavelianos e gramscianos. Embora a economia determine as relações em última instância, ela própria, para sobreviver na forma capitalista, depende da intervenção do Estado e da ideologia, da força e do convencimento moral. O Estado desempenha assim um papel vital na reprodução das relações de produção, circunstância que estabelece a importância da política e da ideologia e suas relativas autonomias em relação à esfera econômica da qual permaneciam prisioneiras pelo cânone marxista tradicional.

Poulantzas, no contexto de seus estudos sobre o marxismo italiano, chega a Gramsci e aos conceitos de hegemonia e ideologia fixando-se na importância para o exercício da liderança política, cultural e moral. A partir disso, ele também contribui para abrir brechas de fuga do "economicismo" que procura derivar do conflito imediato entre o capital e o trabalho um conflito mediato quanto às formas de organização política da sociedade. Ele também destacou o papel que Gramsci atribui ao Estado como elemento de mediação da dominação do bloco de poder e a recorrente desorganização das camadas subalternas, recorrentemente dominadas pelos meios e recursos do exercício da hegemonia. Buscando compreender a relação entre a determinação econômica e a determinação política na ação dos sujeitos, Poulantzas propõe a ideia de que é preciso partir primeiro da noção de "práticas sociais" para depois chegar ao conceito de "classe social". No âmbito dos conflitos gerados pelo capitalismo, existiria uma defasagem entre as práticas sociais e a classe como um conjunto coerente com prática social homogênea. No nível das práticas sociais, em que pese a existência do conflito, não há uma contradição entre a classe e o sistema. A classe como conjunto homogêneo só surgiria na iminência de um processo revolucionário. Fora desse momento crítico da conjuntura não é possível sinalizar a existência do sujeito histórico identificado à classe operária, pois suas práticas sociais, econômicas, ideológicas e políticas operam em defasagens não contraditórias com o modo de produção capitalista.

Uma problematização mais recente e mais complexa, para citar numa última referência acerca do papel da classe operária na transformação social e do próprio conceito de classe, foi desenvolvida por Pierre Bourdieu. A síntese do conceito de "classe social" em Bourdieu é de que se trata de uma construção teórica com a finalidade de identificar relações desenvolvidas e/ou mantidas por grupos sociais que ocupam posições interseccionais ou próximas nos espaços sociais definidos pelo capital que cada grupo possui. Ele emprega o conceito de capital de forma abrangente, compreendendo-o nas suas dimensões econômica, social, política, cultural etc. Quanto mais próximos os grupos nos espaços sociais, mais probabilidade eles têm de possuírem práticas assemelhadas. "Classe social" é um conceito usado como instrumento analítico e compreensivo pelo estudioso ou pelo pesquisador. Não há uma realidade empírica que conforma uma clara e delimitada fronteira entre classes sociais diferentes como supôs a tradição marxista:

> Com base no conhecimento do espaço das posições, podemos recortar classes no sentido lógico do termo, quer dizer, conjuntos de agentes que ocupam posições semelhantes e que,

colocados em condições semelhantes e sujeitos a condicionamentos semelhantes, têm, com toda a probabilidade, atitudes e interesses semelhantes, logo, práticas e tomadas de posição semelhantes (Bourdieu, 1989, p. 136).

Trata-se assim de uma construção teórica, de uma classificação discricionária e descritiva e sua aceitabilidade ou não depende do grau de consenso que os pares iniciados da Sociologia conseguem construir entre si. As relações entre os distintos e interativos grupos situados no espaço social não são previamente moldadas, definidas e dadas por supostos papéis históricos que cada grupo desempenharia, posto que emergem sempre de uma realidade empírica. Para compreendê-las são necessárias pesquisas capazes de aferir essas relações, as intersubjetividades, as concepções de mundo e os interesses específicos que os grupos comportam. Os instrumentos conceituais, analíticos e os meios e métodos de aferição quantitativos e qualitativos permitem perceber como esses grupos se estruturam nas dimensões social, econômica, cultural, religiosa, política etc.

A delimitação teórica dos grupos sociais, a sua compreensão por meio dos instrumentos analíticos e de pesquisa não autoriza que a eles se atribuam metainteresses, metaconsciências e metapapéis históricos. A existência empírica de grupos sociais interseccionais ou em conflito não legitima nenhuma transcendência imanente.

Bourdieu trabalha seu conceito de classe social a partir da adoção de outros dois conceitos que lhes são preliminares e, de certa forma, constitutivos: os conceitos de campo social e espaço social. Os atores sociais – classes, grupos – estariam espacialmente situados em campos sociais, as realidades sociais constituídas empiricamente nas quais os atores se relacionam. Os atores sociais seriam possuidores ou portadores de determinados capitais – capital social, econômico, político, artístico, cultural, esportivo, religioso etc. – e de um "habitus" que condiciona a ocupação espacial no campo social e os modos de conduta, de viver, de lutar, de agir, os interesses, as motivações e os desejos.

Dois elementos, o capital econômico e o capital cultural, são os que mais condicionam a posição, a espacialidade que cada grupo ocupa no campo social. A proximidade ou distanciamento dos grupos entre si depende do grau de similaridade ou disparidade da posse desses capitais. Isso permite estabelecer que, em sociedades mais igualitárias, os conflitos derivados das diferenciações dos respectivos capitais tendem a ser menores. Os grupos sociais seriam mais homogêneos. Os conflitos seriam determinados pelo quantum de capitais distribuídos nos diversos grupos. Bourdieu afirma que "sem dúvida, os agentes constroem a realidade social; sem dúvida, entram em lutas e relações visando a impor sua visão, mas eles fazem sempre com pontos de vista, interesses e referenciais determinados pela posição que ocupam no mesmo mundo que pretendem transformar ou conservar" (Bourdieu, 1989, p. 8).

O que caberia perguntar a Bourdieu é o seguinte: em que pesem existirem as lutas, os interesses, os referenciais determinados pela posição que os grupos ocupam no campo social, isso determina a conformação de grupos sociais identitários e autoconscientes de suas identidades? A resposta é negativa, pois as lutas, os interesses e os referenciais são transversais e se entrelaçam numa teia complexa de identidades e contradições variáveis. A identidade mais perceptível e mais estabelecida é a da condição econômica e a menos estabelecida é a cultural.

Em *Razões práticas: Sobre a teoria da ação*, Bourdieu define o conceito de classe social nos seguintes termos:

> É preciso construir o espaço social como estrutura de posições diferenciadas, definidas, em cada caso, pelo lugar que ocupam na distribuição de um tipo específico de capital. (Nessa lógica, as classes sociais são apenas classes lógicas,

determinadas, em teoria e, se se pode dizer assim, no papel, pela delimitação de um conjunto – relativamente – homogêneo de agentes que ocupam posição idêntica no espaço social; elas não podem se tornar classes mobilizadas e atuantes, no sentido da tradição marxista, a não ser por meio de um trabalho propriamente político de construção, de fabricação – no sentido que E. P. Thompson fala em *The Making of the English Working Class* – cujo êxito pode ser favorecido, mas não determinado, pela pertinência à mesma classe sócio-lógica) (Bourdieu, 1996: p. 29).

O que se evidencia, assim, é uma ruptura com as teorias marxistas acerca do conceito de classe social e de seu suposto papel na história. Bourdieu não autoriza uma interpretação segundo a qual as classes têm papéis e missões históricas definidas simplesmente pelo lugar que ocupam na produção. Não há um sujeito histórico imanente ou transcendente. Os sujeitos se constituem historicamente em circunstâncias determinadas. Os grupos sociais podem desempenhar papéis de sujeitos em diferentes atividades. Essas atividades são específicas e diferenciadas entre si, embora possam relacionar-se e interagir. Por exemplo: a atividade econômica ou cultural de um determinado grupo não é sua atividade política embora possam interagir com a atividade política. A política ocupa um papel fundamental na construção dos sujeitos políticos.

O que se pode concluir dessas sínteses e de outras não referidas aqui é que o conceito de classe social é pluralista e não unívoco, assim como os seus possíveis papéis políticos e sociais. É um conceito historicamente delimitado à Era Moderna, ao surgimento da sociedade industrial e capitalista. É um conceito variável no tempo e entre os diversos autores que dele se valem. No máximo, se podem estabelecer alguns poucos mínimos denominadores comuns entre as diversas acepções acerca do conceito (Bobbio, 1983). No próprio

Marx, embora ele nunca o tenha definido explicitamente, podem ser encontradas três acepções do conceito.

Quanto aos mínimos denominadores comuns acerca do conceito, convém assinalar apenas dois: o primeiro consiste na delimitação histórica do surgimento e do uso do conceito, relativa à Era Moderna e à sociedade industrial e capitalista. Embora em *O manifesto comunista* (Marx-Engels, 2006) os autores afirmem que "a história de todas as sociedades que existiram até nossos dias tem sido a história das lutas de classes", de modo geral eles usam o conceito para referir-se às duas classes fundamentais do mundo capitalista – a burguesia e o proletariado.

O segundo mínimo denominador comum se refere ao entendimento de que o conceito de classe se remete às desigualdades estruturadas e sistemáticas do modo de produção capitalista. Ele não pode ser aplicado a-historicamente a formações do passado – definidas por outras categorias O conceito não abarca as noções de desigualdades naturais, de gênero, étnicas ou de qualquer outra ordem, embora essas possam se articular com as desigualdades sociais estruturais, observa Bobbio. Para além desses mínimos denominadores comuns há uma diversidade de acepções que não convém tratar no âmbito do presente texto.

A classe como fato social empírico: uma categoria analítica

Em Marx, como se disse, existem, ao menos, três acepções acerca do conceito de classe: como categoria teórica analítica; como sujeito alienado (classe em si); e como autoconstituição política consciente de si (classe para si). Em momento algum, Marx trata das relações conectivas entre as três acepções. No máximo, procura desenvolver a conexão entre a classe como sujeito alienado e a classe como sujeito político que adquire consciência de si. Essa conexão aparece de forma particular em O *manifesto comunista* e, como se verá, trata-se de uma construção teórica problemática.

A ideia de que a classe expressa uma situação social de fato é aceita por teóricos marxistas e não marxistas. Ao contrário de divisões e diferenças sociais anteriores, como ordens, castas etc., as classes sociais no capitalismo não têm um reconhecimento e uma constituição jurídica. No âmbito da democracia representativa e do ponto de vista jurídico e formal, o Estado não reconhece a existência das classes ao estabelecer o princípio da igualdade perante a lei. Esse princípio, claro, não anula as diferenças sociais e materiais que têm uma existência de fato. Esse arranjo permite a mobilidade social dos indivíduos e o trânsito dos mesmos de uma classe para outra, mas não anula a existência sistemática e estrutural das diferenças e desigualdades que adquirem um caráter de perdurabilidade no sistema capitalista.

A classe, dessa forma, é um fato social empírico apreendido pelas categorias analíticas. Ela não é um sujeito que se autodefine por uma subjetividade de natureza política ou ideológica, nem é um agrupamento de sujeitos individuais que decidem aderir a ela – a essa condição de fato. Em suma, não é uma determinação da vontade, mas uma realidade que emerge da estrutura de desigualdades que o sistema apresenta e favorece.

Com isso, já existem duas conclusões: não se pode pertencer a uma classe nem por direito, nem por escolha, mas de fato, como indica o verbete de Bobbio. Agregue-se a isso também que o nascimento não se constitui numa condição natural determinante quanto ao pertencimento a uma classe, embora as condições sociais e econômicas do nascimento impliquem graus significativos de determinação de integração à mesma classe, mas de forma relativa. Um operário ou um pobre pode ascender à chamada classe burguesa e vice-versa. Nas sociedades de castas e mesmo na nobreza feudal, o nascimento lastreava uma lei tradicional, ou norma jurídica, definidora do pertencimento a determinado grupo. A sociedade de classes comporta o pressuposto da mobilidade social, mesmo que esta esteja dificultada por uma série de condições e situações de fato relativas às estruturas sociais e econômicas do mundo capitalista.

A partir dessa condição de fato das relações no sistema produtivo, Marx usa a noção de classe como categoria analítica. É certo que para ele as categorias surgem do mundo real definindo-se nas relações de produção dos homens entre si e de sua relação com a natureza. Elas se desenvolvem com a expansão do conhecimento que emerge dessa estrutura produtiva e com a evolução da prática social.

Desde Platão, não há consensos entre filósofos e cientistas sobre o que sejam as categorias. De um ponto de vista geral, uma categoria é uma noção que serve como regra de pesquisa ou investigação ou como expressão linguística nos diversos campos da pesquisa. Na atualidade, cientistas e filósofos são profícuos na proposição de novas categorias como instrumentos de pesquisa e de expressão linguística, circunstância que vem permitindo uma "desossificação" e "flexibilização" das metodologias e das próprias ciências. Assim, uma categoria não é apenas o que emerge da empiria e da dimensão aplicada das ciências, mas são também propostas de forma teórica constituindo um momento subjetivo no desenvolvimento das ciências.

Independentemente do que Marx entenda o que seja uma categoria, o fato é que ele usou o conceito de classe como uma categoria analítica, como um instrumento para analisar o fenômeno social e produtivo da realidade capitalista. Enquanto categoria analítica, a classe aparece determinada na sua relação produtiva com a natureza no processo de objetivação. O homem, como ser genérico, objetiva-se pela atividade. A atividade humana que produz objetos sempre é um processo de objetivação da essência humana genérica. No processo de consumo, o ser humano genérico pode subjetivar o seu objeto. O homem é o sujeito na relação com a natureza mediante sua atividade produtiva. Ocorre que, na sociedade capitalista, a atividade humana criadora de novas objetividades é condicionada por relações determinantes, definidas pelo modo de produção e pelas relações sociais dele decorrentes. O modo de produção e as relações sociais determinam e conformam grupos sociais específicos – as classes sociais – capturados pelo processo do conhecimento da sociedade mediante o uso de categorias analíticas. Marx quer dizer que o ser genérico do homem enquanto sujeito que se determina pela sua atividade não é algo que aparece na história de forma genérica. Ele aparece sempre no contexto da divisão do trabalho, circunstância que dá forma aos grupos sociais.

No primeiro capítulo de *O capital*, Marx indica que somente no capitalismo aparece a produção de mercadorias de forma generalizada. O produtor dessas mercadorias é o trabalhador como ente coletivo. No processo de objetivação de mercadorias, o trabalhador produz de forma abstrata, as mercadorias aparecem como portadoras de valor de uso e de valor enquanto tal, e a classe trabalhadora, como produtora de valor, produz de forma assalariada. Isso implica que a própria força de trabalho seja vendida como mercadoria.

O trabalho real e vivo do trabalhador produz o valor e o capital. Por trabalhar além do que necessita para sobreviver, por produzir mais do que o valor de uso, o trabalhador produz mais-valia. Dessa forma, o seu trabalho adquire duas dimensões: trabalho vivo, enquanto trabalho concreto que produz valor de uso, e trabalho abstrato, enquanto trabalho que produz mercadorias de forma generalizada que não lhe pertencem, mas pertencem a outro. Enquanto produtor de trabalho vivo, o trabalhador é sujeito como ser genérico; enquanto trabalhador coletivo que produz trabalho abstrato, o trabalhador é alienado e reificado.

Na medida em que a mais-valia (ou mais-valor) é produzida pelo trabalhador coletivo, o trabalho adquire uma dimensão social e o caráter coletivo do trabalho inclui todos os trabalhadores. Sendo que a produção de mercadorias (e do capital) é obra da atividade coletiva e não individual, o corpo que a produz aparece como classe trabalhadora coletiva. Todas essas conexões, no entanto, não aparecem de forma evidente na aparência da sociedade capitalista ou mesmo nas relações imediatas de trabalho. Elas são apreendidas pelas categorias analíticas mediante o trabalho intelectual.

A rigor, Marx vê uma mútua determinação entre as relações de classe e o modo de produção: o modo de produção incide sobre as relações de classe e as relações de classe definem também o modo de produção. O modo de produção é a forma específica pela qual determinada sociedade reproduz suas condições materiais de existência. Se nesse nível de análise a polaridade fundamental se define, no mundo moderno, pela contraposição entre burguesia e proletariado, ocorre que o capitalismo comporta, além do modo predominante de produção, vários outros modos e formas de produzir que ou são remanescentes do passado ou o desenvolvimento de formas singulares no contexto do próprio capitalismo. Esta complexidade é designada pela noção de formação social, cujas características e conteúdos se definem historicamente. Nesse nível, expressam-se vários grupos e subclasses sociais.

Marx, contudo, é fiel àquilo que havia definido em *O manifesto comunista*: a rigor, existem somente duas classes e somente o proletariado é a classe revolucionária. As demais classes – as camadas médias, o pequeno industrial, o pequeno comerciante, o artífice, o camponês –, todas elas lutam contra a burguesia para sobreviver, mas não são revolucionárias e sim conservadoras, reacionárias, "pois procuram pôr a andar para trás a roda da história". Somente nos momentos críticos da revolução parte delas pode passar para o proletariado, defendendo não mais seus interesses presentes, mas seus interesses futuros. Aqui, na verdade, Marx produz uma miscelânea: adota como ponto de partida as classes de fato, na sua realidade empírica, para transladá-las para sua constituição política. Marx nunca explicou a contento essa passagem, seja em suas referências ao proletariado, seja em suas referências a esses setores intermediários que se deslocariam para a classe revolucionária.

A classe como sujeito alienado da produção

Tem-se então que o processo capitalista de produção define a existência empírica de grupos sociais específicos, determinados pelas estruturas do sistema produtivo e pela divisão social do trabalho. Nesse contexto, a classe operária se objetiva como trabalhador coletivo produtor de mercadorias, de valor e de capital, cuja expressão última é o dinheiro. A criação da moeda e seu uso generalizado no mundo capitalista desnaturalizaram as relações humanas relacionadas à satisfação das necessidades pela atividade, pelas trocas e pelo comércio. As relações naturais e imediatas, as atividades, as mercadorias e o consumo passaram a ser mediadas pelo valor simbólico do dinheiro. Surge aqui a tese do fetiche da mercadoria, exposta em O capital. A mercadoria encobre e oculta as relações sociais em forma de relações materiais.

Ao não ter consciência das relações que objetivam, os produtores aparecem como sujeitos alienados, como sujeitos que não sabem o que fazem. Isso se deve ao fato de que as mercadorias, produzidas como valor de uso, transmutam-se em valor de troca e o trabalho concreto, vivo, se transmuta em trabalho abstrato. Marx descreve da seguinte forma esse processo de transmutação:

> Deixando de lado então o valor de uso dos corpos das mercadorias, resta a elas apenas uma propriedade, que é a de serem produtos do trabalho. Entretanto, o produto do trabalho também já se transformou em nossas mãos. Se abstrairmos o seu valor de uso, abstraímos também os componentes e formas corpóreas que fazem dele valor de uso. Deixa já de ser mesa ou casa ou fio ou qualquer outra coisa útil. Todas as qualidades sensoriais se apagam. Também já não é o produto do trabalho do marceneiro ou do padeiro ou do fiandeiro ou

de qualquer outro trabalho produtivo determinado. Ao desaparecer o caráter útil dos produtos do trabalho, desaparece o caráter útil dos trabalhos neles representados, que deixam de diferenciar-se um do outro para reduzir-se em sua totalidade a igual trabalho humano, a trabalho humano abstrato (Marx, 1983, p. 47).

O que resta então é a mercadoria carregada de valor de troca ou, simplesmente, valor, essa "objetividade fantasmagórica, uma simples gelatina do trabalho humano indiferenciado". Dado o caráter social e abstrato do trabalho que produz mercadorias, estas, ao serem objetivadas como portadoras de valor de troca, adquirem autonomia frente aos produtores. Nesse processo, o trabalho vivo, trabalho do sujeito real, torna-se meio da produção de trabalho abstrato, materializado nas mercadorias. Em sua "vida própria", as mercadorias aparecem tendo relações entre si e com os homens, despidas do trabalho humano concreto e da atividade objetivante real. Ao se transformarem as mercadorias em fundamento das relações sociais, deslocam o produtor do trabalho vivo para a condição de objeto e elas assumem a dimensão de sujeito real. Dessa forma, o produtor coletivo, a classe operária aparece como classe reificada.

Marx chama de fetichismo essa "vida concreta", essa autonomia das mercadorias que provêm do trabalho social que as produz. A forma acabada do fetichismo da mercadoria está no valor, pois ele encobre todo o processo humano pelo qual foi determinado. Dessa forma:

> o valor não traz escrito na testa o que ele é. O valor transforma muito mais cada produto de trabalho em um hieróglifo social. Mais tarde os homens procuram decifrar o sentido do hieróglifo, descobrir o segredo de seu próprio produto social, pois a determinação dos objetos de uso como valores, assim como a língua, é um produto social" (Marx, 1983, p. 72).

Se os produtores coletivos – a classe operária – fossem capazes de decifrar os sentidos do "hieróglifo social", desvendariam o segredo de sua posição na produção capitalista e os mecanismos encobertos e alienantes dessa produção. No entanto, nessa parte de *O capital*, Marx não atribui essa tarefa à classe operária, mas ao trabalho científico: "A tardia descoberta científica de que os produtos do trabalho, enquanto valores, são apenas expressões materiais do trabalho humano despendido em sua produção, faz época na história do desenvolvimento da humanidade, mas não dissipa, de modo algum, a aparência objetiva das características sociais do trabalho" (Marx, 1983, p. 72).

Logo adiante Marx corrobora essa tese mostrando que somente quando o capitalismo encontra sua forma desenvolvida é possível entendê-lo. E o caminho de sua compreensão consiste em estudar aquilo que, simbolicamente, tipifica o capitalismo: o dinheiro. Diz Marx:

> A reflexão sobre as formas de vida humana, e, portanto, também sua análise científica, segue contudo um caminho oposto ao desenvolvimento real. Começa *post festum* e, por isso, com os resultados definitivos do processo de desenvolvimento. As formas que certificam os produtos do trabalho como mercadorias, e, portanto, são pressupostos da circulação das mercadorias, já possuem a estabilidade das formas naturais da vida social, antes que os homens procurem dar-se conta não sobre o caráter histórico dessas formas, que eles antes já consideram como imutáveis, mas sobre seu conteúdo. Assim, somente a análise dos preços das mercadorias levou à determinação da grandeza do valor, somente a expressão monetária comum das mercadorias levou à fixação de seu caráter de valor. É exatamente essa forma acabada – a forma dinheiro – do mundo das mercadorias que objetivamente vela, em vez de revelar, o caráter social dos trabalhos privados e, portanto, as relações sociais entre os produtores privados (Marx, 1983, p. 73).

Ou seja, somente no plano científico é possível perceber a real posição e a real função que cada ator social ocupa e desempenha na produção capitalista. No plano da realidade, prevalece o fetiche e a fantasmagoria, a estabilidade da naturalização da vida social, o sentido oculto do hieróglifo social. Assim, seriam os "cientistas", os estudiosos os verdadeiros sujeitos da consciência da possibilidade e da potência da transformação histórica que o capitalismo pode sofrer, e não propriamente a classe operária. Os produtores, os trabalhadores percebem apenas a aparência naturalizada das relações sociais. Eles veem a realidade do mundo dominado pelas mercadorias, pelo consumo. Os mecanismos secretos do hieróglifo permanecem velados pelo mundo fantasmagórico em que vivem.

Ao analisar a inversão sujeito-objeto no processo de trabalho em *O capital*, Marx apresenta a forma última de apresentação do trabalhador sempre como trabalhador coletivo. Ou seja: o trabalhador começa como trabalhador individual e resvala para a condição de trabalhador coletivo. O trabalho começa vivo e resvala para a condição de trabalho abstrato, social. Tanto o trabalhador quanto o objeto de sua atividade produtiva aparecem nas formas de mercadorias, valor de troca, capital e dinheiro. O trabalhador coletivo aparece como forma hostil e alienada do trabalhador individual, como forma negadora da essência humana dos indivíduos.

Nesse processo, as mercadorias, como formas da mediação do capital com o trabalhador, convertem-se em meios de dominação desse último sobre os operários. A rigor, há um encadeamento de dominações e reificações, todas promovendo a inversão sujeito-objeto: "a dominação da coisa sobre o homem", a do "trabalhador sobre o trabalho", a do "produto sobre o produtor" – todas são formas de dominação do capitalista sobre o operário. Ao surgir a produção automatizada, tanto o trabalhador coletivo quanto o da produção autômata são os sujeitos da produção capitalista que se objetivam de forma alienada. Na produção em geral e na automatizada, o trabalhador é um objeto do capital, tornando-se um apêndice da máquina.

O caráter problemático de toda a dialética de Marx em O *capital* consiste em que, na produção capitalista, ele promove uma permanente e completa *dessubjetivação* do sujeito em uma forma objetivada reificada. A dupla relação sujeito-objeto, acentuada por Hegel, é dissolvida na forma unilateral generalizada de objetos. Em Hegel, o indivíduo aparece na dupla condição de sujeito e objeto, numa relação sempre dinâmica. Em Marx, o indivíduo aparece na forma inicial de sujeito e na forma final de objeto. Outro problema que aparece na dialética de Marx consiste em que ele dissolve a totalidade do indivíduo trabalhador em trabalhador coletivo. É como se o trabalho coletivo absorvesse todas as possíveis demais atividades do indivíduo trabalhador, como se ele anulasse todas as demais dimensões da vida em vida de trabalho. A conclusão de tudo isso é uma só: na produção capitalista, o capital é o verdadeiro sujeito da história.

É desse processo de alienação absoluta, dessa dissolução absoluta dos múltiplos sujeitos em um único sujeito que Marx pretende fazer emergir o verdadeiro sujeito da história. A emergência da consciência revolucionária, da consciência das potências da história, ocorrerá mediante o estabelecimento de outros vínculos entre os trabalhadores individuais reificados, dissolvidos objetivamente em trabalhadores coletivos.

A classe como sujeito histórico da transformação

Surge assim a terceira acepção do conceito de classes em Marx: as classes como sujeitos históricos, em determinado momento específico da história, definido pelo modo de produção. Cada modo de produção particular corresponde à existência de uma classe dirigente que tem consciência do seu papel histórico e se constitui politicamente enquanto grupo dirigente. Dessa forma, o modo de produção não só constitui as classes de fato, a partir de suas estruturas de desigualdade, mas também enquanto sujeitos, enquanto atores políticos. A posição específica que cada classe ocupa no modo de produção é o elemento fundante de sua natureza. É essa posição que faz com que uns sejam possuidores dos meios de produção (a burguesia) e outros, vendedores de sua força de trabalho (o proletariado).

Mas, como Marx explica a passagem de um estado bruto da existência da classe operária para um estado de consciência, da classe em si para a classe para si? Pode-se deduzir, embora Marx não situe isso de uma forma clara, algo que será resolvido por Lênin, que existe um primeiro nível de contradição e de antagonismo entre o proletariado e a burguesia situado no plano econômico e material da produção. Um segundo nível de contradição se situa no plano político que emerge do processo de lutas e de autoconstituição política da classe operária – constituição como sujeito –, momento em que ela passa da condição da classe em si para a classe para si.

No plano das posições das classes no modo de produção, o antagonismo entre a burguesia e o proletariado se define por um jogo de soma zero, de acordo com Marx: tudo o que a burguesia ganha o proletariado perde. Esse jogo define uma inconciliabilidade entre as duas classes, algo que se revelará uma conclusão equivocada no decurso do desenvolvimento do capitalismo. Não que os conflitos desapareçam. O desenvolvimento do capitalismo mostrou que o jogo não é, necessariamente, de soma zero e que é possível um convívio político entre as classes no âmbito do sistema político democrático. Marx projetou uma situação que parecia uma evidência empírica no seu tempo para uma totalidade da existência do capitalismo até que o proletariado o liquidasse. Ele extraiu uma conclusão das observações de um momento histórico determinado para projetá-la a-historicamente, supondo que se tratava de uma lei geral da história entranhada na natureza mesma do capitalismo.

Na condição de classe em si ou de fato, o proletariado, tanto em *O capital* quanto em *O manifesto comunista*, aparece na condição de alienado, de mercadoria, de coisa:

> Graças ao uso intensivo da Máquina e à divisão do trabalho, o trabalho proletário perdeu seu caráter individual e, por conseguinte, todo o seu atrativo. O produtor tornou-se um apêndice da máquina, que só requer dele a operação mais simples, mais monótona e mais fácil de aprender. Desse modo, o custo da produção de um operário se reduz quase completamente aos meios de subsistência para viver e para perpetuar a raça. Mas o preço de uma mercadoria – e, portanto, o do trabalho – equivale ao seu custo de produção. Logo, à medida que aumenta o caráter enfadonho do trabalho, o salário diminui. Mais ainda, à medida que se desenvolvem o maquinismo e a divisão do trabalho, cresce a quantidade de trabalho, seja pela prolongação das horas de labor, seja pelo incremento do trabalho exigido em um certo tempo, seja pela aceleração do movimento das máquinas etc. (Marx & Engels, 2006, p. 40).

A passagem de *O manifesto comunista* descreve, na verdade, a rotina crescente que o trabalho deveria adquirir no capitalismo e a consequente reificação do trabalhador. A repetição enfadonha, a crescente quantidade de tempo que seria requisitada por um conjunto de condições transformaria o operário numa espécie de apêndice da máquina, num ser quase metálico. Antes de Marx e Engels, Adam Smith (que influenciou os autores de *O manifesto comunista*), em *A riqueza das nações*, havia descrito a rotina decorrente do trabalho fabril e de sua crescente especialização e divisão como algo que causava embotamento do espírito, tédio na alma, embrutecimento dos sentimentos e degradação do caráter, num processo de autodestruição dos próprios seres humanos, porque eles perdem o controle sobre o seu próprio esforço ou sobre sua atividade, como dirá Marx.

É desse ser embrutecido e degradado que Marx tem como missão fazer emergir o sujeito da história, não só capaz de libertar-se a si mesmo, mas de redimir a própria humanidade. "A esperança de Marx é que", diz Marshall Berman, "tão logo sejam 'forçados a enfrentar [...] suas verdadeiras condições de vida e suas relações com os outros companheiros', os homens desacomodados das classes operárias se unirão para combater o frio que enregela a todos. Essa união gerará energia coletiva capaz de alimentar uma nova vida comunitária" (Berman, 1989, p. 107).

De fato, é no processo de lutas que, em *O manifesto comunista*, a classe em si se torna classe política, consciente de seus interesses e dos interesses universais. Desde suas origens, o proletariado teria lutado contra a burguesia num processo que passa por diferentes estágios. Inicialmente, trava uma batalha individual, depois são os operários de uma mesma fábrica que se unem para lutar num processo crescente de movimento e de consciência até que, por fim, o enfrentamento adquire uma dimensão nacional.

Nos primeiros movimentos da luta, "os trabalhadores constituem ainda uma massa incoerente e disseminada por todo o país". Mas o crescimento industrial irá fazer com que o proletariado cresça em número e em concentração, constituindo "massas cada vez maiores". A concorrência capitalista, o incremento e o aperfeiçoamento das máquinas e as crises econômicas recorrentes tornariam cada vez mais instável os salários e cada vez mais precárias as condições de vida dos trabalhadores. Com isso, crescem também as lutas, e com o auxílio das modernas comunicações e transportes os operários facilitam tanto as lutas quanto a sua união em associações, em classe e em partido: "Era esse contato que estava faltando para centralizar as várias lutas locais, todas de mesmo caráter, em uma luta de classes de âmbito nacional", afirma-se em *O manifesto comunista*.

Mesmo quando a classe está unida em âmbito nacional e em partido ocorrem avanços e recuos, vitórias e derrotas no processo de lutas.

Mas a classe operária conta com a ajuda involuntária da burguesia, que concorre entre si, divide-se, busca apoio do proletariado, politiza-o e o arma contra si própria. Chega assim a "hora decisiva" na qual o proletariado arrasta setores intermediários situados entre as duas classes principais e obtém também apoio dos setores intelectuais da própria burguesia e da parte dela que foi proletarizada.

A história posterior, nos diversos países, não confirmou o roteiro de *O manifesto comunista*. É certo que conflitos entre trabalhadores e empregadores continuam ocorrendo até hoje e continuarão num futuro indefinido. Esses conflitos, no entanto, têm uma natureza essencialmente econômica. As lutas econômicas não produziram o salto descrito em *O manifesto comunista*: a união política e partidária nacional da classe operária. No máximo, o que surgiu foram centrais sindicais nacionais e, mesmo essas, com caráter pluralista.

Resta ver como *O manifesto comunista* apresenta a classe operária como classe universal. A classe operária, no contexto do capitalismo, seria a única classe revolucionária. No processo de radicalização da luta de classes, "no momento em que a luta de classes se aproxima da hora decisiva", há uma luta generalizada das classes subalternas contra a burguesia. Mas, "de todas as classes que agora se defrontam com a burguesia, apenas o proletariado é uma classe realmente revolucionária. As outras decaem e por fim desaparecem com o desenvolvimento da indústria moderna, mas o proletariado é seu produto mais autêntico" (Marx & Engels, 2006, p. 43).

Embora as classes médias e inferiores não sejam revolucionárias e tendam mais à reação, parte delas é arrastada para a revolução abandonando seus interesses imediatos para defender os interesses futuros. *O manifesto comunista* não apresenta uma explicação plausível acerca de como o proletariado abandona seus interesses imediatos para lutar por seus interesses futuros – a revolução e o socialismo. Diz-se apenas que o salto da classe alienada, da classe em si, para a classe para si, para a classe organizada em partido, ocorre no e pelo processo de lutas.

Embora O *manifesto comunista* assinale a exigência da passagem da luta econômica para a luta política, paradoxalmente, é nas condições econômicas, nas condições imediatas da existência da classe operária o lugar onde se radica a potência revolucionária, o futuro da história:

> Nas condições de existência do proletariado já estão virtualmente destruídas as condições da antiga sociedade. O proletariado não tem propriedade; suas relações com sua mulher e seus filhos não têm nada em comum com as da família burguesa; o trabalho industrial moderno e a sujeição ao capital, tanto na Inglaterra quanto na França, tanto nos Estados Unidos quanto na Alemanha, despojaram-no de todos os traços de caráter nacional. A lei, a moral e a religião são para ele preconceitos burgueses, atrás dos quais se ocultam outros tantos interesses burgueses (Marx & Engels, 2006, p. 44).

O que, de fato, o proletariado dos países mencionados pensava na metade do século XIX é difícil dizer, pois não existem pesquisas de opinião disponíveis. Mas o que eles pensaram, como agiram e no que acreditaram na história subsequente difere em muito das projeções de O *manifesto comunista*. Ou seja: nas condições de existência do proletariado não há nenhuma virtualidade e nenhuma realidade que indique a potência imanente de destruição de existência da sociedade capitalista: se os proletários não têm posse dos meios de produção, lutaram e lutam para ter casa própria; as relações com as mulheres e filhos não diferem, substancialmente, das relações que as classes proprietárias mantêm em suas famílias; o caráter nacional dos operários sempre esteve presente em todos os países; e a lei, a moral e a religião, em regra, nunca foram vistas como preconceitos burgueses. Em O *manifesto comunista* admite-se que o caráter nacional da luta operária estaria presente apenas numa fase inicial da luta de ajustes de conta com a burguesia. Diversamente do que foi escrito, não raras vezes os operários votaram em partidos declaradamente nacionalistas e de direita. Não raras vezes votaram em candidatos provindos da chamada classe burguesa. Não raras vezes engajaram-se em guerras em defesa dos chamados interesses nacionais do grande capital.

Na sequência, *O manifesto comunista* aprofunda a teoria da imanência revolucionária da classe operária e de seu papel histórico:

> Todas as classes que anteriormente conquistaram o poder procuraram fortalecer seu status subordinando a sociedade como um todo às suas condições de apropriação. Os proletários não podem se apoderar das forças produtivas sem os meios de apropriação que eram peculiares a essas forças produtivas, e, portanto, toda e qualquer forma de apropriação. Nada têm a salvaguardar; sua missão é destruir todas as garantias e seguranças da propriedade individual (Marx & Engels, 2006, p. 44).

Essa missão não é uma autoatribuição que a classe operária dá a si mesma. É uma atribuição intelectual dos autores de *O manifesto comunista* e dos que os seguiram. Também não é uma missão que possa ser extraída da realidade empírica ou da experiência histórica. No caso dos Estados comunistas, o Estado e uma elite partidária se apropriaram dos meios de produção. No caso da experiência social-democrata, a perspectiva da supressão da propriedade individual foi abandonada pelos partidos e nunca esteve presente como uma missão da classe operária europeia.

Em *O manifesto comunista* pressupõe-se a existência de uma guerra civil permanente, "mais ou menos oculta", entre as duas classes polares. O destino desse conflito seria a eclosão de uma revolução aberta, com a derrubada violenta da burguesia e o estabelecimento da "dominação do proletariado". Note-se que, a rigor, essa fenomenologia nunca ocorreu. É verdade que alguns partidos tentaram tomar o poder em países europeus, mas eram partidos. As revoluções, onde ocorreram de fato, – Rússia, China, Vietnã, Cuba etc. – estavam implicadas em lutas contra poderes autocratas ou em lutas de libertação nacional. Não tiveram o caráter de revoluções operárias típicas, tal como descritas por Marx e Engels. A revolução russa chegou a ser descrita por Antônio Gramsci como uma revolução "contra O *capital* de Marx".

A rigor, toda a base argumentativa lançada em O *manifesto comunista* e, mais tarde, referendada em O *capital*, acerca da condição revolucionária inerente da classe operária vem dotada de uma fundamentação "economicista". O trecho que segue é exemplar:

> Até agora todas as sociedades se basearam, como vimos, no antagonismo entre as classes opressoras e oprimidas. Contudo, para oprimir uma classe, é preciso lhe assegurar ao menos condições tais que lhe permitam levar uma existência de escravo. O servo, durante a servidão, conseguia tornar-se membro de uma comuna, assim como o pequeno-burguês, sob o jugo do absolutismo feudal, conseguiu elevar-se à categoria de burguês. O operário moderno, ao contrário, em vez de elevar sua posição com o progresso da indústria, desce cada vez mais abaixo das condições de existência da sua própria classe. Cai no pauperismo que cresce ainda mais rapidamente que a população e a riqueza. Torna-se então evidente que a burguesia é incapaz de continuar sendo a classe dominante da sociedade, impondo como lei suprema suas próprias condições de existência. Ela é incapaz de exercer seu domínio porque não pode mais assegurar a existência de seu escravo na escravidão, porque é obrigada a deixá-lo cair num estado tal que o deve nutrir, em lugar de se fazer nutrir por ele. A sociedade não pode mais existir sob o domínio da burguesia, em outras palavras, sua existência doravante é incompatível com a sociedade (Marx & Engels, 2006, p. 45).

Essa lógica levaria necessariamente à revolução, pois existiria uma incompatibilidade insanável entre a burguesia e o resto da sociedade. A história subsequente do capitalismo, no entanto, não validou a lei da pauperização absoluta. Nos países industrializados, a classe operária fabril foi conquistando melhores condições de vida através de suas lutas efetivadas tanto no plano corporativo, por sindicatos, quanto no plano político, por partidos social-democratas que representavam os interesses de trabalhadores. O próprio Estado foi incorporando lógicas de melhoria das condições de vida dos trabalhadores, processo que se iniciou com Bismark e culminou com o *Welfare State* do século XX. Assim, como chamou a atenção André Gorz, a pobreza foi relativizada nos países industrializados e a lógica "economicista" da revolução não subsistiu, esfumando-se no tempo. A suposta base científica da imanência revolucionária da classe operária deixou de existir.

O problema da autonomia da política

O projeto civilizatório que nasce com a tradição do pensamento político grego – Sócrates, Platão e, particularmente, Aristóteles – se fundava na ideia de que a política é a atividade humana superior, constitutiva da vida ética, da comunidade da *polis* e da sua história. O homem se civiliza e se humaniza na *polis* pela atividade política. Para Aristóteles, a política não era apenas uma entre as atividades humanas. Era a própria essência do homem. Com o termo *zoon politikón* Aristóteles não definia a política, mas o homem, observa Giovanni Sartori (1979).

É verdade que a ideia da *polis* era uma perspectiva apenas grega, etnocêntrica e particularista. Mas, com as conquistas de Alexandre, com o estoicismo subsequente de Zenon, com o expansionismo dos primeiros grandes generais da República de Roma, com Cícero, Sêneca e Marco Aurélio, firma-se a ideia de uma *polis* universal, acessível a todos os povos. Uma *polis* que não suprime a *polis* ou a *civitas* particulares, mas que as integra de modo subordinado à *polis* universal, pois os interesses da humanidade deveriam estar acima dos interesses dos césares, dos antônios, dos monarcas e dos reis. As duas *polis*, a universal e a particular, deveriam estar alinhadas com a primazia da primeira. Esse ideal universalista, infelizmente, foi afogado pelo Império Romano e, especialmente, pela fusão de Império e Cristianismo a partir de Constantino. Todos os grandes poderes mundiais que surgiram posteriormente, até nossos dias, tiveram e têm a perspectiva de um domínio particular sobre os demais povos.

Como é sabido, o termo político abrigava, para os gregos, também a dimensão social que era percebida, mas não conceituada por eles. Serão os romanos que criarão o conceito do "social" e começarão a encetar uma diferença que se sacramenta no século XIX praticamente como uma separação entre o político e o social ou o Estado e a Sociedade. Augusto Comte e Karl Marx serão decisivos para essa ruptura, embora Santo Tomás de Aquino, Locke, Montesquieu e Tocqueville também tenham contribuído para acentuar a distinção entre o político e o social (abarcando aqui também o econômico). Os economistas clássicos Ricardo e Adam Smith não foram menos importantes para a distinção entre as duas esferas.

O mundo romano era mais complexo do que o mundo grego, as suas cidades eram maiores, desconfigurando a unidade plástica entre o homem e a *polis,* desfibrando o homem integral identificado no *polites*. Os cidadãos atenienses constituem uma comunidade de iguais. Os cidadãos romanos, uma república de diferentes. Embora existissem leis escritas na democracia ateniense, a legalidade pouco se distinguia do exercício da cidadania em ato, não permitindo uma distinção entre o político e social. O surgimento da "juridicidade" em Roma marca o início de um aprofundamento das duas esferas e de um processo de crescente elevação do Estado sobre a sociedade. A estruturação jurídica é a alavanca desse movimento, que se estende por longos séculos até que a separação se consuma de forma nítida no século XIX.

    Nesse alargado processo, a tradição que prevalece na história do pensamento político é a de uma hierarquia nas relações dominada pelo político como constitutivo do social e do econômico. Maquiavel descobre a autonomia da política. Em Hobbes, a pontificação do político chega ao apogeu. Hegel ratifica a autonomia, mas a media e a tempera pelos interesses da família e pela trama dos carecimentos e interesses dos indivíduos situados na sociedade civil.

    Em Maquiavel e Hegel, a autonomia da política não é absoluta. Para o primeiro, a autonomia significa que a política é uma atividade específica, diferente da moral, do direito e da religião. A autonomia não é absoluta porque a moral, o direito, a religião, os costumes, os interesses materiais e a realidade social e econômica são elementos instrumentais da política, a condicionam de várias formas, mas não a determinam. A política é o momento da decisão e da direção da vida de um povo, da ordem subordinada a um Estado. Dessa forma, a política é a atividade contrária ao curso espontâneo da vida, é a intervenção ativa do sujeito visando a conservar ou mudar as coisas do mundo. Nessa perspectiva, a política é uma atividade imperativa em relação a outras atividades humanas. Pode combinar-se com a moral comum, mas pode ser-lhe adversa a ponto de fundar uma moral própria da política – a *virtù*. A mesma regra vale para a atividade econômica e para a esfera do social. O agente político deve mediar sua atividade pelas circunstâncias do mundo, pelas outras atividades, levando sempre em consideração "a verdade efetiva das coisas".

    De fato, o grande feito de Maquiavel consistiu em perceber ou descobrir que a política é uma atividade específica, diferente das outras atividades. Com isso, libertou-a das amarras de que vinha prisioneira desde Platão e Aristóteles. Para o pensamento político dos dois grandes filósofos da Antiguidade, a política e a ética eram indissociáveis. Essa perspectiva veio sendo mantida ao longo da história, independentemente de qual fosse o fundamento da ética. No mundo romano, a política viu-se enredada pelo direito. Foi o direito romano um dos principais elementos de atenuação da politicidade dos gregos configurada na unidade indecomponível entre atividade política e espaço da *polis*, como indica Sartori. O direito romano inicia o processo de uma verticalização que descende e regula as comunidades, as *civitas*. Começa ali um lento e longo processo de esvaziamento da atividade política horizontal, no qual o *zoon politikon* aristotélico vai sendo desidratado até o perecimento.

A conversão de Constantino, a assunção do Cristianismo como religião oficial do império e as sucessivas tramas entre imperadores e papas lançam novas amarras sobre o que se entende por política. A partir de então a ideia sofrerá o impacto de três ordens normativas: da ética, do direito e da religião. Coube a Maquiavel libertar a política dessas amarras e estabelecer sua dignidade e sua potestade. A potestade da política a torna a determinação última das decisões humanas. Não que a política não sofra a influência das outras atividades. Também é verdade que em quase todas as atividades há a possibilidade do recurso à violência para fazer valer vontades. A política, no entanto, reserva para si o monopólio do uso legítimo da violência como estava implícito em Maquiavel e explícito em Weber. A instância última da política é a violência, a força. Ela pode usar a violência, por meio dos dois maiores poderes que podem se constituir nas sociedades humanas: o poder do Estado ou o poder da comunidade.

Ao lapidar a ideia de política como uma atividade específica e autônoma, Maquiavel assentou que ela pode usar as outras atividades como instrumentos de seus fins, inclusive a religião e a moral. Se não existe política sem fins então significa que a política tem sua própria ética. Se é ela que define a relação adequada entre meios e fins, visando à eficácia dessa relação, significa também que ela tem sua própria moral, em que pese poder lançar mão da moral convencional ou de confrontá-la segundo as circunstâncias.

Nesse jogo de paradoxos, muitas vezes o político pode aparecer como cruel pelo ponto de vista da moral convencional para aparecer como piedoso segundo a moral da política, para a exigência da *virtù*, sempre remetida ao bom governo do povo, tanto na república quanto no principado. Assim, a política é diferente, independente, autossuficiente e causa primeira, como nota Sartori, mas pode sê-lo, e geralmente o é, em interação com outras atividades humanas, notadamente as atividades econômica, social, cultural, religiosa etc. O imperativo da política consiste no fato de que não existe nenhuma outra atividade que se equipara à sua potestade enquanto potência capaz de configurar, reconfigurar, mudar ou destruir os chamados negócios humanos.

Se em Maquiavel a atividade política se põe de forma quase sempre interativa com outras atividades humanas, já no *Leviatã*, Hobbes promove uma espécie de sugamento da realidade para recriá-la a partir da vontade absoluta do monarca. A espada de Dâmocles garante a segurança e a paz dos súditos e a realidade social e econômica pode ser constituída ou reconstituída por um soberano depositário de todos os direitos advindos do pacto, mas de um pacto em relação ao qual ele não está obrigado por nada. A vontade soberana não é mediada pela religião, pela moral, pelo direito e pelos interesses. Tudo estará sob o controle do soberano. Hobbes propõe transformar em normalidade aquilo que em Maquiavel seria uma excepcionalidade – um momento de império da política. Pode-se dizer que, em Maquiavel, o imperativo absoluto da política ocorre no momento do terror fundante, no momento da fundação do Estado, no momento da revolução ou no momento em que o legislador cria uma nova ordem.

Em Hegel, a pedra fundamental da política e, consequentemente, do Estado se funda na subjetividade, na antinomia entre moral subjetiva (dever) e o direito abstrato (vontade que quer um bem para si). A centralidade de seu pensamento está no indivíduo autônomo que pensa a si e pensa o mundo externo de forma a estabelecer as antinomias e as unidades entre o subjetivo e o objetivo. Dessa forma, o indivíduo pode transformar-se a si mesmo e transformar o mundo numa relação dinâmica entre subjetividade e objetividade; entre Estado, enquanto realidade objetivada pela ação, e a esfera do social e do econômico permeada pelos interesses dos indivíduos. Em caso de confronto entre as duas esferas, como bem nota Marx em seus escritos juvenis acerca da Filosofia do Direito de Hegel, prevalecem os interesses do Estado.

O Estado é o todo, mas um todo que se perfaz e se refaz pela atividade dos indivíduos orientada pelos carecimentos, que podem ser exasperados ilimitadamente, pelos conflitos e interesses situados na sociedade civil. No sistema de mediações hegeliano, há um momento determinante, claro, que é o momento do sujeito, da política, o momento do Estado enquanto realidade autoconsciente de si objetivada pela razão. Em Hegel, há um intercâmbio permanente entre autonomia e heteronomia, entre sujeito e objeto. O sujeito se constitui com o objeto. A relação é um jogo permanente de contraposição, assimilação e superação entre os dois termos. É na relação do sujeito com o mundo e com os outros que se constitui a autoconsciência de si. É no Estado e nos seus fins, enquanto fins da comunidade política, que se objetiva a autoconsciência coletiva. Mas o Estado não é uma realidade estática. Pode se tornar caduco e inatual. Por isso, os indivíduos precisam refazer de forma contínua a sua liberdade, refazendo as próprias figuras do Estado na história.

O Estado aparece como a totalidade e como a potência que possibilita a universalização dos direitos do homem. Hegel se recusa a apresentar formas de ação. Mas se o Estado é a potência da universalização, o que está posto é que a ação política dos humanos ou das comunidades políticas pode estimular um processo permanente de universalização de direitos. Nessa perspectiva, a luta política e social pelo alargamento das liberdades pode ser também um processo de universalização da república democrática, entendida como um processo de conquista e afirmação prática de direitos pressupostos pela consciência ou em teoria.

Se é verdade que o político e o social, o Estado enquanto ordem jurídica e a sociedade enquanto uma esfera disseminada na *civitas*, começam a se distinguir no mundo romano, o fato é que somente com John Locke e os economistas clássicos ingleses e escoceses a distinção se evidencia de forma cada vez mais nítida. Eles estão entre os primeiros a perceber e a teorizar sobre a constituição da esfera autônoma da economia e da sociedade. Não são só precursores da Economia Política, mas da própria Sociologia que se apresentará como disciplina autônoma no século XIX, com Augusto Comte e Marx. Giovani Sartori nota que se atribui a Locke uma primeira formulação da ideia de sociedade, mas que os sociólogos procuram mais em Montesquieu um progenitor da Sociologia. Acrescenta que,

> com mais razão poderiam citar o pai da ciência econômica, Adam Smith (1773-1790), remontando, por meio de Smith a Hume (1711-1776). Porque foram Smith, Ricardo e os liberais, de modo geral, que demonstraram como a vida comum prospera e se desenvolve quando o Estado não intervém; que a divisão do trabalho é o próprio princípio de organização da vida coletiva. Mostram, portanto, que a vida coletiva é estranha ao Estado, isenta de suas leis e do seu direito (Sartori, 1979, p. 166).

Marx absorverá, modificará e radicalizará essas ideias. Ele levará até as últimas consequências a separação entre o Estado e a sociedade a ponto de apresentar o primeiro como produto da estrutura das relações econômicas e sociais. É claro que se poderá encontrar passagens, tanto nos escritos de Marx quanto nos de Engels, em que não só a política, mas também o Estado aparecem em graus variados de autonomia em relação à esfera econômica e social. Mas o que prevaleceu no marxismo militante, em que pesem as muitas revisões teóricas de vários pensadores marxistas, foi a ideia da determinação da superestrutura política, jurídica e ideológica pela estrutura das relações econômicas e materiais.

O famoso prefácio à *Contribuição à crítica da economia política* (Marx, 1977) tornar-se-á um dogma canônico para o marxismo militante posterior a Marx. O grande problema que aparece a partir daí é que a autonomia da política não só deixa de ser levada em conta mas, a rigor, deliberadamente desaparece na sua subordinação à esfera das relações econômicas e materiais. Ao relembrar sua análise à Filosofia do Direito de Hegel, Marx afirma:

> Nas minhas pesquisas cheguei à conclusão de que as relações jurídicas – assim como as formas de Estado – não podem ser compreendidas por si mesmas nem pela dita evolução geral do espírito humano, inserindo-se pelo contrário nas condições materiais de existência de que Hegel, à semelhança dos ingleses e franceses do século XVIII, compreende o conjunto pela designação da "sociedade civil"; por seu lado, a autonomia da sociedade civil deve ser procurada na economia política (Marx, 1977, p. 24).

Não vem ao caso, aqui, tratar da polêmica suscitada acerca do conceito de sociedade civil que aparece na citação e difere do conceito hegeliano, mais tarde retomado por Gramsci, entendido por ele como uma realidade situada na superestrutura e não na estrutura econômica e material. O que importa é notar aqui que Marx reforça a autonomia e a determinação do social e do econômico sobre a esfera política com a seguinte afirmação:

> A conclusão geral a que cheguei e que, uma vez adquirida, serviu de guia condutor dos meus estudos pode formular-se resumidamente assim: na produção social da existência, os

> homens estabelecem relações determinadas, necessárias, independentes de sua vontade, relações de produção que correspondem a um determinado grau de desenvolvimento das forças produtivas materiais. O conjunto dessas relações de produção constitui a estrutura econômica da sociedade, a base sobre a qual se eleva uma superestrutura jurídica e política e a qual correspondem determinadas formas de consciência social. O modo de produção da vida material condiciona o desenvolvimento da vida social, política e intelectual em geral. Não é a consciência dos homens que determina o seu ser; é o seu ser social que, inversamente, determina a sua consciência (Marx, 1977, p. 24).

Dessa forma, Marx suprime a relação dinâmica entre política e economia, entre sujeito e objeto, entre Estado e sociedade que estava presente em Hegel, evidentemente, com a predominância do primeiro momento. Ao menos, por essa passagem, dogmatizada pelo marxismo militante posterior a Marx, o segundo momento é o determinante. Logo adiante Marx afirmará que "a transformação da base econômica altera, mais ou menos rapidamente, toda a imensa superestrutura". O marxismo militante, crente nessa ideia, isentou-se de formular uma teoria do Estado socialista, pois, segundo ele, bastaria tomar o poder, desapropriar os capitalistas dos meios de produção, estatizar a propriedade, e a imensa superestrutura seria transformada de forma mais ou menos automática, algo que efetivamente ocorreu na revolução russa e em outros lugares onde o comunismo ascendeu ao poder, promovendo aquilo que Karl Korch designou como "socialização capitalista" dos meios de produção como contraponto a uma "socialização socialista". A burocracia do Estado e do partido se tornou a nova elite dirigente, sem que houvesse uma efetiva socialização dos meios de produção. As experiências comunistas realizadas historicamente representaram uma inversão completa da formulação de Marx: o Estado (comunista) moldou a imensa estrutura econômica e material e a própria sociedade, segundo os desígnios da vontade e dos interesses de um novo grupo dirigente organizado nos partidos e nos Estados comunistas.

Gramsci e a restauração do imperativo da política

Do ponto de vista do marxismo militante, Lênin foi o primeiro a restabelecer o imperativo da política em *Que fazer* (Lênin, 1979), ao criticar o limite "economicista" da ação da classe operária e ao propor a necessidade de um partido político como organismo de organização de uma vontade coletiva revolucionária. Lênin percebia que embora a economia e a situação social dos operários possam ser a base social da mudança, ela só ocorrerá pela intervenção da política.

Não resta dúvida que Antonio Gramsci compreendeu essa inovação operada por Lênin no âmbito do marxismo militante bem como os limites que eram carregados pelos escritos de Marx sobre o assunto. No seu famoso artigo escrito ainda em 1917, "A Revolução contra o capital", Gramsci é categórico em concluir que a revolução russa não se enquadrava nos cânones estabelecidos por Marx e que ela teve uma natureza fundamentalmente política, fomentada pelos bolcheviques e outros grupos revolucionários. Ele a descreve da seguinte forma:

> É a revolução contra *O capital* de Karl Marx. *O capital* de Marx era, na Rússia, mais o livro dos burgueses que dos proletários. Era a demonstração crítica da necessidade inevitável que na Rússia se formasse uma burguesia, se iniciasse uma era capitalista, se instaurasse uma civilização de tipo ocidental, antes que o proletariado pudesse sequer pensar na sua insurreição, nas suas reivindicações de classe, na sua revolução.

Os fatos ultrapassaram as ideologias. Os fatos rebentaram os esquemas críticos de acordo com os quais a história da Rússia devia desenrolar-se segundo os cânones do materialismo histórico. Os bolcheviques renegam Karl Marx quando afirmam, com o testemunho da ação concreta, das conquistas alcançadas, que os cânones do materialismo histórico não são tão férreos como se poderia pensar e se pensou (Gramsci, Internet, s.d.).

Gramsci nota, no entanto, que essa proeza dos bolcheviques não representa uma ruptura com o espírito das doutrinas de Marx, com sua força vivificadora. Mas ele faz uma crítica aberta à dogmatização do pensamento de Marx, pois esse pensamento não poderia ser concebido como uma doutrina exterior, aplicável a qualquer realidade. A doutrina seria mais um instrumento de compreensão do que de ação. A ação depende da compreensão da realidade e da formação de uma vontade coletiva nacional e popular. Não há transformação ou revolução sem que ela incorpore o caráter nacional e popular de cada país, algo escapável às teorias gerais. E, para Gramsci, será a vontade coletiva a moldar a economia e não o inverso.

O pensador e ativista italiano restaura o imperativo da política por dois caminhos: 1) pelo caminho prático, observando os acontecimentos históricos, a exemplo da revolução russa; 2) pelo caminho teórico, ao assimilar O *príncipe* de Maquiavel ao partido político moderno, capaz de formar uma vontade coletiva, vontade política, portanto, e ao resgatar o conceito hegeliano de sociedade civil, situando-o na esfera da superestrutura, na esfera ética, como lugar onde se deve disputar a hegemonia política, cultural e moral.

O famoso texto de Gramsci, em que trata da passagem da guerra de movimento para a guerra de posição, ao mesmo tempo que incide sobre a mudança de estratégia da luta no âmbito das democracias ocidentais sugerindo uma luta prolongada pela hegemonia, abriga também ali a restauração do imperativo da política. Diz o texto:

> Parece-me que Ilitch tinha compreendido que era necessária uma transformação da guerra de movimento, aplicada vitoriosamente no Oriente, em 1917, em guerra de posição, que era a única possível no Ocidente, onde, como observa Krassnov, num espaço estreito podiam acumular quantidades indiscriminadas de munição, onde os quadros sociais eram, por si mesmos, ainda capazes de tornarem-se trincheiras municiadíssimas. Parece-me que esta seja a fórmula de "frente única", que corresponde à concepção de uma única frente da Entente sob o comando único de Foch. Só que Ilitch não teve tempo para aprofundar a sua fórmula, embora tendo em conta que ele a podia aprofundar apenas teoricamente, dado que a tarefa fundamental era nacional, exigia um reconhecimento do terreno e uma fixação dos elementos de trincheira e de fortaleza, representados através dos elementos da sociedade civil etc. No Oriente, o Estado era tudo, a sociedade civil era primordial e gelatinosa. No Ocidente, entre Estado e sociedade civil existia uma relação justa, e em qualquer abalo do Estado imediatamente descobria-se uma poderosa estrutura da sociedade civil. O Estado era apenas uma trincheira avançada, por detrás da qual se encontrava uma cadeia robusta de fortalezas e de casamatas; em medida diversa de Estado para Estado, é claro, mas exatamente isso exigia um acurado reconhecimento do caráter nacional (Gramsci, 1976, pp. 74-75).

Essa passagem é densa de ensinamentos políticos e de indicações estratégicas resgatados de *O príncipe* (Maquiavel, 2002), particularmente do Capítulo VII. O que se ensina aqui é que a política é cheia de paradoxos e que ela não se presta a fórmulas prontas. O que era válido na Rússia – guerra de movimento – não o era no Ocidente

– guerra de posição. A ação política necessita de uma análise precisa das circunstâncias e, embora possa ter algumas determinações universais, será sempre o caráter nacional que determinará a estratégia a ser adotada. Aqueles que forem aplicar as fórmulas de Marx em quaisquer circunstâncias estarão destinados ao fracasso.

O principal paradoxo da política consiste em como lidar com o par antinômico força-convencimento. Nas realidades políticas em que a dominação ocorre menos pela força e mais pela persuasão, uma estratégia de guerra de movimento fracassará. Aqui a luta será, fundamentalmente, pela conquista da hegemonia política, cultural e moral. Será necessária uma estratégia de longo prazo. O Estado aqui está sustentado por uma rede de trincheiras e casamatas – a sociedade civil, entendida como uma rede de instituições sociais, culturais, políticas, corporativas, educacionais, religiosas etc. Criar novas trincheiras e/ou conquistar as existentes é um embate que ocorre, fundamentalmente, no terreno político, no terreno que, na linguagem marxista, é definido como superestrutura. Aqui faz sentido a luta pela conquista de direitos, a luta pelo alargamento da democracia, a luta pela redução de danos provocados pelas mazelas do capitalismo. A perspectiva hegeliana do processo de universalização de direitos e de liberdade e, consequentemente, de igualdade aparece aqui reencetada por Gramsci.

Restaurada a ideia maquiaveliana e hegeliana da autonomia da política, ela se apresenta em ação num jogo sempre aberto de possibilidades e incertezas e de forma interativa com outras atividades humanas, sofrendo suas influências e influenciando-as decisivamente. Essa ação terá que levar em conta as circunstâncias, os acidentes, as estruturas, os espaços, os sistemas, os grupos sociais, os interesses, as ambições dos múltiplos atores que interagem com ela. Mas ela se move enquanto vontade de sujeitos coletivos e individuais, vontade e finalidade que são os fundamentos constitutivos da atividade política.

Em "Notas sobre a política de Maquiavel", Gramsci, além de reforçar a ideia da autonomia da política, apresenta-a, fundamentalmente, como uma atividade prática, na qual a razão e a vontade se fundem. A ação política, no sentido autêntico do termo, é criação, inovação, posição do novo, do que não está posto. Doutrina e racionalidade só são possíveis de se fundirem na ação, na manifestação de uma "vontade coletiva" encarnada ou no líder ou na organização coletiva do partido. A vontade coletiva só se forma em função de fins políticos:

> O processo de formação de uma determinada vontade coletiva, para um determinado fim político, é representado não através de disquisições e classificações pedantescas de princípios e critérios de um método de ação, mas como qualidades, traços característicos, deveres, necessidades de uma pessoa concreta, tudo o que faz trabalhar a fantasia artística de quem quer convencer e dar forma concreta às paixões políticas (Gramsci, 1976, pp. 3-4).

Essas qualidades, deveres, traços característicos nada mais são do que a *virtù* do líder, do partido ou de um povo. A *virtù*, essa força criativa, precisa não apenas confrontar a fortuna e destruir a ordem precedente, mas deve ser capaz de dar forma a uma ordem nova, manejando moralmente os meios e os fins necessários à sua criação. O sujeito criativo, seja ele um indivíduo ou um corpo coletivo, deve ter as qualidades morais e as características psicológicas, as capacidades e as habilidades necessárias para dar forma concreta à paixão política. É essa paixão, essa vontade, o fundamento efetivo da mudança histórica e não qualquer categoria sociológica ou qualquer ente social empírico que carece de vontade e de determinação políticas definidas por causas que animam o combate ou fins a alcançar. Assim, razão e paixão precisam se transformar em "afeto, febre, fanatismo de ação", em virilidade no combate, para que a fantasia política dos fins se concretize em movimento concreto de um povo, de uma vontade coletiva, que luta para criar a realidade nova.

A realidade nova pode ser criada de duas maneiras, a depender das circunstâncias dadas, dos acidentes e do caráter nacional: por um movimento progressivo de mudança da ordem política, jurídica, moral, cultural, econômica e social ou pela violência. Pode também ocorrer pela combinação variada dessas duas maneiras, segundo as circunstâncias específicas. O que está claro é que, nem para Lênin, nem para Gramsci, a destruição de uma ordem moral e política existente poderá advir do impulso espontâneo das lutas sociais ou dos interesses meramente "economicistas" de categorias corporativas e lutas sindicais. Não se nega a importância desses movimentos. O que se diz é que eles não têm a potência criadora de uma ordem nova, pois o que os move não são os fins políticos. A vontade coletiva politicamente orientada para a criação de uma ordem nova pode e deve interagir com e sobre esses movimentos, com o objetivo de incorporá-los ao processo de mudanças. O pecado que foi cometido pelos partidos comunistas e de esquerda em geral é que eles instrumentalizaram e usaram esses movimentos para seus desígnios particulares e não em benefício da construção de um processo universalizante incorporador das diversidades e pluralidades sociais e políticas.

O limite da forma-partido

A vontade coletiva politicamente orientada para a construção de um processo universalizante deve ser capaz de combinar unidade e pluralidade, universalidade e particularidade. Na medida em que o marxismo militante, na sua versão comunista e soviética, concebeu a universalidade de forma teórica e extrínseca, invariavelmente agiu com violência ou instrumentalização para exterminar ou subordinar grupos e movimentos que lhes fossem diferentes, deixando um rastro de repressão e de sangue junto àqueles que deveria ter como companheiros de construção de uma nova jornada para a humanidade. E quando a vontade coletiva não é capaz de construir uma unidade respeitando a pluralidade, a história dos movimentos sociais e dos partidos mostra que ocorre uma pulverização de grupos, normalmente subordinados ao mando de um indivíduo, que seguem várias direções resultando em sua impotência e extinção. Trata-se do chamado fenômeno das "organizações sem estrutura" e dos movimentos autonomistas.

Tanto Lênin quanto Gramsci reconheciam no partido político o organismo vivo capaz de promover a mudança. Gramsci afirma que:

> o moderno príncipe, o mito-príncipe, não pode ser uma pessoa real, um indivíduo concreto; só pode ser um organismo; um elemento complexo da sociedade no qual já tenha se iniciado a concretização de uma vontade coletiva reconhecida e fundamentada parcialmente na ação. Este organismo já é determinado pelo desenvolvimento histórico, é o partido político: a primeira célula na qual se aglomeram germes de vontade coletiva que tendem a se tornar universais e totais (Gramsci, 1976, p. 6).

Há que se notar aqui a reafirmação, tanto do caráter autônomo da política quanto sua dimensão imperativa, criativa. Mas é preciso reconhecer que o percurso histórico dos partidos comunistas e dos partidos políticos em geral resultou em sua crise. Dessa forma, o partido político perdeu a condição, se é que um dia a teve, de ser a fonte única de formação da vontade coletiva orientada para a mudança histórica, seja qual for a forma que esta venha a adquirir. Com isso não se quer dizer que o partido político tenha perdido toda a relevância. Pode ser ainda o primeiro, em termos de importância e capacidade, entre vários atores a conduzir o processo histórico de mudanças. Mas a importância do seu papel na mudança histórica é agora relativizada por várias razões, entre as quais estão indicadas aqui algumas, talvez as principais:

a) Mudança na morfologia das sociedades modernas, com a multiplicação de grupos e subgrupos (classes e subclasses, se se quiser utilizar essa terminologia). As sociedades do capitalismo fabril e industrial eram mais simples em termos de divisão social. Com o advento da revolução tecnológica e a expansão dos serviços e dos sistemas educacionais, as sociedades se tornaram mais complexas na estrutura social e produtiva e em termos culturais e morais. No capitalismo fabril e industrial os partidos políticos, particularmente os partidos socialistas e operários, tinham maior facilidade de exercer comando e hegemonia sobre os grupos de trabalhadores. Essa facilidade se dissolveu com a complexificação e pluralização social, surgindo outros atores no processo de formação da opinião pública política, cultural e moral.

b) A opinião pública passou a sofrer o impacto interativo de vários atores num processo crescente de sua multiplicação e de sua diferenciação dos mesmos. Houve um movimento progressivo de interação dos meios de comunicação de massa, começando pelos jornais, passando pelas rádios e chegando à televisão na formação de opiniões. Neste momento vive-se uma escalada de relativização da importância dos grandes meios de comunicação de massas pela presença crescente da internet e das redes sociais.

c) O surgimento da democracia monitória também relativizou a importância e reduziu o papel dos partidos. A democracia monitória se relaciona ao surgimento e multiplicação de monitores do sistema político, partidário e estatal que exercem uma função de crítica, de fiscalização e de denúncia do funcionamento dessa institucionalidade política e partidária, bem como do comportamento de grandes corporações. Os monitores quebram o monopólio do discurso político, que era exercido pelos partidos e pelos parlamentos. Os monitores desnudaram o sentido quase sempre manipulador do discurso político dos profissionais da política, agudizando a crise de legitimidade do sistema político como um todo.

d) Houve também uma pluralização do ativismo social. A proliferação de Organizações não Governamentais (ONGs), de novos movimentos sociais que se articularam em torno de novas bandeiras de luta, de novos valores e de novos direitos estreitou o espaço da ação partidária e a política foi permeada por novos conteúdos em relação aos quais os partidos têm dificuldade de abordar. Exemplo desses novos conteúdos são as causas ambientalistas, as causas feministas, as causas étnicas, as causas religiosas, as políticas da moralidade e os chamados direitos de terceira geração ou direitos difusos. O próprio ativismo cultural representa um novo leque de causas e de engajamentos em lutas.

e) Os partidos comunistas tradicionais, os social-democratas e os partidos de esquerda em geral tiveram mais êxito em suas ações ao assentar suas atividades no movimento trabalhista e sindical, típicos da sociedade industrial, e empunhando as bandeiras de luta dos direitos sociais e trabalhistas. A pluralização da sociedade, das bandeiras de luta e dos movimentos sociais promoveu um enfraquecimento dos partidos. As dinâmicas da revolução tecnológica e da globalização reduziram o número de trabalhadores fabris, de sindicalizados nesses setores produtivos e o seu peso econômico, esvaziando as bases tradicionais dos partidos de esquerda. Outro elemento que contribuiu para o enfraquecimento dos sindicatos fabris e, consequentemente, dos partidos de esquerda consistiu na mudança das características físicas da indústria. Na era da sociedade industrial, as indústrias eram constituídas de estruturas físicas e de máquinas pesadas, com um grande número de trabalhadores, conformando sua existência com a vida de comunidades, bairros e cidades. Havia um maior controle comunitário, regional, sindical e nacional sobre as fábricas por diversos meios. As crises podiam determinar o fechamento e a morte de fábricas, mas não a sua transferência de um lugar para outro. Com a revolução tecnológica, o capital físico da indústria adquiriu mobilidade tanto dentro de um país quanto globalmente, facilitando a desativação de unidades fabris e sua transferência de cidade, de região ou de país. Com isso, cresceu o poder de barganha do capital tanto frente ao Estado, na captura de incentivos e benefícios, quanto frente aos sindicatos, impondo restrições aos movimentos reivindicatórios e às lutas trabalhistas.

f) Como mostram estudos de vários pesquisadores – com destaque para Claus Offe, Adam Przeworski e Richard Sennett mais recentemente, entre outros –, ocorreu uma despotencialização do Estado de bem-estar por vários motivos: a relativização do papel dos trabalhadores fabris, o enfraquecimento do papel distributivo do Estado, o reforço dos valores do individualismo, o enfraquecimento dos valores da solidariedade e da igualdade, a afirmação de ideologias antiestado e anti-impostos, a redução da base de financiamento do Estado de bem-estar pelas mudanças tecnológicas e pelas novas modalidades de trabalho e o aumento do desemprego. Ademais, as fugas fiscais, viabilizadas por vários mecanismos, e o fato de que uma massa de trabalhadores das áreas de serviços e de imigrantes fica de fora de muitos benefícios do Estado fazem com que as organizações de esquerda não recebam a adesão de trabalhadores, o que reduz as potencialidades dos partidos de trabalhadores e socialistas. Em paralelo, muitos trabalhadores europeus, que se sentem ameaçados por perdas de direitos e pela imigração crescente, aderem a partidos nacionalistas e de direita.

g) As situações e circunstâncias descritas anteriormente impõem a necessidade de mudanças nas estratégias de atuação nas lutas por igualdade, justiça e liberdade. Se, por um lado, os partidos, movimentos e organizações sociais não podem abandonar a perspectiva de se organizar de forma estruturada, sob pena de terem vida curta e de serem impotentes, não há como negar a necessidade da instituição de uma série de travas democráticas internas e externas, a necessidade de combinar práticas políticas verticais e horizontais, de reduzir o peso da burocracia e de estabelecer limites aos processos de oligarquização das direções. Os partidos de esquerda vêm dando maior atenção aos processos eleitorais e à atuação nas instituições do Estado. Sem abandonar essa perspectiva, é preciso conferir mais ênfase na atuação e na organização social de base, na atuação e no fortalecimento das instituições da sociedade civil. Ou seja, é preciso constituir força social e política organizada, visando a relativizar as oscilações eleitorais e constituir força e capacidade para enfrentar o sequestro das democracias e seus poderes pelo capital financeiro e transnacional e as crescentes desigualdades. Ou seja, a esquerda precisa estabelecer um maior equilíbrio entre a dinâmica da persuasão (convencimento) e a da força. Isso implica ter força social e política disponível para radicalizar as lutas, tensionando os limites e as restrições crescentes do sistema político capturado pelo capital.

h) O "partido moderno", como expressão de uma "vontade coletiva", não pode mais ser concebido em termos de um único organismo dirigente, mas como a articulação de vários organismos políticos, sociais, culturais e intelectuais. A "vontade coletiva" não é mais a vontade de um organismo, mas de vários organismos. Ela deve ser a vontade plural, que se articula em torno de valores e de programas convergentes num sentido universalizante de direitos, de valores, de liberdade, de justiça e de igualdade. O papel do partido político, nesses termos, é muito mais de articulador, de indutor e de organizador dessa "vontade coletiva" plural e universalizante do que propriamente o seu representante exclusivo. A disputa de hegemonia deve significar esse processo de formação dessa visão de mundo plural e universalizante, materializada na vontade coletiva. A partir dessa visão, o(s) partido(s) político(s) deve(m) abandonar suas pretensões exclusivistas, típicas da história dos partidos de esquerda, para pensar-se como um integrante de uma frente de partidos, de movimentos sociais e culturais e de grupos. A esquerda deveria recusar a sua história de divisões, de sectarismos e de perseguições para escrever uma nova história de unidade com pluralidade. Nenhum partido tem qualquer potência de futuro enquanto se pensar em termos de representação exclusiva de uma verdade histórica qualquer. Um partido que não consegue caminhar junto com muitos outros será sempre a expressão de uma particularidade e de interesses próprios que, por se pretenderem exclusivos, serão autoritários. Gramsci entendeu perfeitamente que no mundo moderno a ação política orientada para a formação de uma vontade coletiva como expressão de uma nova visão de mundo não se concentra num único partido e não apenas nos partidos políticos. Reconhecendo que nesse contexto os "partidos orgânicos" se dividem e se multiplicam, ele afirma que o próprio "Estado-Maior" intelectual do "partido orgânico" muitas vezes sequer pertence a um partido político no sentido estrito do termo. Pode estar numa revista, num jornal, em várias revistas etc. O que vale dizer: pode estar nas universidades, em organismos de mídia, em movimentos sociais. Uma das formas de partido, diz ele, pode ser "uma elite de homens de cultura, que têm a função de dirigir do ponto de vista da cultura, da ideologia geral, um grande movimento de partidos afins..." (Gramsci, 1976).

Democracia e socialismo

A noção de democracia foi amplamente tematizada e debatida no âmbito do marxismo teórico no século XX, mas permanece ainda um problema para o marxismo militante. Não se trata aqui de fazer um balanço dos teóricos marxistas que enfrentaram o problema da democracia e, em boa medida, o resolveram do ponto de vista teórico. Trata-se apenas de pontuá-lo mais uma vez e de dizer que, em grande medida, ele se constitui num elemento de crise da esquerda militante por oscilar entre um adesismo acrítico ao sistema liberal--democrático vigente ou de propor uma ruptura com o mesmo, sem que se vislumbre uma alternativa viável de um novo sistema. Há que se notar, no entanto, que, no entremeio aos discursos "rupturistas", existem práticas que terminam por significar também uma adesão acrítica à hegemonia liberal-democrática vigente.

De modo geral, Marx considerava que existia uma incompatibilidade entre democracia e capitalismo. A base dessa incompatibilidade estaria no caráter inconciliável entre as melhorias salariais e o lucro, um conflito objetivo insanável. No âmbito da democracia, entendida como sufrágio universal, esse conflito resvalaria para a esfera política e os trabalhadores lutariam por vitórias eleitorais crescentes, dado o seu poder numérico, colocando em risco o sistema capitalista. O conflito objetivo se desenvolveria a tal ponto, de acordo com as análises contidas no *Dezoito brumário de Luís Bonaparte*, que chegaria a um curto-circuito: ou os trabalhadores avançariam e se apossariam do poder político ou a burguesia reagiria, reprimindo os trabalhadores, inviabilizando a democracia e o sufrágio para manter o poder.

Adam Przeworski (1989) mostrou, em *Capitalismo e social-democracia*, com base no conceito de hegemonia de Gramsci, como a análise de Marx estava equivocada. Se, por um lado, Gramsci fornece uma explicação teórica que contraria Marx, a própria experiência do capitalismo do final do século XIX e do século XX, por outro, mostra que o conflito distributivo entre o capital e o trabalho chega a níveis de compatibilidade aceitáveis para as duas partes. O conflito entre salários e lucro não é, necessariamente, um conflito de soma zero, observa Przeworski. Ambas as partes do conflito podem ganhar.

A rigor, a partir do governo de Bismark, o Estado torna-se cada vez mais mediador e regulador do conflito entre o capital e o trabalho. Não faltaram indicações teóricas de que um Estado social poderia surgir no futuro. Tocqueville, em *Democracia na América*, sugeriu que o próprio Estado se tornaria industrial e que precisaria regular as relações entre "patrões e operários", promovendo a política social pública de saúde e educação, centralizando cada vez mais as decisões que incidiriam sobre a sociedade.

Przeworski chama a atenção para "três conclusões principais, todas errôneas", que a análise de Marx conduz:

> Em primeiro lugar, os conflitos acerca dos interesses materiais no curto prazo acarretam inevitavelmente conflitos entre classes com respeito à forma de organização da sociedade. Em segundo, como a democracia (mais exatamente, o sufrágio universal) "desencadeia a luta de classes", o capitalismo só pode ser mantido pela força. Finalmente, o caminho para o socialismo passa pelas crises econômicas, e é um resultado imediato das mesmas (Przeworski, 1989, p. 162).

Przeworski recorre às experiências históricas e ao conceito de hegemonia de Gramsci para mostrar que sucessivas crises do capitalismo não conduzem necessariamente à revolução, de que o voto universal não abole o capitalismo ou que não há a necessidade da forma política de ditadura para manter as relações capitalistas de produção. De fato, o capitalismo do século XX mostrou-se resiliente às mais graves crises, aperfeiçoou e universalizou os mecanismos do sufrágio e permitiu, e/ou foi obrigado a aceitar, num processo de lutas e concessões, que direitos trabalhistas e sociais avançassem. Nem por isso reduziu os lucros ou deixou de promover a desigualdade. Ao notar que essas eram as observações de Gramsci ao analisar as condições da luta política nos países da Europa ocidental, Przeworski observa que, para o pensador italiano, a revolução não é nem permanente, nem "universalmente possível". A sua plausibilidade sempre depende de condições concretas e não pode prescindir do caráter nacional e de suas circunstâncias.

Gramsci desenvolve seu conceito de hegemonia em contraposição ao "economicismo", tanto daquele que emerge do liberalismo quanto do que viceja no sindicalismo. Toda a confusão estaria na distinção entre sociedade política e sociedade civil. A atividade econômica estaria reservada à sociedade civil e o Estado deveria abster-se de uma intervenção na economia. Essa é a essência do pensamento liberal clássico. Em contrapartida a essa separação, que é validada por Marx no famoso prefácio à *Contribuição à crítica da economia política*, Gramsci não vê uma separação entre sociedade civil e Estado, ambos pertencentes à chamada superestrutura. Observa que o liberalismo nada mais é do que uma "regulação de caráter estatal". Diz: "Portanto, o liberalismo é um programa político, destinado a modificar, quando triunfa, os dirigentes de um Estado e o programa econômico do próprio Estado; isto é, a modificar a distribuição da renda nacional" (Gramsci, 1976, p. 32). Ou seja, é a política quem comanda a economia em última instância e não o inverso, numa relação, claro, interdependente entre as duas atividades ou as duas esferas. O Estado não é uma regulação absoluta de economia, mas a economia, na sua essência, depende da organização política do Estado.

O "economicismo" ou "sindicalismo teórico" seria uma variante do liberalismo ao subordinar "as expressões da vontade, de ação e de iniciativa política" às necessidades econômicas. O que o "economicismo", seja ele liberal, social-democrata ou marxista, não entendeu foi o caráter da hegemonia e o mecanismo do seu funcionamento.

A concepção de Gramsci acerca da hegemonia é, sucintamente, a seguinte: A hegemonia é um sistema de direção de uma sociedade e se exerce, precipuamente, de forma ético-política. Isto é, se exerce pela direção política, cultural e moral e se remete aos fins orientadores dos interesses e das ações que ocorrem numa sociedade. Como sistema de direção, a hegemonia precisa levar em conta também os interesses subalternos e permitir que eles se realizem, seja através das lutas dos grupos sociais e corporativos – lutas reguladas pelo Estado –, seja por meio de concessões ou, de modo geral, por ambos os processos combinados. Esse processo envolve a direção política, cultural e moral, orientando interesses e tendências, e envolve os mecanismos jurídicos do Estado que buscam estabilizar as relações em conflito. Essas relações em conflito podem implicar sacrifícios, compromissos e acordos com a perspectiva de preservar o lucro do capital e as condições de vida e de consumo dos trabalhadores. Ou seja, o ideal de ambas as partes é que haja um equilíbrio econômico e material, pois ele compensa os riscos do conflito pela via da força e da violência.

A força não está ausente num sistema de hegemonia: ela é uma reserva permanente do Estado e existe como correlação de forças políticas, econômicas e sociais no âmbito dos partidos e da representação política, dos sindicatos e das organizações corporativas e na esfera social pela via de uma multiplicidade de organizações de caráter diverso, pela cultura, pela moral e pela religião. Estando a força sempre presente, ela é um recurso utilizável nos momentos de desequilíbrio e de crises, principalmente quando grupos corporativos determinados querem restabelecer perdas ou exasperar ganhos sem as mediações necessárias do Estado regulador. A hegemonia não pode ser concebida como um bloco homogêneo entre aqueles que exercem a dominação nem mesmo dentro do bloco dominante e do bloco dominado. Entre os dois blocos existem linhas que se cruzam, chocam-se, compõem-se e se contrapõem. O que existe aqui são as chamadas "expressões de vontade", as "ações de iniciativa política e intelectual", o jogo de interesses vinculados a necessidades e/ou a desejos.

Não resta dúvida de que as conclusões de Marx acerca da incompatibilidade entre democracia e capitalismo são de teor "economicista". Mas esse "economicismo" é consequência de um idealismo arraigado à sua Filosofia da História. O pressuposto de Marx, e que é um pressuposto da esquerda hodierna em crise, é o da inevitabilidade do advento do socialismo e, numa última fase, do comunismo. As filosofias da História partem do pressuposto de um devir único e necessário. Para que esse fim se realize é necessário o desenvolvimento progressivo da História de fases inferiores para fases cada vez mais evoluídas até chegar ao seu estágio último, no caso, o comunismo. Logicamente, não há como garantir a ideia do fim sem que a História se desenvolva progressivamente. Dessa forma, seria necessário estabelecer as "leis da evolução" conducentes ao seu estágio final. A contradição "insanável" entre as condições de produção e as forças produtivas seria o motor dessa evolução. É nesses termos que Marx faz brotar do conflito distributivo imediato o conflito histórico e de longo prazo sobre a organização da sociedade.

Após uma sucessão de crises econômicas do capitalismo, o conflito se resolve por um curto-circuito: a revolução. A revolução aparece como um pressuposto, uma necessidade, um rito de passagem para a fase definitiva da História. Ao classificar a Revolução Russa como uma "revolução contra *O capital* de Marx" e ao indicar a passagem da guerra de movimento para a guerra de posição, Gramsci, com base no pensamento de Maquiavel, desconecta os fios do determinismo econômico da História e mostra que as revoluções podem ou não ocorrer e que dependem das circunstâncias históricas e do caráter nacional de cada país. Em regra geral, dependem do caráter e da natureza da forma de dominação vigente. Elas são mais propícias onde a dominação ocorre preeminentemente pela força, como era o caso da Rússia czarista. As revoluções posteriores confirmaram a tese de Gramsci: a revolução chinesa ocorreu no contexto de uma dominação de força por parte de um exército estrangeiro, a revolução cubana foi consequência da ditadura de Fulgêncio Batista, o Leste europeu foi tomado no âmbito da Segunda Guerra Mundial. Dessa forma, a revolução não é algo que possa brotar automaticamente do conflito imediato entre capital e trabalho e, nas condições de democracia liberal, é altamente improvável que ocorra. Também não pode ser mero produto da vontade, pois o voluntarismo, normalmente, conduz a derrotas, já que não leva suficientemente em consideração a análise da correlação de forças.

Por outro lado, aguardar que se constitua uma correlação de forças favorável para lutar pelo socialismo representaria cair na passividade. É verdade que mudanças sociais e políticas extraordinárias dependem de relações de forças favoráveis a esses eventos e de ocasiões propícias para que elas ocorram. No entanto, não é possível determinar de antemão o surgimento desses momentos críticos e que tipo de relações de força eles requerem para que a mudança ocorra. Assim, não é possível determinar o evento de uma revolução. Ela não é um produto automático de uma crise econômica ou de uma sucessão de crises econômicas. Também não se reduz a uma determinação de uma vontade arbitrária. Dessa forma, a análise das relações de força deve orientar-se para o objetivo prático de definir as melhores opções e frentes de ação, onde estão as principais debilidades dos adversários e quais as melhores táticas a serem empregadas. Essas ações devem visar, sempre, além de objetivos imediatos, à organização e acumulação de força, pois será ela que poderá decidir batalhas futuras. A História mostra que venceram os Estados e os exércitos que se prepararam para as lutas e para as guerras, organizando e acumulando forças militares, políticas, diplomáticas e comerciais para triunfar.

Uma organização política que luta por igualdade, justiça, liberdade e socialismo não pode pressupor que constrói relações de força visando a um momento de ruptura específico e determinado no futuro. Não há como saber a temporalidade desse evento nem mesmo existe certeza de que ele ocorra. O mais provável é que ele não ocorra. Assim, o êxito de lutas por mais igualdade depende das ações políticas no presente e de uma permanente acumulação de forças orientadas para essas lutas.

A ideia da revolução como momento decisivo da mudança associada à tese da incompatibilidade entre democracia e capitalismo provocou alguns importantes déficits de ênfases e ações políticas no marxismo militante que convém apontar aqui. O primeiro consiste no déficit de uma estratégia orientada para a radicalização da democracia, de sua universalização enquanto universalização de direitos e de liberdade, no sentido hegeliano dessa universalização. As frentes de luta pela democracia em regimes autocráticos e mesmo nos contextos do liberalismo tinham, de modo geral, um sentido tático e instrumental para os marxistas e revolucionários: ganhar tempo e acumular força. A luta pela universalização da democracia e de direitos não era vista, em si, como um processo efetivo de mudança histórica.

Conexo com o déficit da luta pela universalização da democracia está o déficit pela luta por direitos. Os direitos priorizados pelo marxismo e pela esquerda em geral foram os direitos trabalhistas. Essa prioridade se deve tanto à concepção da classe operária como sujeito quanto à noção de que a relação capital e trabalho é a chave que abre as portas para o advento da sociedade futura. As lutas por outros direitos, particularmente os direitos civis, foram, e ainda são, negligenciadas pelas esquerdas. As lutas de gênero, as vinculadas à orientação sexual, as lutas ambientais, as de natureza étnica e pela liberdade religiosa não só foram negligenciadas, mas abertamente hostilizadas em regimes comunistas.

Um terceiro déficit é o de ideologia e conduta republicanas. Em sendo a revolução o momento de passagem fundamental para a resolução de todos os conflitos, o marxismo militante, em regra, adotou a prática de que "os fins justificam os meios". Esse tipo de conduta ficou mais evidente nos regimes comunistas, mas também na democracia liberal quando partidos de esquerda exerceram o poder. Arrogância e autoritarismo foram as práticas mais projetadas nessas experiências. Frugalidade, simplicidade, humildade e honestidade foram os valores que se ausentaram como ordenações morais e éticas guias das ações. Autoritarismo e corrupção também marcaram, de modo geral, os governos das esquerdas e suas condutas à frente de sindicatos, partidos e outras entidades.

De tudo o que foi dito, o que se pode concluir é o seguinte: não há um sujeito político imanente ou transcendente; a classe operária não é um sujeito político histórico e universal; das contradições imediatas do capitalismo, do conflito entre o capital e o trabalho não brota necessária e automaticamente a sociedade socialista nem mesmo uma opção de luta pelo socialismo; a luta por igualdade, justiça e liberdade comporta vários sujeitos políticos e sociais; não há um momento excepcional de passagem do capitalismo para o socialismo entendido como uma ruptura revolucionária, embora essa excepcionalidade possa ocorrer.

Se o socialismo não é uma consequência das leis dialéticas da História nem o produto de uma ação deliberada como momento de ruptura excepcional, então, como entendê-lo? O socialismo deve ser concebido, antes de tudo, como um projeto ético-político de sociedade que pode concretizar-se ou não, já que a História não pode ser fabricada. É preciso observar que, nesse momento histórico, pós-colapso do comunismo, não existe mais uma luta sistêmica, uma luta que opõe dois sistemas. As lutas que ocorrerem estão contidas no âmbito do sistema capitalista, com suas variedades de formas.

O capitalismo deve ser entendido como um sistema orientado, prioritariamente, para a produção de mercadorias visando ao lucro e à acumulação de riqueza. Esse processo, além de produzir a exploração, produz uma desigualdade de distribuição de riquezas.

Os filósofos políticos clássicos foram quase unânimes em apontar a desigualdade de distribuição de riquezas (de propriedade e, hoje, também de renda) como a principal fonte dos conflitos, das injustiças e da falta de liberdade. Nessa perspectiva, o socialismo deve ser entendido como um movimento ético-político, como uma opção de vontade, que luta por mais igualdade, mais justiça e mais liberdade. Em sendo a democracia um sistema político cujo principal valor é a igualdade, como havia estabelecido Tocqueville, o movimento pelo socialismo incorpora também a luta por mais democracia sempre orientada pelo valor de mais igualdade.

Isso não significa que todos os que querem mais igualdade, mais justiça, mais liberdade e mais democracia queiram também o socialismo. Podem querer esses bens no âmbito do capitalismo. Mas significa que aqueles que querem essas coisas podem lutar com os socialistas para alcançá-las. Em tese, a luta por direitos dos grupos sociais menos favorecidos tem como objetivo mais igualdade. As lutas por direitos comportam múltiplas formas de ação, não só a ação política orientada pela busca do poder político. Aqueles que trabalham pelo socialismo como projeto ético-político podem e devem somar-se aos que lutam por direitos. Mas é preciso reconhecer que o capitalismo comporta inúmeras batalhas por direitos e que, inclusive, ele abarca a instituição e a garantia de múltiplos direitos. Assim, as reformas podem contribuir com a luta pelo socialismo, mas não necessariamente conduzem a ele. Algumas reformas podem assumir um caráter permanente e outras são reversíveis; umas conduzem a mais mudanças, outras estagnam ou conduzem a contrarreformas.

O sistema capitalista é articulado em termos jurídico-políticos e conta com uma reserva de força e um conjunto de instituições para garantir-se. Dessa forma, quem luta pelo socialismo precisa travar também uma luta política, seja no âmbito das instituições existentes, seja através da criação de novas instituições ou, ainda, contra as instituições do sistema capitalista. Não há uma receita que diga como essas lutas devem ser travadas, em que momento e quais devem ser priorizadas. Tudo depende da análise das circunstâncias e das relações de força. O único fato que se pode garantir é que quanto mais fortes e organizadas e quanto mais legítimas forem as forças que lutam pelo socialismo, mais chances de êxito elas têm e menores serão os riscos de retrocesso.

Se o socialismo é/deve ser um movimento orientado por valores--guia, ele não é uma sociedade estruturada de forma antecipada, até porque isso não passa de uma projeção ideal e podem existir várias projeções ideais sobre como deveria ser a sociedade socialista. Pelo fato de esse problema não ter resolução, deve permanecer irresoluto porque seria mais fonte de discórdias do que de concórdia entre os socialistas. Além da projeção de valores, os socialistas podem projetar algumas ideias programáticas acerca do ideal de uma sociedade socialista.

Ademais, o conceito ou conceitos que possam ser criados sobre como seria a sociedade socialista dependem das condicionalidades históricas dos sujeitos que as projetam. Embora alguns problemas humanos tenham características universais, outros são historicamente determinados. No século XIX reivindicava-se a emancipação do trabalho escravo e das longas jornadas de trabalho (16 ou mais horas de trabalho); hoje, pode-se reivindicar a redução da jornada de trabalho ou das horas semanais trabalhadas como forma de avançar na emancipação dos trabalhadores em relação às dependências do trabalho. Os níveis de bem-estar e de direitos que podem ser reivindicados dependem das circunstâncias em que esses bens se encontram em cada sociedade. A revolução tecnológica poderá resolver determinados problemas em curto espaço de tempo, mesmo no âmbito do capitalismo, e gerar novos problemas. Dessa forma será sempre temerário e historicamente datado projetar uma sociedade socialista ideal. Com a velocidade das transformações do mundo de hoje, essa projeção poderá se tornar caduca com rapidez.

Por outro lado, os seres humanos do futuro, as pessoas que viverão numa possível sociedade socialista, quererão definir as formas de organização social, política e econômica por eles mesmos. Formas que podem ser bastante diferentes daquelas que nós projetamos. Assim, é mais pertinente definir o que se entende hoje por movimento de luta pelo socialismo do que precisar como será a sociedade socialista. Pode-se determinar qual é o programa factível dentro de um horizonte de previsibilidade e de idealidade possível. E, acima de tudo, pode-se estabelecer os valores e os objetivos que devem orientar as lutas pelo socialismo.

A disponibilidade de tempo livre e de determinados níveis de bem-estar e de acesso a bens culturais, a garantia de direitos, a possibilidade efetiva e prática de escolha de alternativas e a redução significativa das desigualdades de renda e riqueza são bens mensuráveis e possíveis num futuro factível e previsível no âmbito do atual estado de coisas do mundo capitalista. Então pode-se almejar uma sociedade que garanta esses bens, que garanta práticas democráticas para definir coletivamente acerca das escolhas principais da sociedade orientadas para a satisfação das necessidades, as formas de organização política e social e os modelos de relação com o meio ambiente e os recursos naturais. É difícil definir se essa sociedade será ou não socialista. Mas esse tipo de sociedade seria mais adequado do que a sociedade capitalista nos moldes atuais. Os mecanismos econômicos e as relações políticas e jurídicas do capitalismo não permitem que as escolhas das formas do viver sejam coletivas e racionais. O capitalismo impõe as suas escolhas. Dessa forma, ele não pode ser tido como o modelo social mais evoluído nem mais avançado de garantia da liberdade coletiva e individual. O movimento socialista deve ser um movimento ético-político porque mudaria os sentidos e as finalidades da vida humana na Terra.

Se a produção de mercadorias orientada para produzir lucro não é o fim da produção humana, uma sociedade organizada nos moldes diferentes do capitalista poderia garantir escolhas ambientalmente sustentáveis, preservando os recursos naturais definidos como patrimônio comum necessário à vida no planeta. A proteção dos bens necessários à sobrevivência da vida e da humanidade seria a prioridade, pois essa escolha pertenceria à esfera de um interesse universal. Os bens universais teriam prioridade sobre os particulares de sociedades e coletividades específicas, assim como os bens coletivos teriam prioridade sobre os interesses individuais ou de grupos. As formas de propriedade poderiam ser múltiplas e variadas, mas haveria limites para o acúmulo da riqueza, pois esta, socialmente produzida, seria, por definição, um bem coletivo.

Conclusão

O que ficou evidente na exposição acima é que Marx e o marxismo militante derivam o futuro do presente na suposição de que este contém um futuro necessário no contexto de uma Filosofia da História fundada na ideia de progresso. De fato, o futuro é, logicamente, sempre um desdobramento do presente. Mas a pretensão da filosofia marxista é a de que ela sabe qual será o futuro e, dessa forma, este não permite escolhas, já que se apresenta como um devir necessário. O sujeito (ou sujeitos) da história será sujeito enquanto executor de um roteiro previamente traçado, entranhado nas condições do presente.

A História, dessa forma, seria um processo fechado de evolução. Os seres humanos do presente histórico seriam como que instrumentos de realização das leis da História, que levam a um futuro determinado. Os seres humanos do futuro receberiam o seu presente como herança imutável do passado ou, quando muito, seriam os instrumentos da efetivação de um novo degrau do progresso. O comunismo seria a plenitude da História, o próprio fim da História, entendido como a cessação dos conflitos entre o Homem e a Natureza e entre o Homem e o Homem.

O fato é que, tal como demonstrou Robin George Collingwood (2001), não há como provar a ocorrência do progresso na História. Para dizer que ele existe é necessário definir um critério. O critério plausível seria a existência de "ganhos humanos sem perdas em troca". Mas a História (e a vida humana em geral) se define por um jogo de perdas e ganhos, diz o historiador e filósofo inglês. Dessa forma, a História só pode ser analisada pela historiografia, pela categoria da diferença e pela comparação entre as diferentes histórias dos povos, tanto do ponto de vista da cultura quanto da temporalidade. As historiografias podem ser sempre refutáveis por novos conhecimentos acerca do passado, pela descoberta de novos fatos. Já as filosofias da História, incluindo a filosofia marxista, não admitem refutação por suporem que expressam a verdade.

Tanto Collingwood quanto Agnes Heller (1993) chamam a atenção para o fato de que não se pode supor que exista um "sentido oculto" da História. Qualquer sentido é sempre uma declaração de alguém ou de um grupo. É legítimo definir um sentido à História, à existência e às ações, desde que se saiba que ele é uma declaração. Perguntas sobre o sentido da existência histórica são feitas por filósofos, cientistas, ativistas políticos e seres humanos comuns. Cada um busca respostas para o significado da sua existência no mundo e profere declarações acerca do que julga ser o sentido da sua existência. A História, no entanto, não pode ser confundida com as declarações ou com os sentidos atribuídos pelos sujeitos. Como diz Heller, "a declaração de que a 'História tem um sentido oculto' faz sentido, mas é falsa".

O presente histórico, qualquer presente, carrega determinadas tendências potenciais de futuro como possibilidades que podem ou não se concretizar. Mesmo aquelas que se concretizam podem ser modificadas pelos seres humanos do futuro portadores de sentidos diferentes daqueles que a conduziram até aquele momento. Não é possível sustentar a tese de que existe um sujeito da História, se ela não tem um sentido imanente ou transcendente. Isto representa a ruína de um dos pilares fundamentais do marxismo e de boa parte da esquerda que milita até hoje com essa perspectiva.

A vontade humana define objetivos que orientam as ações de indivíduos e de grupos. Esses objetos podem implicar regras, normas e valores. Essas ações, portanto, fazem sentido. Mesmo as ações que são derivadas das Filosofias da História, cujo suposto é a realização do progresso, fazem sentido. Nas ações políticas, é conveniente e moralmente necessário que os indivíduos e grupos ajam segundo causas que conferem sentidos às suas ações. Lutar por esses sentidos, que são fins, significa lutar por uma alternativa de futuro entre tantas outras.

Dado o caráter imprevisível da ação, como chama a atenção Hannah Arendt (1983), a História se apresenta como a resultante da interação de múltiplos sujeitos. Ela pode adquirir feições mais próximas daquilo que advogam aqueles líderes, grupos, exércitos, povos, nações que dispõem de mais virtudes, de capacidades e de força para viabilizar os seus projetos e sentidos de futuro. Mesmo assim, não há coincidência total entre o projeto inicial e o resultado final das ações. Ademais, nessas interações entre múltiplos sujeitos sempre aparece o trabalho irredutível da contingência, da Fortuna, que pode ser controlada em alguma medida pela *virtù*, mas nunca afastada dos acontecimentos humanos e expurgada da influência que exerce sobre os mesmos.

Mas é preciso considerar que quando alguém dá sentido à História, na verdade, está dando sentido às suas intenções, às suas declarações ou às suas ações. Dar sentido às nossas ações não equivale a dar sentido à História. Esta não tem sentido oculto nem é possível conferir-lhe sentido entendendo-a como passado, presente e futuro. Mas não existe História sem sentido, então, os sentidos coletivos ou universais que se lhe atribuem são formas de autoconsciência da historicidade dos seres humanos. O que resulta disso é que nós, humanos, temos a necessidade de atribuir sentido à existência humana e às nossas vidas. Isso, contudo, não significa que podemos "capturar o futuro", em que pesem as inúmeras tentativas de fazê-lo. O que podemos e devemos fazer é escolher uma alternativa de futuro e lutar por ela, sabendo que vários outros indivíduos e grupos também o fazem e que os herdeiros do presente lutarão por seu próprio presente e por novas visões de futuro.

Se não existe um sentido imanente ou transcendente da história e se não existe um sujeito predefinido do futuro, logicamente é um contrassenso imaginar que possa haver uma ideia verdadeira de socialismo. A ideia de socialismo foi, desde suas origens, é e deve ser plural. A história do socialismo, no entanto, foi marcada por divisões, exclusões, expurgos e perseguições sangrentas em nome da verdade de um modelo de socialismo ou de comunismo. Esse anátema persiste até hoje entre os socialistas e as esquerdas. Ele é um dos fundamentos do fracasso das esquerdas e de sua impossibilidade de alcançar êxito na luta por um futuro melhor. As lutas intestinas entre socialistas expressam, no fim das contas, apenas uma luta pelo poder.

Existe ao menos um caminho principal que pode contribuir para superar esse anátema e garantir maior unidade na pluralidade entre socialistas: adotar como base dessa unidade na diversidade os valores comuns acerca do presente e do futuro. Republicanos, democratas, autonomistas, libertários e anarquistas de vários matizes têm muitos valores em comum com socialistas, principalmente no que se refere às ideias de liberdade, igualdade, justiça e solidariedade. Não há nenhuma razão para que os socialistas não promovam ações unitárias com grupos que assumem essas designações ideológicas, pois ninguém sabe se o futuro será um novo tipo de socialismo, de república, de democracia ou uma nova combinação dessas várias concepções de mundo. O que importa é que as esquerdas e os socialistas precisam trabalhar para a reversão de sua trágica história pregressa, com a perspectiva de contribuir para a construção de uma esperança menos pretensiosa, levando em consideração tanto as advertências do sentido trágico da existência humana quanto a própria tragédia do socialismo. A moderação das promessas e a valorização das advertências são condições para a atribuição de um sentido mais adequado da nossa existência histórica e às nossas lutas por esse objetivo.

Referências bibliográficas

ALTHUSSER, Louis (1970). *Ideologia e aparelhos ideológicos do Estado*. Lisboa: Presença.
ARENDT, Hannah (1983). *A condição humana*. Rio de Janeiro: Forense-Universitária.
BERMAN, Marshall (1989). *Tudo o que é sólido se desmancha no ar: a aventura da modernidade*. São Paulo: Companhia das Letras.
BOURDIEU, Pierre (1989). *O poder simbólico*. Tradução de Fernando Tomaz. Rio de Janeiro: Bertrand Brasil.
_____. (1996). *Razões práticas: sobre a teoria da ação*. Tradução de Mariza Corrêa. Campinas: Papirus.
COLLINGWOOD, Robin George (2001). *Uma ideia de história*. Lisboa: Editorial Presença.
GORZ, André (1982). *Adeus ao proletariado: para além do socialismo*. Rio de Janeiro: Forense.
GRAMSCI, Antonio (1976). *Maquiavel, a política e o Estado moderno*. Rio de Janeiro: Civilização Brasileira.
HEGEL, G. W Friedrich (1986). *Princípios da filosofia do direito*. Lisboa: Guimarães Editora.
HELLER, Agnes (1993). *Uma teoria da história*. Rio de Janeiro: Civilização Brasileira.
LENINE, V. Ilitch (1979). *Obras escolhidas* – volume 1: *Que fazer*. São Paulo: Alfa-Omega.
MAQUIAVEL, Nicollò (2002). *O príncipe*. Rio de Janeiro: Prestígio Editorial.
MARX, Karl & ENGELS, Friedrich (2006). *O manifesto comunista*. Rio de Janeiro: Jorge Zahar Editor.

MARX, Karl (1983). *O capital*, volume I. São Paulo: Abril Cultural.
_____. (1977). *Contribuição à crítica da economia política*. São Paulo: Martins Fontes.
POULANTZAS, Nicos (1971). *Poder político e classes sociais*. Lisboa: Editora Portucalense.
PRZEWORSKI, Adam (1989). *Capitalismo e social-democracia*. São Paulo: Companhia das Letras.
SARTORI, Giovanni (1979). *A política*. Brasília: Editora UnB.

Os personagens

Aldo Fornazieri – Graduado em Física pela UFSM, mestre e doutor em Ciência Política pela USP. Diretor acadêmico da Fundação Escola de Sociologia e Política de São Paulo. Coordenador do livro *Conversas políticas – desafios públicos*, lançado pela Civilização Brasileira em 2014, em conjunto com Carlos Muanis.

Carla Regina Mota Alonso Diéguez – Doutora em Ciências Sociais pela Universidade Estadual de Campinas. É docente e pesquisadora da Fundação Escola de Sociologia e Política de São Paulo e coordenadora do curso de Sociologia e Política.

Carlos Melo – Doutor em Ciências Políticas pela Pontifícia Universidade Católica de São Paulo, pesquisador e professor do Instituto de Ensino e Pesquisa. Autor do livro *Collor: o ator e suas circunstâncias*.

Carlos Muanis – Sociólogo, formado pela Fundação Escola de Sociologia e Política de São Paulo. Psicanalista, formado pelo Centro de Estudos de Psicanálise. Sócio-diretor da CDN Relações Institucionais. Coordenador do livro *Conversas políticas – desafios públicos*, lançado pela Civilização Brasileira em 2014, em conjunto com Aldo Fornazieri.

CÍCERO ARAÚJO – Graduado em Física pela Universidade Estadual de Campinas (1984), com mestrado em Filosofia pela mesma universidade (1989) e doutorado em Filosofia pela Universidade de São Paulo (1994). É professor titular do Departamento de Ciência Política da Universidade de São Paulo, onde defendeu sua tese de livre-docência (2004). Na Ciência Política, suas pesquisas concentram-se na área de teoria política, em especial a teoria normativa: moralidade política, pensamento republicano clássico e contemporâneo, democracia, justiça e cosmopolitismo. Mais recentemente, tem feito investigações no campo da teoria da representação política, por meio da qual vem abrindo um diálogo com os estudos das instituições e da política brasileira.

GUILHERME BOULOS – Ativista político e social, coordenador nacional do Movimento dos Trabalhadores Sem-Teto. É formado em Filosofia pela Faculdade de Filosofia, Letras e Ciências Humanas da Universidade de São Paulo. Especializado em Psicologia, disciplina que atualmente leciona. Colunista semanal do site do jornal *Folha de S.Paulo*.

MOISÉS MARQUES – Doutor em Ciência Política pela Universidade de São Paulo, docente e coordenador do curso de pós-graduação em Política e Relações Internacionais da Fundação Escola de Sociologia e Política de São Paulo. Autor do livro *Quebra de protocolo – a política externa do governo Lula (2003-2010)*.

RENATO JANINE RIBEIRO – Professor titular da Universidade de São Paulo, na disciplina de Ética e Filosofia Política. Foi ministro de Estado da Educação, de 6 de abril a 5 de outubro de 2015. Concluiu o doutorado em Filosofia pela Universidade de São Paulo em 1984. É autor de 89 capítulos de publicações e 18 livros editados. Atua na área de filosofia política, com ênfase em teoria política. Foi membro do Conselho Deliberativo do CNPq (1993-1997), secretário da Sociedade Brasileira para o Progresso da Ciência (1999-2001).

TARSO GENRO – Advogado, jornalista, professor universitário, ensaísta, escritor, poeta e político brasileiro. Foi duas vezes prefeito de Porto Alegre e ministro da Educação, das Relações Institucionais e da Justiça durante o governo de Luiz Inácio Lula da Silva (2003-2011). Foi governador do Rio Grande do Sul.

RODRIGO ESTRAMANHO DE ALMEIDA – Bacharel em Sociologia e Política pela Escola de Sociologia e Política de São Paulo, mestre e doutor em Ciências Sociais pela Pontifícia Universidade Católica de São Paulo. É professor na Fundação Escola de Sociologia e Política de São Paulo e pesquisador do Núcleo de Estudos em Arte, Mídia e Política da PUC-SP. Autor de *A realidade da ficção* (Alameda, 2012) e *Maria das Almas* (B4, 2014), entre outros livros, artigos e ensaios.

RUY FAUSTO – Professor emérito da USP (Filosofia), como também *ex-maître-de-conférences* da Universidade de Paris VIII. Possui graduação em Filosofia pela Universidade de São Paulo (1956), graduação em Direito pela Universidade de São Paulo (1960) e doutorado em Filosofia pela Université Paris 1 Pantheon-Sorbonne (1981). Atualmente é professor titular da Universidade de São Paulo e membro de corpo editorial de *Cadernos de Ética e Filosofia Política* (USP).

SÉRGIO FAUSTO – Cientista político e superintendente da Fundação Instituto Fernando Henrique Cardoso. É codiretor do projeto Plataforma Democrática e da coleção "O Estado da Democracia na América Latina". Organizador de *Difícil democracia* (Paz e Terra, 2011) e coautor, pela mesma coleção, de *Brasil y América del Sur: Miradas Cruzadas* (2011) e *Brasil e América Latina: que tipo de liderança é possível* (2012). Escreve regularmente para o jornal

O *Estado de São Paulo* e para *Infolatam – Información y Análisis sobre América Latina*. É expert *contribuitor* do Latin American Program do James Baker Institut da Rice University e membro do Grupo de Análise da Conjuntura Internacional da Universidade de São Paulo. Em 2012, recebeu o prêmio Gus Hart do Chicago Council on Global Affairs, concedido a políticos ou intelectuais públicos com destaque na América Latina.

*O texto deste livro foi composto em Sabon,
desenho tipográfico de Jan Tschichold de 1964
baseado nos estudos de Claude Garamond e
Jacques Sabon no século XVI, em corpo 11/16.
Para títulos e destaques, foi utilizada a tipografia
Frutiger, desenhada por Adrian Frutiger em 1975.*

*A impressão se deu sobre papel off-white
pelo Sistema Cameron da Divisão Gráfica
da Distribuidora Record.*